MONJA COEN
a mulher nos jardins de Buda

Dados Internacionais de Catalogação na Publicação (CIP)
(Câmara Brasileira do Livro, SP, Brasil)

Steiner, Neusa C.
  Monja Coen: a mulher nos jardins de Buda: romance biográfico / Neusa C. Steiner. -- São Paulo: Mescla, 2009.

  ISBN 978-85-88641-08-2

  1. Budistas - Biografia 2. Coen, Monja 3. Romance biográfico brasileiro 4. Zen-budismo I. Título.

09-10231   CDD-294.092

Índices para catálogo sistemático:
1. Monges budistas: Biografia romanceada   294.092
2. Mulheres e religião: Biografia romanceada   294.092

Compre em lugar de fotocopiar.
Cada real que você dá por um livro recompensa seus autores
e os convida a produzir mais sobre o tema;
incentiva seus editores a encomendar, traduzir e publicar
outras obras sobre o assunto;
e paga aos livreiros por estocar e levar até você livros
para a sua informação e o seu entretenimento.
Cada real que você dá pela fotocópia não autorizada de um livro
financia um crime
e ajuda a matar a produção intelectual de seu país.

Neusa C. Steiner

MONJA COEN
a mulher nos jardins de Buda

romance biográfico

MONJA COEN – A MULHER NOS JARDINS DE BUDA
romance biográfico
Copyright © 2009 by Neusa C. Steiner
Direitos desta edição reservados para Summus Editorial

Editora executiva: **Soraia Bini Cury**
Editoras assistentes: **Andressa Bezerra e Bibiana Leme**
Capa, projeto gráfico e diagramação: **Gabrielly Silva/Origem Design**
Fotografia da capa: **André Spinola e Castro**

Mescla Editorial
Departamento editorial:
Rua Itapicuru, 613 – 7º andar
05006-000 – São Paulo – SP
Fone: (11) 3872-3322
Fax: (11) 3872-7476
http://www.mescla.com.br
e-mail: mescla@mescla.com.br

Atendimento ao consumidor:
Summus Editorial
Fone: (11) 3865-9890

Vendas por atacado:
Fone: (11) 3873-8638
Fax: (11) 3873-7085
e-mail: vendas@summus.com.br

Impresso no Brasil

DEDICATÓRIA

A José, meu pai, meu amigo, minha grande inspiração.
Nele a vida correndo sem cessar, sem medo do medo.

À minha mãe, *in memoriam*.
A mulher que me inspira.
Maria em seu nome, amor em tudo que fazia… e ainda faz.

[...]
Me ajuda a parir esta ninhada de vozes,
Me ajuda, senão,
Este conluio de sombras me sequestra,
Me rouba o olho antigo e a paixão viva.

ADÉLIA PRADO
("Nossa Senhora da Conceição",
Oráculos de maio, 1999)

AGRADECIMENTOS

Quantas pessoas foram parte integrante deste processo há tanto acalentado: escrever!
Começando pelos meus filhos tão amados, companheiros de jornada desde minha juventude e fervor nas aventuras da vida até a inquietação madura por descobrir novos caminhos. Somos os três incentivadores uns dos outros, e eles dois, meus meninos e homens, tiveram papel preponderante no particular desafio de escrever este livro. Samar e Santiago, o maior presente que a vida me ofereceu.
Não quis compartilhar o material escrito com ninguém, exceto um amigo maravilhoso que leu meus originais por e-mail. Foram dele a paciência com minhas inseguranças e as sugestões essenciais. Meu querido César Mulati, inquieto fotógrafo e professor de fotografia na Universidade de Ribeirão Preto (Unaerp), obrigada pela palavra certa no momento certo.
Aos meus amigos que batalham no teatro, Léia Rapozo, Everson Basili e Mauro Oliveira, grata pela torcida constante, pelo olhar novo e esperançoso sobre a vida e a arte. À minha amiga de todas as horas Joliane Olschowsky, fotógrafa sensível e professora de fotografia na Universidade Estadual de Santa

Cruz (Uesc) em Ilhéus, pelo carinho em me receber em terras baianas e, sem dúvida, pelo apoio feminino indispensável. À Wanda Alves, que anos atrás me convidou para prefaciar um livro seu e manteve, desde então, um interesse constante e contínuo em troca de e-mails e telefonemas. Aos queridos amigos Riolando e Roberta, por todos esses anos de amizade e pelo olhar generoso sobre mim.

A todos que estiveram próximos de um jeito ou de outro. Nelson, Deise, Betina, Maria Antonia, Gildinha, Regina, Vera. À Sônia, mulher incrível e grande lição de vida. Um agradecimento especial à minha nora Ligia, um carinho a mais em meu coração. Ao Walter, além de pai dos meus filhos, ex-marido e amigo de toda a vida.

A todo o pessoal da comunidade Zendo Brasil e do templo Taikozan Tenzuizenji, dirigido pela Monja Coen. Agradecimentos especiais à Mônica, secretária do templo, sempre atenta e dedicada.

Ao querido professor Ênio José da Costa Brito, que esteve em minha banca de mestrado e escreveu um lindo artigo sobre minha dissertação. Foi um estímulo fantástico! E, sem dúvida, meus sinceros agradecimentos à minha orientadora Maria José Rosado Nunes, socióloga e feminista, mulher incentivadora, com quem aprendi tanto sobre a questão feminina.

Aos meus clientes, pela cumplicidade e troca infindável de experiências.

Para o final, minha linda neta Helena, uma presença insuperável em minha vida desde que chegou a este mundo. E a mãe dela, minha querida nora Bibiana, que me ajudou de maneira certeira e delicada na publicação deste livro.

SUMÁRIO

13 • *Apresentação*

15 • *Introdução*

19 • *Prólogo*

23 • *Clara*

67 • *Silvia*

177 • *Monja*

251 • *Epílogo*

APRESENTAÇÃO

Esta história é e não é a minha história.

É a história que Neusa Steiner escreveu baseada em algumas conversas que tivemos durante quase um ano.

E Neusa constrói e reconstrói, analisa cada personagem, cada situação, cada cena de uma maneira tão particular e profunda que os personagens – meus pais, minha família, meus amigos e eu mesma – vão ganhando vida própria e deixando de ser os que eu conheci.

É como se através de alguns fatos relatados Neusa fosse capaz de soltar toda sua imaginação e sua experiência psicológica na construção de uma realidade criada por ela mesma.

Para mim foi e tem sido uma tarefa extremamente agradável falar com ela e me deslumbrar com sua imaginação e liberdade na construção desta história comovente.

Conhecemo-nos numa loja de animais, onde eu comprava ração para alguns cães que me tinham. Conversamos. Ela me falou de mulheres e suas dores – em especial a fibromialgia.

Semanas se passaram e ela me procurou. Poderíamos fazer uma vivência juntas, com poesia, psicoterapia e meditação.

Mulheres e suas dores.

Dor de nascer, de amar, de se perder, de se encontrar.

Dor de parto, dor de perda, dor de fibras, dor de músculos, dor de tristeza, dor de amor. Tantas e tantas dores.
Como lidamos com a dor? O que é a dor?
Experimentamos vários locais, fizemos diversas tentativas e não era o momento.
Então ela me falou em escrever sobre mulheres. Mulheres que passaram por dores diversas. Dores que passaram por mulheres diversas.
Assim Neusa me faria personagem de um livro com várias mulheres. Acabou sendo este romance.
Ela começou a perguntar sobre minha vida. Infância, adolescência, casamento, divórcio, nascimento de filha, trabalho jornalístico, procura filosófico-metafísica, encontro com o Zen Budismo, ordenação, vida monástica e vida de monja no Brasil.
Brevemente percorremos sessenta anos de minha vida e uns bons anos antes de eu ter nascido.
Do que conversamos este livro agora é uma provocação. Provocação sobre o que vivi e falei interpretado e transformado. É um romance forte e sofrido sobre essa menina-mulher--monja-anciã. Um pouco eu e muito não eu.
Pedi a ela que mudasse os nomes de todos os personagens, pois não quero ofender nem ser ofendida. Quem compartilhou partes dessa história aqui transfigurada poderá ficar confundido, magoado. Não é você, não sou eu. Lembre-se: é um romance baseado em minha vida.
Assim, é e não é a minha história.
Apreciem com ternura, pois cada instante de nossa vida é tênue e passageiro. Capaz de tantas interpretações quantas mentes humanas houver.
E sempre haverá um dia em que, olhando para trás, não seremos mais capazes de saber se foi sonho, realidade ou fantasia.
Mãos em prece.

MONJA COEN

INTRODUÇÃO

Meu primeiro contato com a Monja Coen foi por meio de um artigo dela para um dossiê sobre Gênero e Religião que o grupo de pesquisa do qual eu participava estava montando. Eu terminava meu mestrado em Ciências da Religião na PUC-SP, escrevendo sobre a poesia de Adélia Prado. Naquele momento, acompanhava a montagem do dossiê mais de longe, revisando os artigos enviados, enquanto me preparava para o dia da defesa. Fiquei pensando em algumas questões pessoais apontadas no texto da Monja e quis conhecê-la melhor. O tempo passou. Um ano após finalizar o mestrado, eu trabalhava com grupos de mulheres portadoras de fibromialgia, e a dor na vida das mulheres tornou-se o foco de minhas pesquisas.

Para minha surpresa, estava em um pet shop e vi aquela figura única, em suas vestes monásticas e com a cabeça raspada. Foi ali nosso primeiro encontro. Marquei uma visita ao templo que ela dirigia e, a partir dali, a vontade de escrever sobre ela foi irrecusável. Fiz algumas entrevistas, de maneira simples, utilizando mais a experiência terapêutica do que a visão jornalística que, obviamente, eu não dominava. Suas lutas pessoais e a compreensão de si mesma foram assim ganhando evidência em minhas perguntas. Eu me via diante de uma mulher de minha geração, com inquietações semelhantes às que tive e soluções díspares das que encontrei na vida.

Quando dei por mim, estava encarando a recuperação de um desejo antigo e sempre postergado: escrever um romance. Queria poder trabalhar com a realidade e ir para além dela. Por seu lado, a Monja Coen gostava da ideia, queria me deixar voar e criar com base em sua história. Nosso entendimento foi sempre cheio de sincronicidade, visões semelhantes, mas principalmente respeito mútuo incondicional. Não sou budista e, embora criada no catolicismo, posso me declarar sem religião. Isso nunca interferiu em nosso entendimento, e a adesão religiosa não foi o tópico de nossas inquietações. Nosso entusiasmo foi, na verdade, montar juntas trabalhos que pudessem falar às mulheres, compartilhar o que nos instigava na questão feminina.

O problema que mais nos saltava aos olhos, ela na função de monja e eu na de terapeuta, era a dor das mulheres, tanto física quanto emocional. E ela me permitiu, com muita generosidade, escrever uma ficção com base em fatos de sua vida que poderiam contar sobre a dor e sua superação. A história se constrói apenas do que é mais simples: viver. Mas realmente viver. Pude tomar os fatos e a eles acrescentar imagens, cenários, sentimentos. Não inventei acontecimentos e a linha mestra se mantém fiel, mas tive liberdade para me apropriar dos personagens e deixá-los ganhar outra dimensão. Muitas vezes a inspiração veio do farto material fotográfico que me foi disponibilizado, de onde criei algumas cenas fundamentais. Vários diálogos são fiéis aos que foram reportados, e alguns foram por mim acrescentados. Por isso ela diz que esta é e não é a sua história.

Enquanto escrevia, mais e mais a figura da mulher/monja foi se tornando central, meu foco se fechando nela, e através dela a história se contava. Apesar disso, existe a tentativa de esclarecer minimamente o Zen Budismo, em especial para quem não o conhece. Afinal, esse é o caminho percorrido pela personagem. O Zen faz parte deste livro porque é intrínseco à mulher que o inspirou. De qualquer maneira, para quem se interessar pelo assunto existe farto material apropriado em livros, na internet e nos templos espalhados pelo Brasil.

Como a Monja Coen acentuou em sua apresentação, o nome da maioria das pessoas que aparece nesta história foi trocado. Foi mantido o nome dos mestres e mestras que a orientaram no Japão como uma maneira de prestar a eles uma homenagem. Maezumi, Aoyama, Joko Beck, Kojima, Yogo tiveram seu nome mantido. Seus dados biográficos, aqui brevemente citados, são de domínio público. Monja Coen e eu decidimos juntas não dar um nome à sua personagem a partir do momento da ordenação monástica. Ficou tão somente "Monja". Quisemos assim homenagear as mulheres e sua capacidade de lutar e vencer desafios. Na Monja, todas as mulheres representadas.

Enquanto escrevia, fui reencontrando minha própria história, tão diferente desta e tão próxima. Passei pelos dias belos e trágicos de toda uma geração. Também acreditei que o LSD salvaria o mundo, depois a ayahuasca, depois as religiões orientais. Quando encontrava a Monja Coen para as entrevistas, saía leve e confiante. Para mim, a certeza dela no caminho monástico estimulava a certeza em meu próprio caminho. Gosto dessas diferenças entre pessoas. Também gosto de amadurecer, das impressões de vida no rosto e no corpo. É maravilhoso arriscar sempre, renovar sonhos, seguir em frente. Muitas coisas ficam para trás e é preciso que seja assim. Outras nos acompanham mais tempo. Outras, ainda, jamais nos deixarão. Essa riqueza da incompletude e o mistério constante a nos rondar é que fazem a vida valer a pena.

Conhecer a Monja Coen me proporcionou mudanças pessoais. Registro aqui a história que sua vida me inspirou.

PRÓLOGO

Japão, 1983

Um cheiro de flores parece muito próximo. Acho que estou inebriada... Agora estou sentindo náuseas. Silêncio. Quanto silêncio. Nunca um silêncio tão grande assim! Por que estou de olhos fechados? E por que não consigo abri-los? Estou ouvindo um barulho, acho que alguém se aproxima. Que ruído é esse? Pregos? Estão em minha cabeça ou em torno de mim? Estão pregando a tampa do caixão! Estou morta! Estou morta!

Ela abre os olhos de repente e respira fundo. Sente o coração batendo rápido e, assustada, olha ao redor. Aspira o cheiro doce de seu quarto ainda recendendo ao incenso da noite anterior. Entre alívio e estranhamento entende que foi apenas um sonho, mas não se mexe na cama. Procura ao redor o som de uma janela batendo e o associa com o barulho dos pregos no sonho, uma transposição quase perfeita. Lá fora, pequenos sinos pendurados por fios confirmam que o dia se anuncia com o vento. Dentro dela cresce uma inquietação. *Um sonho com a morte. O que significa?* Os dedos brancos puxam de leve a coberta, enquanto os olhos percorrem as paredes mudas e acolhedoras. *Se eu fosse morrer, o que gostaria de fazer?* Esse pensamento viaja em ondas pela pequena casa e atravessa as paredes, misturando-se à grama, que cresce junto da soleira da porta. Em seguida retorna, trazendo imagens da montanha, o Monte Fuji, nas proximidades do qual estão erguidas algumas habitações, entre elas a sua. *Subir o Monte Fuji! É isso que eu faria! Então é o que vou fazer hoje, agora!* Salta da cama com a leveza da gazela que habita por herança seu corpo magro e forte, quase surpreendente. Entre movimentos cuidadosos e pensamentos precisos, ela gosta ainda mais do dia que vem se aproximando, um dia maior que a vida e, no entanto, apenas mais um dia.

Em frente ao altar, depois de o corpo lavado e nele a túnica pousada, começa a preparar-se para sair. Sapatos apropriados, bolsa de pano, alguma comida, sempre num ir e vir de gestos calmos. Uma luz inquieta emana de sua cabeça lisa de monja, feito brilho roubado à chama trêmula da vela que aguardava o alvorecer. Um momento após o outro é tudo que ela tem, e isso não a difere de todos os outros seres. Nada a difere, na verdade. Apenas existe nela o reconhecimento de que é mais uma pessoa, entre milhares de tantas outras, sem saber o começo e o fim. Sem saber. Talvez no fundo ninguém se conforme com isso. A ilusão da imortalidade é o motor da mortalidade. Mas ela se esvazia das divagações, ergue os olhos e contempla a imagem de Buda por instantes. Sorri e sai.

Ainda em pé, junto à porta entreaberta, olha a lua cheia espalhada num céu sem nuvens que, generosamente, prateia as folhas das árvores e risca traçados no caminho. Por instantes ela tem a impressão de estar no fundo do mar, com suas criaturas misteriosas, entre sombras e fosforescência. Ajeita a larga bolsa de pano cruzando a alça no peito. Nunca antes sentiu tanta liberdade em dirigir os próprios passos. Não precisa comunicar nada a ninguém nem pedir qualquer permissão, simplesmente deve acatar uma ordem que dá a si mesma: saltar da cama de madrugada e tentar subir o Monte Fuji. Olhando para ele a distância, enquanto passa em frente à residência do casal Saito, vai apertando o ritmo, imprimindo um pouco mais de força nas pisadas. No entanto, não deixa pegadas no caminho, deixa migalhas de alegria que pingam dos seus poros, saídas de dentro, bem de dentro do seu ser.

São Paulo, 1950

Lá no alto o azul do céu esbarrava em nuvens passageiras, sem compromisso com nada ou ninguém. Um calor abafado falava a língua tropical e era, por assim dizer, onipresente em São Paulo, uma cidade ardendo em verão. Apurando a vista, podia-se ver lá embaixo a copa das árvores, um nicho verde na avenida imponente e aberta em rasgo seco no que antes fora terra úmida e pura. Era uma visão consoladora e amena, naquela manhã de domingo, o silêncio do verde balançando em movimentos aleatórios. Descendo ainda mais, feito ave voando em lentos círculos, aparecia pouco a pouco uma espécie de vida pontilhada em cores esmaecidas que, com a aproximação constante, ia se transformando em movimento. Já era possível abandonar a ideia exótica de um formigueiro qualquer e perceber que se tratava de um universo de seres, dos quais não sabíamos nomes, identidades e histórias. A distância é a guardiã dos mistérios.

Passando pelos galhos firmes e abertos de uma frondosa árvore, deixando para trás ramos suaves e guardados em frescor, penetramos melhor nas imagens mais baixas. As pequenas vielas do parque surgem carregadas de homens, mulheres e crianças, andando ou parados, brincando ou conversando. Do silêncio ao burburinho abafado, os sons são indefinidos, mas denotam uma espécie de vibração. A visão ainda ampla mostra uma extensão de pessoas ao sol, alegres como devem estar na singeleza do momento. Continuando a descida e fechando o campo de visão cada vez mais, pode-se distinguir uma menina pequena de vestido amarelo, meias e sapatos brancos de boneca. Imóvel por um átimo de segundo, ela olha um pássaro pousado no espaldar de um banco, que também olha pra ela na cobiça ou curiosidade da pipoca em suas mãos. Em seguida, ele voa e ela corre. Duas vitalidades muito próximas uma da outra, quase sem distinção ou diferença. A pequena ave bate as asas subindo sem destino certo, e a garota segue até alcançar o colo de uma jovem mulher que, arrancada de sua concentração, joga as mãos no ar em dança espontânea, derrubando um livro. Em meio aos gritinhos estridentes da menina, os dois corpos fundem-se numa só forma, mãe e filha aquecidas de amor e deleite.

    A mulher recolhe do chão o livro e tenta saber do que a filha correu ou com que se entusiasmou. Como saber? Uma criança de apenas 3 anos não pode explicar sensações, e nela tudo se transforma em movimento. Talvez estivesse dizendo *"Mamãe, um pássaro olhou pra mim"*, mas não eram palavras que saíam dela, e sim um encantamento sem possibilidade de ser compartilhado. Depois de olhar de um lado para o outro, a mulher permanece acariciando a filha menor e chama pela mais velha, ali perto, distraída com uma boneca. *Clarinha! Vem brincar com sua irmã!* Em seguida, limpa a capa do livro maculada pela poeira do chão, busca a página em que estava e continua lendo, apaziguada em prazer, os olhos vez por outra buscando as filhas.

    Clara emprestava elegância ao todo do parque e era uma perfeita moldura para os modos finos dos adultos que ali circulavam. As crianças, como Silvia e Clarinha, sem muita noção de que viviam no lado mais nobre da cidade, se misturavam na mesma correria de corpo, ou no mesmo sonho de alma: que o mundo fosse tudo que seus olhos pudessem tocar, seus dedos pudessem lamber ou sua boca pudesse enxergar. Não havia separação dos sentidos, e isso aguçava as preocupações da mulher de Antonio, ainda que rapidamente, como se ela mesma saltasse das páginas do livro para o meio da infância mais remota. De repente, ela ergue os olhos para a copa das árvores e lembra do cheiro de manga, o que faz sua memória reavivar solenemente e estacionar nos tempos da fazenda, tempos da sua meninice. Sem muita demora ela volta para os cheiros do presente, num misto de esperança e desolação. A memória é uma carruagem de luxo.

    Havia algum tempo Clara vinha sentindo seu casamento afrouxado e apagado. Sem paixão. Mas segurava firme as suspeitas, o cotidiano conspurcado por aqueles tons incertos colorindo a fronte de Antonio, ocultando pensamentos que ela não podia ler e, no entanto, sabia. Esse era o motivo das suas distrações, das suas divagações no tempo, uma forma de enfrentar o presente, não uma fuga para o passado. Aquela mulher elegante e culta, nascida em família abastada, nunca se resignava aos fatos, mas sacudia os cabelos claros sobre a nuca altiva e buscava soluções. Retornar às imagens de sua infância era impregnar-se da destreza e da agilidade de quem subia em árvores, corria para segurar os bezerros, nadava no açude, sempre ligada ao corpo, encarnada de fato. Saudosismo por autopiedade? Jamais! Estava em suas raízes e nas origens de sua vida a seiva capaz de nutrir, fortalecer, reestruturar.

    Como se uma força do passado animasse seu corpo, ela se levanta e sua silhueta insinua-se no vestido florido e vaporoso. Leva um chapeuzinho para proteger Silvia e outro para Clarinha, insistindo contra a resistência das meninas em vestir o acessório. Ao lado, um garoto aparentando 5 anos, a idade de Clarinha, olha atento, especialmente para a birra de Silvia, que na sua tenra idade é toda energia. Clara às vezes acha a pequena mais parecida consigo, embora a primogênita seja tão observadora quanto ela era em criança. Muitas vezes, entre a mulher e seus filhos não cabe nada mais, a vida se fecha num círculo invisível e impenetrável, onde ninguém entra e ninguém sai. Uma bolha que fatalmente um dia se romperá e, quanto mais inflada tenha se tornado, mais violenta será sua ruptura, pedaços que nem sempre podem se recompor. Nesse círculo Antonio já não era convidado.

Clara guarda o livro na bolsa, toma a mão das filhas e vai caminhando sem pressa, Silvia falando alguma coisa, Clarinha olhando para trás preocupada com o menino que as segue, até que surge alguém para detê-lo, a mãe provavelmente. O pai deve ser aquele lendo jornal, para quem a mulher leva o menino fujão. Mas nem só de pais e filhos o parque se enfeita. Há namorados, rapazes e garotas, pipoqueiros e a música de um realejo, uma fonte pequena, estátuas, flores de cores e tipos diversos, gente lendo livros ou jornais, gente olhando e não fazendo nada. Há comunhão e solidão, expansão e opressão, pois onde há pessoas tudo acontece, mesmo que não se veja. Mãe e filhas atravessam tudo isso e chegam à saída, cruzam o portão e se dirigem ao carro.

Naquela época não era comum a mulher dirigir um carro. Clara dirigia o seu, e dirigia a contento, mesmo porque "ser comum" não era um atributo que lhe caísse bem. Na imponente Avenida Paulista, assim que deixa o Parque Trianon, ela anda pela calçada larga, tentando combater a melancolia que surge vez por outra, feito uma pontada no peito. Imagina que talvez fosse bom ir a um museu mais tarde e deixar passar o tempo. Ficar perdida entre quadros de arte, nos temas, nas tintas, no desejo do pintor de perpetuar uma obra para a posteridade. Um tempo sem tempo. Mas deve primeiro levar as crianças para casa, preparar a aula do dia seguinte e tentar não pensar. É difícil não pensar. Enquanto dirige – as meninas sentadas no banco de trás –, o movimento automático de suas mãos e pés garante o comando do carro, e ela não consegue evitar a cena recorrente que lhe assalta: Antonio falando ao telefone de modo suspeito. *Agora eu não posso falar!*

Ela ainda sente correr pela espinha o mesmo frio, como se descobrisse um segredo bem guardado.

Não pode falar? Por quê?, diz Clara interrompendo bruscamente.

O que você faz aí parada, Clara? Está me espionando?

Bem, acho que existe alguma coisa errada, Antonio! Eu simplesmente estava entrando em seu escritório, vinha falar com você! E desde quando virei alguém de quem você desconfia, desde quando sou uma espiã? Então existe alguma coisa a ser espionada, não é mesmo?

Por um instante quase eterno, Antonio percebe que disse a frase errada e tenta, mesmo que com certa artificialidade, esfriar a emoção pela qual fora repentinamente tomado. *Desculpe, você tem razão. São problemas de trabalho e eu não queria resolver nada agora, queria que respeitassem minha casa, meu descanso. Não é nada que eu não possa resolver amanhã, mas as pessoas abusam, tornam-se dependentes.* O rosto mudo de Clara paralisa Antonio, e ele procura movimentar-se enquanto fala, tentando sair daquela sensação. Mexe em papéis, muda coisas de lugar na mesa da escrivaninha e procura não sucumbir aos batimentos apressados do coração. Para quem não o conhecesse, Antonio estava em pleno domínio de si, falando firmemente, os gestos equilibrados, sem pressa. Clara, no entanto, não diz absolutamente nada e se coloca apenas no olhar, inteiramente ancorada no próprio olhar, captando em cada fotograma dos movimentos dele o susto, a insegurança, o medo. Sem ansiedade ela acolhe um pensamento: *Antonio está me traindo*. No entanto, com total controle de si mesma, apenas avisa displicente: *O jantar está pronto!* E sai.

    As meninas brigavam dentro do carro, trazendo Clara de volta para o contato das mãos que seguram firmemente o volante. Diz qualquer coisa para acalmá-las, começa a cantar uma música infantil e, aos poucos, vai entrando na inocência das filhas, livrando-se daquela dor que começara a sentir. Algum tempo depois, precedidas pelas próprias risadas, elas entram em casa, o carro já devidamente guardado na garagem. O chão da sala coberto por tapetes caros, abertos em alegria impossível, recebe as cambalhotas de Silvia. Enquanto Clarinha joga a boneca no sofá e sobe para o seu quarto, Clara procura por Inácia na cozinha. Os aromas que saltam, dos simples aos mais exóticos, traduzem a eficiência e habilidade de Inácia, mas é de longe a dedicação amorosa que deixa o mais inesquecível dos sabores em tudo que faz. O sabor de uma casa onde pessoas crescem para a vida.

    Tudo podia estar no lugar, o piano na saleta de música, as cortinas de tecido pesado, os móveis em sua solidez ou os objetos de arte em sua beleza. Tudo podia estar no lugar, como um dia de domingo ameno e corriqueiro. Mas não estava. No lugar vazio de Antonio, durante o almoço, uma sombra crescia e tomava o ambiente, travando um embate direto com Clara, dividida que estava naqueles dias entre sofrer e resistir. Ele viajara a trabalho e isso não seria motivo de consternação nenhuma, pois fazia parte de sua rotina. Com certeza à noite chegaria empolgado e saudoso, com presentinhos para as mulheres de sua vida, tal qual ele dizia. Como a maioria dos homens, Antonio não era atento aos detalhes emocionais que envolvem uma mulher, e só ele não percebia que nada mais estava no lugar.

    Homem e mulher naquela casa formavam o sustentáculo, ambos forjados como duas pilastras de igual estatura e capacidade, mas com diferente resistência aos abalos. O orgulho de Clara não permitiria que demonstrasse ao marido suas desconfianças e, ainda que imaginá-lo viajando com outra fosse torturante, ela não dizia nada. Se ele quisesse, poderia ter lido nos interstícios dos olhos dela um olhar feito de penumbra onde antes havia luminosidade. Mas ele estava embrutecido pela confiança em si mesmo e queria embalar-se no riso de sua mulher, ainda que falso.

E na cama, quando se abraçassem a cada regresso dele, quando trocassem carícias e afagos, ele se sentiria feliz e dormiria profundamente. Ela não derramaria uma lágrima, ficaria insone e, antes do amanhecer, tendo o coração cansado, fecharia os olhos mergulhados em sonhos inquietos dos quais não se lembraria depois. Recordaria, porém, com aguda memória, que uma exaltação estranha tomava todo o corpo dele, que o seu beijo estava mais quente e penetrante, e isso não era bom. Não era bom porque não era por ela, nem para ela. E essas seriam coisas que ela jamais esqueceria, gravadas que foram numa pedra. Mulheres traídas aprofundam-se em seu mais puro mistério, são capazes de virar água ou pedra, são capazes de fases mais diversas que as da lua.

o

Muitas vezes, nos meses seguintes, quando tudo ficava em silêncio na casa e o aroma do sono se espalhava por todos os cantos, era como se a escuridão estivesse pairando apenas sobre ela. Clara, sem saber se nela entrava ou dela saía, arrastava sua incerteza para longe de Antonio, longe do quarto onde ele agora dormia descansando a dubiedade que o acompanhava a maior parte do tempo. Ela sentava numa poltrona da sala de estar e ficava olhando sem ver, ou então simplesmente levantava e ia para a cozinha preparar um chá, um leite morno, aquecer-se por dentro e tentar relaxar. Nessa noite, porém, uma dor retorcida invadia seu corpo, e o que ela vinha segurando havia algum tempo tornou-se verdadeiramente insuportável. A lua, que se mostrava cheia de si, seguia indiferente seu curso pelo céu de outono, na ignorância do próprio nada, de que era feita apenas de areia e vazio. Foi assim, recostada de leve no vidro da janela, na visão de um clarão lunar majestoso embora emprestado, que ela deixou escapar as primeiras lágrimas, como se fossem também areia e vazio, como se não molhassem, mas arranhassem seu rosto sem marcas. Pensamentos contraditórios a atormentavam, e a liquefação do orgulho ferido começava a pingar em sua mente. Raiva e desejo combatiam por sua alma.

    Se o cheiro dele a deixava inebriada, o que dizer da sede pelo seu toque suave, ou mesmo da maciez daqueles cabelos negros roçando seu corpo, arrepiando sua pele? Clara gostava de sexo e, mais ainda, gostava de fazer sexo com Antonio. Embora não tivesse conhecido outro homem na cama, sentia uma completude ao lado dele, uma entrega arrebatadora, e imaginava o mesmo para ele. Como entendê-lo desejando outra mulher que não ela? O que estava errado entre eles? E se estivesse errado qual o problema em falar? Não podia haver maior ofensa à inteligência e capacidade do outro do que simplesmente enganar, ela dizia para si mesma. Mudar o comportamento, ser pego em contradições, explicar-se com evasivas, jamais admitir em hipótese alguma o que se passava, era Antonio seguindo uma cartilha tão antiga quanto o domínio masculino sobre as mulheres. E que domínio era esse se a coragem inexistia no homem para olhar no olho da mulher e dizer a verdade? *Eu conheci alguém.* Pronto, era assim simples. E estar disponível para as perguntas, e ser decente para responder simples e objetivamente. Sim, responder objetivamente, que mais ele podia fazer? Tudo seria melhor do que esse estado de suspensão, as partículas das palavras ocultas e não pronunciadas paradas no ar, poluindo tudo, interferindo na comunicação entre eles. A voz interna seguia, independente de sua vontade, dizendo um amontoado de coisas confusas, arrefecendo por total exaustão a inquebrantável rigidez de seu autocontrole. Nunca sentira antes essa insegurança que agora se esgueirava quieta, mas sem nenhuma piedade.

No dia seguinte, apesar das aflições vividas noite adentro, Clara acordou pronta para o trabalho na escola e os desvelos com as filhas. Vestiu-se com aprumo e deu as orientações sobre o funcionamento da casa. A pele rósea e sem olheiras de seu rosto precisava de pouca maquiagem, bela no esplendor da idade e da vida. Era uma força da terra, como seu pai, de quem desejava a presença nesses dias estranhos que cruzavam seu caminho. Enquanto um perfume animava o ar da casa durante seu andar, ela cuidava em ver as filhas, dar um beijo em Silvia, que ainda não ia à escola, e apressar Clarinha, que levava consigo todas as manhãs. Antonio saía um pouco mais tarde, entrava às nove horas no Palácio do Governo, mas logo cedo pulava da cama e acompanhava mulher e filhas no café da manhã. Havia sempre um afago saindo das mãos dele na direção das meninas, uma brincadeira qualquer entre caretas e gestos para diverti-las, enquanto entre elas e a mãe havia o drama delicado de amor e posse. O prazer de Clara era possuir tudo que tocava, mas não se perdia em demoras alimentando o toque naquilo que já possuía. Então ela convidava ao dia, cobrava que não se atrasassem, verificava o material da filha mais velha, organizava com a babá o dia da mais nova, e essa era uma rotina de que gostava. Da mesma forma, apreciava ver o marido junto das filhas. Agora, porém, dentro de sentimentos desencontrados, tentava não somente apressar as meninas, mas tirá-las mais rapidamente da presença do pai, vencida que estava pela sensação de impotência diante dele.

Aos domingos, era sempre a missa. Nesses dias tumultuados, mais do que nunca. O padre elevando o cálice dourado e ela baixando levemente a cabeça, olhos em repouso e coração aflito. Sentia aquele incenso como bálsamo conhecido e reconhecido, e sabia que ali, na casa de Deus, sua força crescia para além dela mesma. Antes da missa havia a confissão dos pecados. Estes eram solenemente declarados através da janelinha que separava lábios e ouvidos, distinguindo o pecador – colocado de joelhos e mãos postas – do sacerdote dignamente imbuído de absolver e limpar as almas errantes. Como era bela a missa, pensava Clara, enlevada pelo canto sagrado e pelo conforto que dele emanava. Em dado momento ela se levantava para a comunhão, a união suprema entre o humano e o divino. Na língua, o mistério da hóstia lentamente se dissolvendo, porque jamais deveria ser possuído. E isso era prazeroso, deixava nela um estado de graça, uma vontade infantil de nada saber, como se ao sair da igreja tudo pudesse ser recomeçado sem manchas, novos caminhos traçados.

Antonio, ateu convicto, ficava com as filhas em casa dormindo até mais tarde, ou acordava cedo para sair com elas. Quando ele viajava, as meninas ficavam com a babá até que a mãe voltasse da igreja, pois aos domingos o dia só começava depois do ritual da missa. Havia entre o casal respeito quanto às crenças ou à ausência delas, e jamais se discutiu sobre isso. No entanto, ultimamente, ele sabia que sua mulher buscava algo a mais na fé que professava, e não sentia nisso um acontecimento alentador. Afinal, na visão dele, a religião vendia ilusões e, o que era pior, distorcia a realidade. Preferia quando ela saía com as amigas, quando declamava nos saraus familiares, quando dirigia seu carro pela cidade ou simplesmente tomava as meninas nas mãos para um passeio. Gostava de vê--la no trabalho, ou até mesmo de sentir sua presença na casa, permitindo-se ser mulher, menos do que mãe e mais do que piedosa senhora. Clara não era como as outras de seu tempo, e foi isso que o atraiu tanto, ela sete anos mais velha que ele e sete vezes mais arrojada. Sendo mulher de extremos, fazia suscitar a dúvida se corria na frente dos demais por vontade de chegar ou por medo de ficar.

Do medo de Clara ninguém jamais soube o tamanho, nem viu a cor, nem sentiu o cheiro, fechado entre distantes porões e marcas do passado. Toda a rigidez criara nela uma redoma inatacável, uma fortaleza de aço, de músculos estendidos até o último limite. Saindo ou entrando na igreja, em casa, nas festas, nos eventos sociais de que tanto gostava, não importava onde, todo pedacinho dela estava sob escolta. O que sempre fora apenas uma tendência em seu comportamento – ser controladora – tornava-se cada vez mais uma realidade diante do medo que agora sombreava seu caminho. Era preciso atravessar o mar revolto sem balançar, era preciso enrijecer. A gazela impulsiva estava imóvel, e nada surgia no horizonte para salvá-la.

Nesse impasse os dias passavam e, cada vez mais, a posição de Antonio se tornava confortável. Mesmo que não quisesse magoar a mulher, sabia que o fazia. Ainda assim, se esforçava para não demonstrar qualquer envolvimento emocional com as alterações dela. Com seu jeito calmo e seguro, ele se aproximava mais das filhas, e a elas se dedicava com mais atenção do que antes. Embora a presença da amargura pairasse sobre a bela casa no bairro dos Campos Elíseos, as meninas seguiam nascendo a cada dia como flores, como filhotes curiosos, como a infância da vida em torno de Antonio e Clara, que eram uma fonte segura para elas sempre retornarem. Talvez mais tarde não se lembrassem do humor instável da mãe, às vezes irritada ou exageradamente alegre, outras vezes quase triste. Quem sabe não se lembrassem também dos silêncios do pai e de suas ausências repentinas. De alguma maneira, porém, tudo se registrava em algum lugar nelas mesmas, e voltaria para cada uma com outra roupagem em momentos da vida futura.

○

Dizia-se no Palácio do Governo que a mulher do governador era muito ciumenta do marido. Logo ela tratou de afastar dele aquela jovem bonita, culta e bem articulada, recentemente contratada como secretária. Habilidosa, Dona Leonor conseguiu que Ana secretariasse Antonio, procurando não facilitar o interesse do marido diante de mulher de tal porte. Foi assim que eles se conheceram e, mesmo depois de Antonio ser promovido a secretário do governador, Ana permaneceu no cargo como sua auxiliar mais direta.

A vida pública estava trazendo muitos dissabores a Antonio, que com o tempo via cair por terra muitos dos seus ideais. Percebia-se cercado por aproveitadores, bajuladores e falsos amigos, cada vez em maior número. Mesmo a amizade que nutria pelo Dr. Adhemar, o então governador de São Paulo, começava a ser abalada, as virtudes testadas nos seus limites mais extremos. Mas foi exatamente quando passava pelo caminho da desilusão que um roçar de asas em seu rosto arrastou-o para o encantamento. Não era na forma de um anjo que Ana surgia, o que seria uma imagem por demais gasta e destituída de significado para defini-la. Forte no espírito e na personalidade, porém leve no andar, na maneira de olhar e na fala pausada e macia, ela emergia dos espaços amplos do palácio, os pés quase fora do chão. Diferentemente da gazela, era um pássaro emplumado e sem dúvida voava, ainda que não muito alto. Por isso não deixava rastros no chão, mas um instante dividido em claro-escuro, em dia e noite, um farfalhar, um bater alado, amplo e misterioso, a sensação de caminho sem caminhar. Uma incipiente garça branca nela se revelava.

Antonio não pensava conscientemente na figura de Ana, mas era como se estivesse sendo invadido. Algo levava sua lógica a fazer associações estranhas que, inevitavelmente, o conduziam a ela, até quase um estado de sufocamento, do qual se esquivou o quanto pôde.

O senhor deseja algo mais?
Não, agora não, obrigado.

Ele ficava confuso, muito confuso. Logo ela se afastava, e tudo se acalmava novamente. Os dias passavam sem temor dos riscos, da ignorância humana, dos desejos sorrateiros.
O senhor precisa assinar aqui.
Só isso?
Por enquanto, sim, obrigada.
De repente ele se perdia em querer retê-la um pouco mais.
Deu meu recado ao governador?
Sim, senhor.
Está bem, pode se retirar, qualquer coisa eu chamo.
A formalidade dos primeiros dias já causara um rompimento na rotina mental de Antonio, mas nada que não pudesse ser devidamente contornado. E era o que ele fazia. Tentava, a cada novo dia, driblar atitudes impulsivas, domá-las a qualquer custo, distrair-se dos pensamentos inusitados.

A situação que o paralisava não era apenas erótica. Como um homem de seu tempo, suas pequenas aventuras extraconjugais jamais haviam afetado a vida familiar ou o amor que sentia pela mulher. E, a bem da verdade, ele não se incluía entre aqueles que transformavam as mulheres em meros objetos de prazer, dominação, exercício de poder, como o próprio governador e tantos de seus asseclas. Seria correto dizer que ele era um cavalheiro? Talvez sim. O que, somado ao seu porte e altura, ao seu rosto bem talhado e a um olhar quase denso, traduzia um homem que não passava despercebido pelas mulheres. E, diga-se de passagem, era um admirador delas. Sabia, porém, nadar com desenvoltura no mar de egos e situações libidinosas da vida pública, ancorado em convicções fortes não apenas políticas, mas também éticas e morais.

O que paralisava Antonio era alguma essência que advinha de Ana. Perfume? Sim, mas aquele produzido internamente, no laboratório da vida. Ainda que essa imagem não seja tão boa, não há como fugir dela neste ponto. Talvez não existam imagens boas para descrever desígnios, emoções e sentimentos mais velhos que a própria humanidade: desejo e traição, por exemplo. Revisitar tais clichês é o que fazemos eternamente, desde nossos ancestrais mais remotos, e transformá-los em histórias dignas de interesse é de fato uma arte. As pequenas cenas exaustivamente repetidas do cotidiano humano se diferem pela essência, pelo perfume interno do ser. O engraçado é que pensamos que basta nascer para ser alguém, para ter essência. Ou alma, no dizer de muitos. Mas não basta. Tudo que somos ao nascer se resume em matéria-prima. Uma possibilidade, diriam outros. Talvez por isso seres com essência forte pareçam tão perigosos. Eles nos fazem lembrar a morte que carregamos constantemente, ou o morto em que, dadas algumas circunstâncias, podemos nos transformar em vida.

    Durante os últimos anos, Antonio e Clara exercitaram a construção diária do conhecimento e da elaboração cultural, considerando e reconsiderando as impressões que a vida deixava neles, e por eles deixadas nela. Isso é também erigir a própria essência, criar uma forte liga capaz de unir homem e mulher. Mas foi em algum espaço aberto, em alguma falha existente nesses anos de casamento, que Ana surgiu. Durante quase um ano e meio trabalhando lado a lado, ela e Antonio não perceberam a atmosfera que se criava enquanto estavam juntos, ou lutaram para não perceber. Mulher espontânea e livre de jogos e estratégias sedutoras, ela trazia algo para a vida dele, uma lufada de vento encontrando espaços secos e esquecidos pelo tempo.

    Um dia qualquer ele pega o livro esquecido na escrivaninha enquanto ela se fazia ausente e o folheia curioso. Logo mais estavam comentando sobre o livro, depois sobre filmes ou peças de teatro, ele muitas vezes surpreso com as opiniões lúcidas e diretas que vinham dela. Talvez, durante aquele ano e meio, ele estivesse evitando essa proximidade, convencendo a si próprio de que Ana era apenas uma mulher bonita e eficiente no trabalho. Afinal, sentia até mesmo um alívio quando estava em família, ou quando saía com Clara para festas, eventos e lazer. Sentia falta da mulher e das filhas nas viagens a trabalho, momentos em que seu pensamento ficava à deriva e seu coração, apertado de angústia. Mas todo esse controle começou a ser abalado à medida que ele deixou de resistir à presença de Ana. Uma vontade de ficar mais tempo no Palácio, sempre uns detalhes finais para resolver com ela, aquela papelada, aqueles contratos etc.

Começaram a almoçar juntos e a conversar cada vez mais, a rir mais, a contar mais coisas da vida um para o outro, fatos distantes da realidade presente. Disfarçavam bem a atração mútua em companheirismo inocente, mas ele já conhecia as músicas preferidas dela e ela já sabia como ele ganhara uma cicatriz no braço esquerdo. Numa tarde banal, de um dia banal, eles olhavam através da janela admirando os tons do céu num quase anoitecer.

Você acredita em Deus?
Não sei, e você?
Eu não acredito, sou ateu.
Ela olha na direção dele, que continua olhando para fora, através da janela.
Espera que eu fique impressionada com isso?
Não, só expressei minha opinião.
Pausa.
Quanto a Deus eu realmente não sei, mas quanto à sua intenção de me provocar não tenho qualquer dúvida!
Ele olhou para ela a tempo de ver um sorriso de Mona Lisa em seus lábios. Sorriu também e percebeu uma fisgada em seu peito. Andou pelo escritório e sentiu-se estranho, como se fosse outro homem, um homem inesperado.

o

O que eu desejo, antes de tudo, é respeito. Não vou me conformar enquanto não souber o que o aflige tanto. Já não faz sentido ouvir as mesmas desculpas sobre o ambiente nefasto do Palácio e todas as decepções que sofreu desde que se tornou secretário do governador. Eu conheço você, Antonio! O que mais estranho é seu corpo, e é isso que está me deixando triste e confusa. O corpo não mente, escute o que eu digo! Portanto, não me desmereça com discursos esfarrapados, frases feitas, porque meu coração diz que outra mulher está atormentando você. Seja digno e me trate com dignidade.

Pausa. Silêncio. Ninguém fala nem se move. Até mesmo a chama tremulante de uma vela, acesa ao santo de devoção de Clara, parece suspender-se em átomos parados no ar. Eles estavam fechados no escritório. A casa, ainda adormecida naquele início de madrugada de sábado. Sentado na confortável cadeira em frente à escrivaninha, ele rabisca ao acaso numa folha de papel. Do outro lado da saleta, ela está acomodada na bergère que fora de sua avó paterna, com a postura firme e o olhar focado nos gestos dele. Irritada com a impossibilidade de um confronto direto, principia a sentir um desprezo pela evidente evasiva dele. Um sinal revelador de sua crescente ambiguidade e falta de atitude.

Um belo relógio de pêndulo faz tique-taque.

Não sei o que você quer que eu diga, não sei. Sinto que você quer colocar palavras em minha boca, palavras que não são minhas, mas estão dentro de seu pensamento todos esses meses. Parece que estou sendo empurrado para a beira de um abismo a cada vez que voltamos a conversar sobre estas mesmas coisas. Também não imagino o que você quer dizer com essa história de meu corpo estar diferente. Isso pra mim é muita dramatização, não condiz com a realidade. Que coisa mais sem sentido! Meu corpo diferente... Diferente como? Diferente por quê? E do quê? De mim mesmo? E, ainda que assim fosse, isso é errado? Acho que todo dia meu corpo deve estar mudado, ou não? Desde que nasci estou morrendo, ou não? Francamente, não quero mais ter que ser interrogado dessa maneira. E tudo porque não existe a mesma confiança que antes você depositava em mim. O que posso fazer? Nada, nada. Não posso fazer mais nada. Ele se desfaz da caneta com a qual rabiscava, se joga para trás na cadeira com a cabeça erguida para o teto. Está prostrado e irritado.

Clara se levanta e vai até o relógio de pêndulo. Abre o vidro e para o relógio, segurando o pêndulo com as mãos. O horário marca 1h43min. Os ponteiros bem esculpidos ainda estão sob o impacto da súbita interrupção. Assustado, mas sem demonstrar, Antonio olha intrigado para ela. Silêncio. Com os pés nus, ela se desloca pela sala meio devagar. Era um padrão nela, fazer tudo devagar quando estava tensa. A gazela se aquietava e uma felina pronta para o bote se preparava, os movimentos conscientes e a atenção precisa. Era exatamente nessa atitude que ela o imobilizava, deixando nele a expectativa do próximo instante, fazendo-o pulsar em desassossego, o coração quase aos saltos, nas veias correndo o temor. Não exatamente medo, mas temor. Só o verdadeiro poder causa temor, que se pode traduzir por desconhecimento e obediência ao poder do outro.

Ela coloca as mãos em cima da escrivaninha, agindo por instinto e desespero, deixando seu olhar cair nele, atravessando aqueles olhos – em que tantas vezes se identificou – com dardos de fogo e mágoa.

Quero que escute bem. O tempo parou agora pra mim. Foi-se a época em que podíamos ser sinceros um com o outro, e o que sinto é apenas lástima e vazio. Nada irá apagar este exato momento que se fixa em minha memória, quando eu deixei de ser alguém de respeito para você. Não vamos mais falar sobre esse assunto. Não quero mais ouvir meu marido manchar seus lábios com mentiras. Quando a coragem corar novamente seu rosto, então faça o tempo correr de novo, solte os pêndulos, dê corda no relógio e me diga quem é esse homem com quem eu durmo agora, conte-me a história toda. Porque você sabe muito bem a que me refiro quando menciono seu corpo. Agora che-

ga, eu vou dormir. Não existe mais diálogo, nem conversa, nem nada... Boa noite.

Ele olhou como se jamais houvesse olhado para ela, e o que sentiu foi uma completa impotência. Depois a observou de costas, saindo silenciosa e ereta, e admirou sua capacidade de manejar palavras e ações. Com suas próprias frases abortadas na garganta, as palavras reais e sinceras de fato, ele se afligia com uma espécie de revolta gritando muda em seu peito. De repente, parecia que um gosto sujo travava o ar em sua garganta, como se tivesse sido atirado ferido a um chão de terra nua. Sentado na escrivaninha, a cabeça baixa, batia em compassos ritmados a caneta no papel, numa repetição monótona. O pensamento em círculos vertiginosos. Então ergueu o olhar para o pêndulo do relógio e, depois de muitos anos, seus olhos marejaram. Talvez ainda fosse uma criança quando chorara pela última vez. O medo do pai, um jeito de pedir a atenção da mãe. Agora estava totalmente desamparado, mas segurou-se como podia. Nenhuma lágrima caiu.

A saleta decorada em estilo clássico, quase austero, ostentava fotos de família numa das paredes. Levantou-se e foi até elas. Homens, mulheres e crianças ali fixados no tempo, no momento, no instante. O passado, o presente, tudo num único fio cujo ponto fixo estava além, muito além, preso no universo. O cabelo da mãe, o bigode do pai, o sorriso desafiador de Clarinha, a alegria incomparável no olhar de Silvia, a beleza imperial de Clara, tantos ecos se multiplicavam. No entanto, ele que sempre se imaginara destemido e sabendo para onde ia, ao olhar o próprio rosto na foto viu um medo camuflado, um medo que não poderia definir mesmo que quisesse. Medo que estava parcialmente representado na figura das mulheres, como se nelas um segredo ancestral estivesse contido, um segredo vital e inominável. Sentiu-se pequeno, desajeitado e infantil, e deu-se conta de que não poderia dizer nada disso para Clara, nem para ninguém. Mal entendia o que se passava, mas sabia agora que ensinava suas filhas a dizer sempre a verdade sem saber do que estava falando.

Andando pela casa numa atitude cautelosa, como se levasse algo nas mãos que não pudesse ser quebrado, Clara seguiu até a cozinha onde bebeu um copo de água gole a gole. A solidão que andava ao seu lado enquanto caminhava queria grudar-se a qualquer custo. De alguma maneira, esperou que ele viesse atrás dela, que finalmente a tirasse das dúvidas atrozes que corroíam seu peito, dia após dia. Não que ela o fizesse de caso pensado, pois era mulher de impulsos rápidos e honestos. Por outro lado, não fraquejava diante de um desafio, sua vontade era não parecer nunca com a própria mãe, mulher que desabava e se desesperava ao mínimo problema.

Como Antonio pode ser tão indiferente? Como pode ser tão cínico? Será que todas as minhas orações não adiantaram nada?

No quarto, sentada na beira da cama, enfim desabou sob o peso da dor. Começou chorando de mansinho, como um rio fresco na nascente. Depois um pouco mais forte, um rio adensado de águas mais turvas, e chorou até seu corpo chorar junto, sacudindo-se todo, vórtices de água no ventre e no peito, águas caudalosas carregando outras dores e arrastando sem parar tudo que encontravam pelo caminho. Então, deitou-se para trás na cama, os braços abertos, o furor das águas jogando a esmo seu coração, rompendo em mil pedaços o barco de sua mente, seus pensamentos, seu Deus, seus santos, tudo, tudo se foi. Teve um terror de menina, um terror de ficar só, de ficar para sempre só.

Naquela noite, pela primeira vez desde o casamento, Antonio não dormiu com Clara. Depois daquela noite, começaram a se desconhecer.

o

Quando Antonio levantou no dia seguinte, um domingo comum e de temperatura amena, Clara não estava mais em casa. Muito cedo ela acordara as filhas e saíra sem alarde, deixando apenas um bilhete na cozinha: *Fui para o Guarujá com Virginia e as crianças. Voltamos à noite.* Dormindo no quarto de hóspedes, ele não ouvira um ruído sequer. Talvez por causa do cansaço extremado – emocional e físico – estivesse tão atordoado que não se dera conta de nada. Só conseguira adormecer lá pelas cinco da manhã e, com certeza, às nove horas, quando se pôs de pé, ela já estava longe. Andou sozinho pela casa numa angústia insuportável e, lá pelas tantas, resolveu sair também. Sentiu uma enorme falta das filhas, queria poder brincar com elas para acalmar o coração inquieto. Na verdade, queria que Clara estivesse ali, que pudessem sair juntos como faziam aos domingos. Levar as meninas para brincar em algum lugar, almoçar fora, mesmo que não se falassem, mesmo que estivessem zangados. Sempre fora assim, sempre. Quando estavam estremecidos, não deixavam de fazer as atividades com as filhas, pois não admitiam que dificuldades entre eles afetassem a rotina delas.

Deixou o carro na garagem e começou a andar sem destino certo, pensando no que fazer. Não tinha vontade de partilhar seus sentimentos com ninguém, nem parentes, nem amigos. O tumulto dentro dele era muito grande, e não havia como falar mais nada a esse respeito. Aos poucos, a dúvida o alcançava numa insistência funesta, penetrando os mais recônditos lugares de sua mente, embaralhando até mesmo o que parecia organizado. E ele já não tinha certeza se estava conduzindo suas pernas ou sendo por elas conduzido. De qualquer maneira, não gostava do que estava sentindo.

○

Olhando para cima, à direita, bem acima de sua cabeça, Clara podia ver um pássaro cantando no galho. Demorou-se um pouco examinando as grossas nuvens que cobriam todo o céu em pinceladas fortes, arredondadas. Por instantes, teve a sensação de que garoava, mas não era real. A temperatura amena tornava agradável ficar ali olhando o mar, Silvia e Clarinha brincando com o filho de sua amiga Virginia, todos eles na beira d'água esperando a espuma desmanchar-se na areia. Virginia acenou chamando Clara e esta respondeu que não. Havia pouca gente na praia, havia a brisa do mar, um casal de idosos caminhando devagar bem junto da orla, garotos jogando bola, outras mulheres e crianças aqui e ali, pais e irmãos, tios, avós e também namorados. A cena era muda, sem sons possíveis, envolvida que ela estava nos ruídos da desolação despontando dentro de si.

Silvia correu até ela e trouxe uma conchinha, logo mais era Clarinha com outra, mas ela sorria pelos cantos da boca guardando no centro uma ausência de si mesma, traços de tristeza querendo escapar. Levantou, andou em direção ao mar, pediu que Virginia olhasse as meninas e foi nadar. Mergulhar e sair das ondas, pairar sobre as águas e fingir-se peixe, sereia desalmada, encantadora de homens. Teve vergonha quando surgiu essa imagem – encantadora de homens –, mas ao mesmo tempo ficava excitada com ela, e seu corpo se movimentava mais rápido, deslizando de um lado ao outro sem parar, enquanto ela pensava. *Quem é essa outra mulher? Será mais jovem? Será bonita?* E, embora julgasse ruim ter tantos pensamentos impuros, sentiu novamente raiva, mas raiva das boas, da mais pura cepa, infiltrando uma energia tão forte em seu corpo que nadou para longe, sem perceber. Com as águas calmas e as ondas suaves, voltou fazendo movimentos pausados, ora boiando, ora mergulhando, um prazer secreto entre ela e o mar.

Normalmente, quando ia à praia, Clara não gostava de entrar no mar, detestava molhar o cabelo, incomodava-se com o sal e a areia grudando nos pés. Raras vezes, colocava sua touca de banho e entrava na água até a cintura, mais para refrescar-se e ficar depois ao sol relaxando. O que ela adorava era andar na praia, chapéu e óculos de sol, uma túnica leve e transparente para cobrir o corpo e dar charme. Antonio era quem brincava com as meninas, na água e fora dela, fazendo castelos de areia, correndo atrás da bola ou ajudando com os brinquedos. Clara preferia as águas doces e frias dos rios e, na cidade, gostava de nadar na piscina do clube.

Meu Deus, Clara! Nunca vi você nadar no mar desse jeito, muito menos mergulhar tanto. Acho que estava precisando exorcizar, hein?

Você acha? Não sei se foi algo que precisava sair de mim ou algo que precisava nascer em mim. Acho que não foi para exorcizar nada, não. Foi para me sentir existindo!

Na verdade, estranhava o que estava acontecendo em si mesma. Algo adormecido acordava e não era apenas por Antonio, mas principalmente pela raiva de imaginar outra mulher com ele. Quanto mais imaginava essa mulher, mais despertava e, como quem se dá conta de que perdeu coisas importantes dormindo, acabou fazendo o que antes seria inimaginável. Nadar e mergulhar no mar. Entre revigorada e surpresa, posou para uma foto atendendo aos apelos de Virginia. Muitos anos depois, quem olhasse essa foto numa caixa, misturada entre tantas outras, veria nela a mulher bela e atraente, e não aquela com o coração partido e a alma atormentada.

Quando voltou para casa naquele domingo, estava mais apegada às filhas, mais desiludida com a vida, mais necessitada de sua fé e religião e mais forte para enfrentar o desafio que se apresentava em seu casamento. Porém, quando entrou em casa, não encontrou ninguém, e um arrepio de frio eriçou sua pele. Depois, foram algumas horas de angústia, horas em que jantou, colocou as meninas para dormir, falou pelo telefone com amigas, ouviu música e leu. Ao passar do tempo, foi se dissolvendo em medo e quase pavor de que Antonio não voltasse. Quando finalmente ele adentrou pela porta, já era quase uma da manhã e Clara, em seu robe de seda, veio até a sala. Tudo que pensara dizer já se havia perdido na ansiedade pela chegada dele. Não se falaram. Ele foi ver as filhas dormindo e depois tomou um chá, enquanto lia um jornal jogado sobre a mesa do escritório. Mais tarde deitou-se na cama ao lado da mulher, disse boa-noite e virou-se para o lado. Antes de dormir, ela pensou firmemente: *Isso não vai ficar assim!*

○

Às vezes parece que a solidão dos homens é feita de carência e a das mulheres, de ausência. Os pés de Antonio sabiam mais sobre ele que sua mente. Sabiam que deveriam ser erráticos, fingir alheamento e cansaço, mas depois, assim que a confusão estivesse instalada em todo o corpo, pedindo ajuda por falta e desejo, poderiam imprimir força e agilidade, de forma que tudo parecesse por acaso. Desanimado mas ao mesmo tempo instigado por uma vontade que debilmente teima em recusar, vai caminhando, diluindo-se na paisagem como um transeunte qualquer.

Um bando de moços passa na rua andando de bicicleta, e ele olha curioso como se virasse o rosto para o passado, para os anos impulsivos, para sonhos íntegros e anseios grandiosos. A calmaria do comércio fechado provoca certo incômodo e ele vira os passos de uma rua para outra, como se fugisse ou procurasse, incapaz afinal de qualquer definição. Tímidos raios de sol rompem a camada de nuvens que adensava o dia e concentrava seus pensamentos. Na iminência de um debate interno estéril, avista uma jovem mulher caminhando na direção contrária. De longe o andar é firme, um pouco sinuoso, e é perfeitamente instável o seu vestido branco, deixando a cintura marcada e terminando logo abaixo dos joelhos em suave balanço. Joelhos que, sem afastar um hábito, ele se deixa imaginar.

Distraído pela visão da mulher, Antonio nem percebe que já está diante da Igreja de Santa Cecília, e era como se Clara estivesse ali dentro, como se a qualquer momento fosse sair e vir ao seu encontro. Talvez este tenha sido o primeiro domingo em que ela deixou de ir à missa desde que se casaram. Ele sabia que a situação estava insustentável, mas não conseguia fazer de maneira diferente. Uma preocupação maior tomou seu pensamento, roubando dos olhos a vivacidade. Apressou o passo.

Alguns quarteirões dissimulados comiam a sola de seus sapatos, e logo ele estava parado em frente à Praça Higienópolis, onde as vozes das crianças feriam ao evocar a memória e a imagem de suas filhas. É estranha a sensação que o percorre, algo semelhante ao abandono, como se não pertencesse a nada. Continuando pela Avenida Angélica, entra à direita e vai como cego tomando o rumo da casa de Ana. As árvores balançam sobre sua cabeça, e um vento brando empurra sua vontade mais e mais.

Assim que entrou na casa de Ana, pediu água. Enquanto ela saía da sala, Antonio teve ímpetos de ir embora, mas percebeu que seria uma atitude ridícula e infantil. Na cozinha, tentando refazer-se do choque, ela fixava a transparência escorrendo da torneira com tal ênfase que parecia jamais ter visto água antes. Nele a sede dava nó na garganta, amarrava as palavras simples e o deixava em desamparo, um bebê inarticulado, um homem regredido. As mãos dela tremiam quando lhe ofereceu o copo.

No instante em que ela abriu a porta da casa, o arrependimento já o tomara por completo. Ele estava acostumado a deixar nas mulheres mais dúvidas do que certezas, acreditando ser dessa maneira que manteria sua superioridade sobre elas. Por isso mesmo, não gostava de se expor daquela forma nem sabia se estava diante dela por ela ou contra Clara, e essa era uma falsidade que não gostava de exercitar. Porém, quando sentiu o leve tremor do copo nas mãos dela, deu-se conta de que estava também alterado, de que algum músculo não determinado sinalizava a fraqueza de seu corpo. Ainda ecoava em torno dele a expressão de surpresa dela: *Antonio?? O que aconteceu?* E surgiu uma insegurança, que aumentava até parecer um entrave na garganta. *Posso entrar?*, ele pediu. *Sim, entre!*, ela respondeu abrindo passagem.

Enquanto ele bebia do copo, ela estava em sua frente, ambos em pé. O frescor da água acalmou seu ânimo e ele conseguiu respirar fundo, sorriu para ela e ambos sentaram. A casa era um sobrado pequeno e simpático, decoração de bom gosto, cores claras, flores, quadros, plantas, estante de livros, mesa e cadeiras, duas poltronas. Tudo ali era aconchegante e delicado, um leve perfume no ar. A atitude arriscada promovia nele a cautela, mas Ana mal disfarçava a emoção, a vibração de um coração alegre e exultante. Ela aguardava em silêncio, mas sua aura estava de tal forma brilhante que transbordava pela sala e aplacava nele o constrangimento. *Eu e Clara tivemos uma discussão. Está cada vez mais difícil.*

Ah! os detalhes... A sabedoria é conseguir ler nas entrelinhas, pois já não se disse que a vida reside nos detalhes? A segunda afirmação era apenas retórica sedutora dele. *"Está cada vez mais difícil."* Um ar desamparado, a tonalidade da voz, certa virada de cabeça, o olhar perdido em algum ponto. Ele não pensava no que fazia, era automático. *O que aconteceu? Você jamais quis mencionar seu casamento, nunca fez uma queixa de Clara, nem uma crítica sequer!* Ele sentiu um embaraço, parecia que estavam nele a ignomínia, o mal e a perversidade, tamanha a lealdade que percebeu na fala dela. Lealdade a ela mesma. A ele. E a Clara. Mais uma vez ele a admirou, e admirar uma mulher muda tudo para um homem.

Não foi encenação quando se levantou dizendo ser melhor ir embora. Um alívio possível mostrava a porta de saída, e a lembrança de Clara mascarava suas intenções incertas. Foi nesse momento que Ana o segurou pela mão e, pela primeira vez, ele sentiu o toque macio, os ossos tão frágeis e finos. *Por favor, fique!* Numa aflição apavorante, ele não sabia o que fazer ou dizer, não sabia nada. Nela a força se expandia. Frente àquelas pupilas vacilantes, em lenta dilatação, perdeu-se num abismo interminável e abraçou-a com tanto cuidado que de repente tudo desapareceu. Com a imobilidade dos corpos colados, Antonio mergulhou numa profunda sutileza e, inebriado, sentiu um gosto de pele e mel, um calor mais cálido que o beijo das filhas. Era um portal sem volta.

No vislumbre do perigo iminente tensionou o corpo, mas ela o beijou sem pudores e pela primeira vez trocaram carícias, imersos na sofreguidão dos amantes, na loucura de um agora sem olhar o amanhã. Não aconteceu nada além disso, mas se abriram um ao outro em confissões mútuas e reconstituições de cenas e frases, olhares e silêncios, pensamentos guardados em incertezas, o tempo em que conviveram no trabalho até então. Com habilidade Ana vencia a resistência dele, afastando por completo a figura de Clara, fazendo a fala centrar-se sempre neles dois. O resultado foi um prazer tão intenso que não perceberam a noite avançando matreira e cúmplice.

Dentro de um táxi, no caminho para casa, entre perplexo e excitado, ele desejou com honestidade que Clara não o tivesse abandonado por um dia inteiro após a discussão que tiveram. Embora essas sensações não significassem nenhuma ameaça imediata ao seu casamento, algo diferente vibrava dentro dele. Seu olhar se misturava nas cores da noite, na luz das ruas e das casas brilhando aqui e ali. A ansiedade acentuou-se e virou quase uma angústia, pois ele se deu conta de que Ana era uma mulher especial, alguém em quem podia confiar como na própria Clara. Depois de um casamento fracassado, ela morava sozinha enfrentando os preconceitos da época e trabalhava muito para manter a independência financeira, apesar de uma origem privilegiada. Além disso, ele ao mesmo tempo notava e negava a existência de um jeito nela que o deixava mais à vontade. Talvez menos ameaçado? É possível.

Ao voltar para casa estava nervoso e fragilizado, não apenas pelo que acontecera – pois não era nenhum neófito em matéria de traição –, mas especialmente pelo sentimento que surgia vagamente. Até então, suas escapadelas com outras mulheres haviam sido fatos descartáveis, exercício para o ego e desafogo para a libido. Por isso, o mais terrível agora era não ter acontecido sexo com Ana, apenas intimidade. E, ainda pior, tudo se passara como se eles estivessem querendo exatamente isso. Pela primeira vez Antonio admitiu que traíra Clara, e teve vergonha ao vê-la acordada descendo as escadas. Não conseguiu dizer nada e procurou não olhar em sua direção. Melhor que ela o imaginasse distante ou magoado, assim poderia esperar o dia seguinte longe da tormenta que o afligia e tentar um entendimento. Sim, porque ele queria muito acalmar seus anseios e reaproximar-se dela, embora não soubesse mais por quê. Certo, porém, era o desejo incontrolável que tinha de possuí-la naquele mesmo instante, submeter sua independência irritante, fazer que gemesse em seus braços, que o chamasse para si e pedisse *"Por favor, Antonio"*.

o

Tudo é sempre tão previsível! Estamos atados em círculos repetitivos e só nos resta imaginar que fazemos alguma diferença à grande indiferença da vida. Ao longo da existência, é possível arriscar, acreditar que temos como interferir. É também possível modelar a matéria de desejo e medo da qual somos feitos, praticando um jogo cego. É possível não fazer nada. Somos apenas possibilidades. E, se isso é um fato, não há também como apregoar certezas. O véu do mistério é o que pode nos salvar.

Nos dias que se seguiram, nada foi como o esperado. Nem poderia ser. Não para os espíritos livres e incertos que animavam Antonio e Clara. Foram horas, minutos e segundos, em dias, semanas e meses, mas ela jamais demonstrou abertamente seus ferimentos. Conversaram e falaram, porém evitavam mostrar um ao outro seu lado duvidoso, nem o que neles era feio ou imperfeito. Ele sentia-se desnecessário diante dela, sem encontrar qualquer parte vulnerável, nada para acolher ou proteger. Para ela, no entanto, tudo que sentia estava bem evidente. Era só observar as perguntas ansiosas que dirigia a ele. Só desejava dele o coração aberto, a atitude de proximidade e parceria de fato. Mas jamais colocaria em jogo sua integridade por isso. Jamais.

O encontro de opostos é parte dos truques que ajudam a fazer a vida mais bela, criando a sensação de movimento e transformação. Às vezes tudo para e em outras tudo se acelera. No meio, detalhes preciosos se perdem e, de alguma forma, são eles que mudam de fato a trajetória empreendida. Ignorando o que parece ínfimo, gostamos de pensar que decidimos para onde vamos. E assim podemos nos perder. Era o que se passava com eles naquela época turbulenta.

Clara tornou-se mais bela e alegre naquele período de crise e instabilidade. Sua personalidade extrovertida foi solicitada ao extremo, numa indisfarçável forma de defesa. Uma defesa aparentemente intransponível. Ela sabia que Antonio vivia algo incomum, algo que perdurava e, quanto mais perdurava, mais forte ela se fazia. Surpreendido por tal resistência, ele via sua mulher tornar-se uma deusa fria, enquanto Ana, cada vez mais, tornava-se a mulher possível. Ana, a mulher ao lado, a costela de Adão? Não sei. Mas Clara era a cada dia mais Lilith, a lua negra, um mistério revoltado e voltado para dentro de si em espasmos agônicos.

O mais difícil para Clara era não saber quem estava causando a mudança de comportamento em seu marido. Antonio, o belo, levava seu corpo esguio e seus cabelos fartos e sedosos cada vez para mais longe. Viagens mais assíduas, voltas mais demoradas. Sempre mais tempo no trabalho, sempre mais atenção às filhas do que a ela. Tudo escoava como grãos de areia numa ampulheta, e Clara tentava em vão segurar algo em suas mãos. Como não conseguia, segurava a respiração e o pescoço ereto, segurava a vontade de desesperar-se e agredir o marido até a exaustão. Se era realmente ruim ter tais pensamentos já não importava, pois não podia evitá-los. Voltava-se ainda mais para a educação das meninas, para o trabalho, para as amigas, especialmente Virginia, a única que sabia sobre a crise do casal.

A felina de muitas vidas se insurgia, e ela continuava frequentando as festas ao lado do marido, transbordando refinamento e uma aura inconfundível, sempre sedutora e atraente. Quando chegavam a qualquer evento, chamavam atenção, tão belos eram em corpo, carismáticos em presença, privilegiados em personalidade e inteligência. No entanto, uma crescente distância os engolia passo a passo.

Certa vez, numa festa do Palácio, Clara declamou poemas e Antonio sentiu uma paixão inexplicável, como se estivesse sendo arrastado pelo que dela emanava. O pianista sentou-se e Clara postou-se em pé ao lado do instrumento. Magra e alta, sua pele alva ressaltava sob um longo vestido verde-azulado, num tom diverso dos seus olhos, estes duas graças verde-água que se manifestavam quando sorria. No silêncio que se fez, sua voz firme pronunciou com domínio e suavidade os versos de Cecília Meireles.

Emoldurada pelas notas do piano, a voz ecoava pelo salão dando vida ao poema "Noturno", publicação recente que se tornara uma das preferidas de Clara. Ela esteve precisa, nem um tanto a mais, nem um pouco a menos. Chamou para si a atenção de todos, conseguindo fazer penetrar nas mentes inquietas a beleza do poema. Alegre, recebendo os cumprimentos após a recitação, não poderia imaginar que por perto estava a mulher com quem seu marido vinha saindo e, cada vez mais, se envolvendo. Nesse mesmo instante, Antonio olhava para Clara com desejo e receio. Aproximou-se, quase hesitante, para oferecer um abraço terno e sincero. Ela deixou-se ficar nesse abraço. Olharam-se nos olhos com interesse, como havia tempos não faziam, mas logo se desfizeram em dois. Ana, numa vantagem confortável, tudo observava a distância. Apesar de haver encontrado Clara rapidamente outras vezes, ainda não havia testemunhado de maneira tão nítida a natureza de sua incrível presença. Mesmo sem quase nada saber sobre a rival, pois Antonio fazia questão de proteger seu casamento, ela pôde ler naquele instante o que ele mais temia naquela com quem casara. Mas calou-se para sempre.

○

"Destino" é uma palavra forte porque representa uma situação forte. Poderia, portanto, ser empregada na impecável sequência dos fatos que mudaram definitivamente a vida de Clara. Dizer "foi assim que tudo aconteceu" não seria uma boa afirmação. Não é com exatidão que se descreve o passado, porque nada é exato na memória. Nem nos momentos de emoções sem limite. Por isso mesmo, não se pode chegar ao fato sem um preâmbulo que nos aguce os sentidos.

○

Alheia a tudo, a cidade fervilhava em dias de sol e noites mornas. A cidade que a alguns acolhia e a outros rejeitava, entre as ruas de casas imponentes ou vielas de casebres distantes, pendurados numa periferia qualquer. São Paulo, cidade de pedra, aberta entre rios de limpa nascente, como são os seres em seu nascer para a vida. Bem no início da década de 1950, os rios fluindo ágeis em meio ao burburinho do progresso ainda eram claros e abrigavam pessoas em suas margens, ou mesmo em suas frias águas. Com o passar dos anos, os rios e as pessoas foram se adensando e escurecendo, como se o propósito para o qual existissem não se cumprisse, ou melhor, se desvirtuasse. Mas estamos antes do agora, e ainda não se passaram os anos. O momento é de total revigoramento na cidade, e de decisão para Clara.

Sob o olhar curioso do céu matinal, respiravam as ruas cheias, as lojas de todo tipo, os bairros nobres e outros nem tanto, os homens de chapéu, as mulheres de vestido. Com as mudanças do pós-guerra chegando num ritmo assustador, novas possibilidades surgiam nas relações familiares e sociais. Transformações que lentamente se espalhavam. Nos anos 1950 a capital de São Paulo se expandia em cores, em revoluções que despontavam nos hábitos e no comportamento e em ousadias que impregnavam as artes como um todo. A política seguia a tendência de renovação e construção, como se a proximidade dos horrores da guerra recém-terminada pedisse outros modos, outros pensares.

Sob um céu diverso, no escuro da noite, surgiam as criaturas dos sonhos e dos pesadelos. Homens e mulheres havia que, na noite, frequentavam cinema e teatro como grandes acontecimentos, os belos carros, as belas roupas, as joias sem medo. Confirmavam o sonho. Havia também homens e mulheres que viviam pelas ruas, misturados ao que não se vê. Faziam parte do que se torna invisível por recusa, arrastando filhos, ou arrastando o nada, o vazio no coração. O contraponto do sonho, o pesadelo. Nada mais real, porém, nessa cidade que se rasga e rasga a natureza dos sonhos utópicos de felicidade e glória. O retrato do humano multifacetado.

Quanto mais Antonio se ausentava da cidade, mais Clara se embrenhava nela. Nas missas de domingo, buscava a companhia de sua mãe com mais frequência, tentando afugentar a solidão. Procurava não ficar esperando pela volta dele, quando e como voltaria, com que face e olhos, com que cheiro impregnado nas roupas e na pele, com que silêncio guardado na fala cuidadosa. Em seu pensamento, porém, sempre a presença da ausência dele e, apesar dos filmes e peças de teatro, dos museus e recitais de música, nem sempre conseguia escapar dessa recorrência desgastante. Então seu rosto ficava esfumaçado, sem espelho ou outra superfície de reflexão, nenhum ponto de apoio, nenhuma costura ou intenção. Quando nada mais adiantava, ela sentia sua força esvaindo vermelha e quente, soltando os feixes íntegros de seus músculos, fazendo a batida de seu coração pesar.

    Enquanto sua mágoa crescia, ofendida pelas mentiras e afastamentos dele, ela tentava superar os desejos de vingança sem, porém, conseguir deles se desvencilhar. Lutava com todas as forças para ser livre, para não se humilhar jamais. Entretanto, tudo que fazia, sem que percebesse, era em homenagem a ele, por ele, pelo fato de ele existir, em função dele, em torno dele, por raiva dele. É difícil saber o que teria acontecido se nada daquilo estivesse modificando os fatos, modificando as pessoas que eles eram ou revelando o que sempre foram, mas não podiam alcançar. Como saber a outra vida não vivida? Para ela não restava senão vingança ou conformação. Clara preferia a vingança.

    Antonio, agora, se entregava em braçadas largas e longas ao universo de Ana, por um lado porque ali encontrava sensações diversas e novas, mas por outro porque não conseguia mais suportar o distanciamento arrojado e arrogante de Clara. Desse modo, com a intensificação do combate conjugal, despontavam nele os atos falhos, as distrações, a falta de discrição. Se ela ia à praia porque, supostamente, ele estaria em viagens de trabalho, Antonio arriscava um cinema ou um restaurante na companhia da amante, em horas ou locais menos concorridos da cidade. Passou a frequentar o sítio da família de Ana, emprestando seu charme e inteligência aos encontros sociais que ali ocorriam. Nessa família liberal e tranquila, havia forte influência do pai, médico francês radicado no Brasil e conceituado professor da Faculdade de Medicina. Antonio sentia-se bem na presença deles todos, pois ali não se questionava o tipo de relação que ele e Ana mantinham. Além do mais, o ambiente era culto e diferenciado, como lhe agradava.

Numa posição privilegiada, podia comparar as duas mulheres e, ainda que sua atração por Ana fosse genuína, não cogitava mesmo separar-se de Clara. Não era apenas por hábito, por convenção social, por amor às filhas. Embora a separação fosse um passo quase trágico para a época, essa era uma pressão sem qualquer influência em suas dúvidas. Ele, simplesmente, a cada vez que olhava para a mulher com quem estava casado, ficava completamente enfraquecido. Não podia sequer imaginar a vida longe dela. Com seus princípios abalados, ele sofria, mas não ao ponto em que Clara sofria. Ele sabia que não queria deixá-la, ela não sabia nada sobre o que se passava com ele. Na ignorância involuntária acerca dos fatos, ela tortuosamente inventava realidades possíveis. Suposições de todo tipo pareciam dedos em garra escavando formas nada criativas.

Com o círculo completo de cada dia se repetindo, a vingança imatura de Clara se exacerbava, fazendo-a aumentar seu gasto com roupas, sapatos e joias, para ficar mais bonita e atraente. Seus impulsos a levavam a sair bem mais com as amigas para eventos na cidade, a viajar mais vezes com as filhas para o litoral, revidando o distanciamento dele. Sua personalidade extrovertida jamais ocupou tantos espaços nem se diversificou em tantas atuações. Apenas Virginia sabia que a euforia aparente da amiga era quase insustentável. Tudo isso não só confundia como irritava Antonio, que corria mais assiduamente para a sensata Ana, mulher aparentemente menos complicada e de personalidade menos exibicionista. Sem envolvimento, ela apenas observava a distância um casal em constante e gradativo esfacelamento.

Depois de um período onde tudo se misturava e nenhuma cor predominava, uma época cinza, sem glória em qualquer parte, foi que aconteceu o antes anunciado.

Antonio embarcava em mais uma viagem de fim de semana e Clara, em contrapartida, aprontava as malas para ir à praia. Mas nenhum dos dois viajou. Surge aqui a palavra "destino", embora, para não pecar pelo excesso, a palavra "coincidência" pudesse também ser invocada. Antonio comprou ingressos para uma estreia teatral a pedido de Ana, não vendo nisso qualquer problema uma vez que a mulher estaria fora da cidade. Ele já deixava fugir o bom senso básico para quem vivia aquele tipo de situação, ou já não se importava. Por outro lado, Clara resolveu sair com as amigas em vez de viajar, e essas pequenas mentiras davam um sabor mais apimentado ao estado inócuo que ela atravessava. O programa escolhido foi uma estreia teatral para a qual uma de suas amigas ganhara quatro convites.

Destino ou coincidência, a questão da nossa vida é encontrar as respostas. No entanto, nascemos e morremos na forma de pergunta. Como num sonho, somos uma visão onírica sobre a qual não temos poder, mas da qual sofremos os efeitos. Por isso, só no presente está o sumo da existência. Seu sabor depende de nossa habilidade.

As amigas se encontraram e saíram conversando e rindo como adolescentes. Nem pareciam viver nos anos 1950 quando, no carro de Clara, passavam pelas ruas de São Paulo, ela própria dirigindo, sem nenhum homem para acompanhá-las ao teatro. Chegaram em cima da hora e correram para seus lugares antes que começasse a peça. Estava quase lotado, mas ainda era possível ver lugares vagos aqui e ali. Elas olhavam e cumprimentavam os conhecidos, comportamento comum em estreias importantes, especialmente de teatro e ópera. A pompa era também obrigatória, um exercício indisfarçável para ver e ser visto, pois nem a grandeza e a modernidade da metrópole dispensavam esse ritual provinciano. Clara estava belíssima num vestido decotado e leve, os ombros cobertos por uma estola delicada, os cabelos presos num coque ben-

feito, a nuca evidenciando a postura correta. De um momento para outro, aconteceu!
  Foi tudo muito rápido. Algumas fileiras à frente, havia um homem parecido com Antonio. *Será?* Feito o comentário, elas procuravam certificar-se melhor, meneando a cabeça de um lado para o outro. Já tocava o primeiro sinal antes de começar a peça, e a sensação de que alguns conhecidos olhavam demais para elas incomodava. O homem em questão conversava animadamente com a mulher ao lado dele. Pareciam íntimos, o rosto colado enquanto falavam e um roçar de lábios na face. Sim, eram íntimos. O perfil era igual ao de Antonio? E as pessoas estavam mesmo olhando para elas? Clara sentiu uma fisgada no estômago assim que teve certeza. Mas permaneceu muda. Ficou petrificada, sem pensar nada. Absolutamente nada. As amigas foram demonstrando nervosismo e o segundo sinal tocou. Ele olhou um pouco mais para o lado, quase para trás. Era Antonio! Elas se exaltaram.
  Quer ir embora? Fale alguma coisa!
  Sim, é melhor ir embora, dizia Virginia.
  Não vou embora em hipótese alguma, disse Clara, olhos cravados no casal fileiras à frente. Seus olhos verdes faiscavam e revelavam súbita decisão. *Eu sei quem é ela!* Sua voz ganhava um tom rouco e espaçadas eram as palavras.
  Não se importe com isso agora! Meu Deus, é uma vergonha horrível, vamos embora, Clara! A aflição delas destilava emoções bruscas, que ficavam largadas, flutuando a esmo sem guarida.
  Se vocês estão envergonhadas, podem sair. Eu daqui não saio nem morta! Soou o terceiro sinal para começar a peça, e as luzes se apagaram.
  Da mesma maneira que nunca esqueceu essa peça, Clara jamais ouviu sequer uma de suas falas. Seu pensamento gritava dentro dela todo o tempo, como um animal selvagem capturado. Não fez nenhum comentário, apenas olhava para a frente, para o palco, imantada em estátua. Atônitas, as ami-

gas não sabiam o que fazer exceto esperar. Estavam arrasadas pela humilhação pública a que Clara estava sendo submetida. Mas, durante o primeiro ato da peça, aquela mulher nascida na fazenda, enraizada na terra, crente em Deus e mãe zelosa de duas meninas resolvia em total imobilidade o que fazer. E o que fez foi, sem dúvida, o mais intenso gesto de sua vida.

Assim que se deu o intervalo e as pessoas começaram a se levantar, Clara ficou em pé e erguendo a voz que sabia projetar tão bem disse: *Peço a todos que esperem em seus lugares!* Repetiu a frase até ser ouvida e, num gesto rápido, apontou com o dedo para o casal estupefato – Antonio e Ana –, dizendo com clareza: *Este homem que aqui vocês veem é meu marido, acompanhado de sua amante, um encontro que se dá à minha revelia e aviltando a minha dignidade.* Tendo todo o público paralisado e, principalmente, sabendo a vergonha que Ana e Antonio estavam sentindo, ela saiu rapidamente e, impávida, deixou o teatro. Hera teria aplaudido. Até mesmo suas amigas demoraram a reagir, saindo atrás dela por não saber outra coisa a fazer. Ninguém parecia acreditar no que acontecera, e – não é preciso acrescentar – nas rodas de amigos esse foi o assunto predominante por dias e dias.

○

A sala está na penumbra. No sofá, Clara enrolada em um cobertor de lã ouve calada. Em outro sofá, Antonio está falando. Às vezes ele se levanta, anda pelo ambiente e volta a sentar. Depois de muitos dias tentando aproximar-se dela, sentira-se impelido pelo desespero e invadira o quarto que antes dividiam. Numa atitude brusca, da qual se julgava incapaz, ele aproveitara a estada das meninas na casa da avó materna – já parte de uma tentativa de protegê-las do ambiente familiar – e gritara esmurrando a porta, ameaçando derrubá-la se fosse preciso. Assustada, ela abriu e virou-se de costas para ele, andando em direção à cama. Logo que a alcançou, ele prendeu seu braço com firmeza, assegurando que ela não se afastaria, e apregoou seu direito de ser ouvido, de se explicar. Clara sorriu com ironia, mas o encarou com raiva, libertando-se das mãos dele. Ele pediu desculpas e procurou conter-se.

Não seria correto desmerecer as dificuldades em que Antonio se colocara, nem mesmo o sofrimento acarretado. A exposição pública deixou-o inseguro, vulnerável e, embora a sociedade relevasse a traição de um homem, a maneira como Clara se comportara alterou um pouco o exercício dos valores em voga. O impacto da atitude dela foi enorme e resultou no pedido de demissão de Ana, bem como no afastamento temporário de Antonio. Ele fez o possível para confortar a amante nos primeiros dias, desviando depois sua preocupação para a esposa de modo desprovido de qualquer consciência ou equilíbrio. Mesmo reconhecendo a amargura dos momentos vividos por ele, é impossível compará-la ao sofrimento infligido às duas mulheres.

Enquanto Clara se fazia rocha, Ana se fazia água. Ambas, porém, nada mais representavam que espelhos negativos de Antonio, refletindo partes incompletas dele, um homem que não era conservador nem devasso, mas caminhava errático entre diferentes estados de ser. Elas preenchiam o que nele era falta, o que era dúvida, o que não era, como fazem tantas mulheres ao assumir os sentimentos que seu homem não consegue enfrentar. Quando tudo veio à tona, uma se sentiu quebrar em pedaços, ao mesmo tempo que a outra se esvaía. Não obstante, o espelho negativo, agora em cacos no chão, perdia a possibilidade de refletir qualquer imagem. Essa era, sem dúvida, a maior desorientação em cada um deles. A disfunção do espelho e a perda da imagem alteravam, substancialmente, o que até ali se organizara na vida e na identidade por eles preservadas.

Durante o tempo em que Antonio mantivera aquela triangulação, Clara negara-se a ver o que estava bem diante de seus olhos e Ana esforçara-se para ignorar o que de fato via. Elas agiam em contraponto isentando-o, sem que o soubessem, do enfrentamento da realidade. Quando tudo ruiu, ele parecia estar com os olhos vazados, um Édipo obrigado a entender-se sem a presença feminina, carregando os pés inchados para lugares inóspitos nunca antes por ele visitados. Por isso mesmo, a solução que escolheu foi retornar ao ponto de partida – a mulher, as filhas, o casamento –, no pensamento de sempre, mas sem saber agora ao certo se era por hábito ou pavor. Nesse movimento, debatia-se consigo mesmo sem alcançar suas profundezas, desapontando ainda mais Clara e magoando Ana. Apesar disso, nelas residia a força, embora tudo levasse a parecer o contrário e ainda que a maneira de expressá-la estivesse em franca oposição.

Quando um e outro se ocultam na convivência, o terceiro surge para revelar. O terceiro não é apenas a pessoa que chega depois, mas são os três envolvidos na trama. Um será o terceiro para os outros dois. Assim, Antonio era o terceiro para as duas mulheres, Ana era a terceira entre Antonio e Clara, enquanto Clara era a terceira entre Antonio e Ana. O terceiro nos revela de maneira acintosa, e ignorá-lo é atrair o caos que precede o princípio criador, é perder a chance de reinventar-se. O que se enxerga dói não apenas porque os olhos são forçados a sair da escuridão, mas pela própria natureza dos fatos e pessoas. É como se, num segundo parto ou nascimento, a repetição do confronto com a luz e o contorno das formas se impusesse. Um período à deriva, sem rumo, sem objetivos, se apresenta. Foi o que aconteceu a cada um deles, arrastando-os para espaços sem consolo nem descanso, uma suspensão entre ser e não ser.

O papel desempenhado por Ana, o de amante, rendeu-lhe acusações de todo tipo, um problema a mais a ser combatido além dos ferimentos que já sangravam. Com o apoio da família ela suportaria tudo, mas resolveu viajar por um tempo, visitar amigos no exterior, tentar refazer-se. Em contrapartida, o papel de esposa traída, ainda que socialmente recebesse comiseração, não condizia com a personalidade de Clara. Ela rechaçou veementemente qualquer ato solidário, mesmo que imbuído das melhores intenções, e decidiu pela separação. Depois de comunicar a Antonio sua decisão, na madrugada daquela fatídica noite no teatro, em meio a uma briga feroz e dilacerante, manteve-se inacessível e ausente dos acontecimentos sociais. Conversava apenas com amigos e parentes realmente próximos, mas, exceto pelos primeiros dias, não permitia que se mencionasse o assunto.

Depois de um mês, a convivência do casal estava insuportável. Evitar o mesmo ambiente, comunicar-se por bilhetes sobre o que era essencial, dividir a atenção com as meninas e impedir que a rotina delas fosse atingida, tudo ficava a cada dia mais pesado. Mas Antonio não queria desistir e Clara não queria ceder. Nos últimos dias ele viu sua energia diminuir sobremaneira, um desgaste que confundia ideias e resoluções possíveis. Na comunicação por bilhetes que se estabelecera, em torno dos assuntos cotidianos da casa, ele não conseguiu arrancar dela nenhuma palavra além da rotina e da solicitação renovada para que se retirasse. Resolveu insistir, mesmo que por escrito, na necessidade de uma nova conversa, argumentando as emoções quentes e alteradas da discussão anterior. Ela não respondia, continuava impassível, até mesmo quando o encontrava acidentalmente pela casa em algum momento desavisado. Seus olhares não voltavam mais a se cruzar, e Antonio se ressentia, crescia em culpa e arrependimento, embora a ordem de tais sentimentos não estivesse visível para ele.

Exaurido até o limite, perturbado pelo movimento diário dela, desconectado do destino de seus passos, enlouquecido pela ideia fixa de que ela poderia estar se vingando com outro, ele furou o bloqueio e irrompeu porta adentro, febril de tamanha inconsciência. Quando deu por si, ela fazia esforços para se desvencilhar das garras que ele lhe colocara. Queimou-o até os ossos apenas com um olhar. Um poder que ele odiava amar.

Após algum tempo sozinhos na sala – uma vez que ela não permitira a presença dele no quarto –, ele esgotou todos os argumentos e todas as versões possíveis. Na quietude dela, ele se debatia, náufrago das marés femininas, pedindo perdão e reiteradamente apequenando-se enquanto ela crescia. Por vezes ela esboçava um sorriso irônico, balançava negativamente a cabeça ou movia o corpo dentro do cobertor demonstrando impaciência, o olhar vagando para longe. Nenhum dos dois, porém, estava presente com alma, não havia reconhecimento de si, mas sim o desconhecimento do outro. O sim dele ou o não dela veneravam o altar do ego caído em batalha. Súbita como a entrada de um beija-flor, com um gesto de mãos ela pediu que ele parasse de falar. Diante da expectativa dele, ela se manifestou.

Nada mais pode ser feito. Nada que você diga ou oculte tem importância. Eu jamais viverei em sua companhia outra vez. Jamais.

Não posso acreditar nisso, não posso viver sem você! Estou pedindo perdão!

Não seja patético!

Eu amo você, amo muito você, e essa é a verdade maior. Sei o quanto estive errado, sei o quanto sou fraco, sei também o quanto sou egoísta. Mas eu conheço você tão bem quanto a mim mesmo, conheço sua generosidade! Sei que pode me perdoar!

Você não sabe nada, Antonio, você é um homem inteligente e totalmente ignorante. Não ouse dizer que me conhece nem use sedução barata por meio de palavras tão significativas. O que é generosidade? Eu não sou generosa nem quero ser. Eu quero ser forte, quero poder fazer meu caminho longe de você!

Uma agulhada pontiaguda enfraqueceu nele o fôlego. Pareceu-lhe que o coração batia em descompasso e, sem pensar, teve a certeza de que sua vida ali, no segundo que já passara, definitivamente havia mudado.

Eu me ajoelho, Clara! Antonio dobra um joelho diante dela, que continua no sofá. Ele chora sinceramente, lágrimas virgens de homem ensinado a não chorar. A raiva dentro dela aninha-se ainda mais. Silenciosa, levanta-se, arruma o cobertor em torno das costas e vai saindo aos poucos.

Ela volta-se quando atravessa o limiar da porta. Olha para ele disfarçando que seu coração treme, que o peito dói, que parece estar num estado de alucinação. Novamente em pé, ele olha para ela. Nunca foi tão belo, tão frágil, tão inteiro, tão sincero. Nunca ela o amou com tanta fúria e ternura como naquele instante. Mas apenas disse: *Venha buscar suas coisas quando eu não estiver em casa. Ah! Não se esqueça de dar corda no relógio novamente!* E saiu por inteiro.

Parados no tempo, ele e o relógio. O horário marcava 1h43min.

São Paulo, 1956

Uma garoa fina umedecia a cidade. Nas ruas, quase ninguém circulava. O escuro da noite e o frio convidavam ao calor das casas ou à diversão em lugares fechados. Era sábado e a casa do Pacaembu estava iluminada, música e vozes escapando para fora. Se na calçada alguém mais solitário estivesse passando, pensaria que ali morava a felicidade. Mas era apenas uma reunião entre amigos, um sarau organizado por Clara. A felicidade está mais na ideia que fazemos dela, tão fugaz é sua presença em nossa vida. Ignoramos que ela será sempre outra, outro momento do rio, águas que jamais param de borbulhar o novo, escorregar no risco, murmurar risos indisfarçáveis.

A casa, naquela noite, deixava escorrer para fora de si uma espécie de humanidade, como se também sorrisse ou dançasse através de suas janelas abertas, do leve farfalhar das árvores no jardim. Para aquele imaginado estranho passando na calçada, uma saudade no peito de um dia perfeito, vivido ou sonhado, faria umedecer-lhe os olhos da lembrança. Ele não poderia adivinhar que a dona da casa, se flor pudesse ser, seria um girassol. Nos piores momentos ela ainda olhava para a luz e, isso era verdade, a luz olhava para ela. Desse encontro nasciam noites como aquela.

No centro da sala, algo chamava atenção. Algo não, alguém. O foco dos olhares, em meio ao silêncio que se fez de repente, era uma garota de 8 anos. Silvia se preparava para recitar um poema, o que sabia fazer com graça e desenvoltura, captando com facilidade as instruções da mãe, interpretando as palavras decoradas sem titubear. Depois, nas palmas finais, ela agradecia exultante, dobrando um e outro joelho, a alegria percorrendo o rosto infantil. Antes de aprender a ler, aprendera a declamar poemas e, assim como Clara, era desinibida e graciosa. Clarinha, que estava então com 10 anos, demonstrava, tal qual o pai, ser mais reservada, observadora atenta e exímia contestadora. Nenhuma das duas sofreu muito com a separação, não só pela pouca idade para compreender os fatos como pelo cuidado que o casal dedicava à questão, protegendo as filhas das desavenças entre eles.

Depois que suas esperanças em reconstruir o casamento se extinguiram por completo, Antonio preocupou-se com o bem-estar de sua família. Queria que Clara e as meninas vivessem e morassem bem. Construiu a casa no Pacaembu, aproveitando o bom momento de um bairro que começava a se projetar na cena paulistana. A casa era um sobrado grande, com um belo jardim rodeando toda a construção. Nela, os quartos espaçosos e com varanda, a sala capaz de abrigar um piano que abrilhantava os saraus rotineiros, a cozinha ajeitada para os quitutes de Inácia. Tudo, enfim, era parte de um recomeço para a mãe e as filhas.

Não muito longe dali, no bairro de Higienópolis, Antonio e Ana também começavam juntos uma nova etapa de vida. Ele preferiu que ela deixasse sua pequena casa de mulher solteira e comprou uma maior para ambos. O tempo acalmava nele a culpa e, aos poucos, foi permitindo que a companhia sempre firme e acolhedora de Ana dirimisse incertezas. Ele continuava na política, mas ela trabalhava agora numa empresa importante da época. Ausente durante o pior período de crise dele, ela retornara ao país depois dos pedidos e promessas feitos por carta e telefone. Embora tivesse consciência de que ele agia sob o impacto do casamento desfeito, ainda vulnerável pela carência e rejeição, ela acreditou. Apostava no que fora vivido entre eles, nas afinidades que não eram poucas. E voltou ao Brasil para não mais deixar a companhia de Antonio.

Logo de início, naquela nova vida, Silvia e Clarinha costumavam visitar o pai e dormir uma noite por semana na casa dele. Não fora sem sacrifício que Clara permitira essas visitas após a separação, e a imaginação trabalhava contra suas boas intenções. Como febre espalhada no corpo, doía pensar o que estariam fazendo as meninas na companhia do casal. Será que se divertiam mais do que com ela? Mais insuportável do que isso era imaginar o amor das filhas sendo dirigido àquela outra mulher, quem sabe as mãozinhas de Silvia tocando dela os cabelos, ou as corridas de Clarinha terminando amparadas em seu colo. Pensar era atormentar-se, um tormento que nenhuma oração aplacava.

Quando as meninas voltavam, eram cravejadas de perguntas atravessadas pela insegurança e pela raiva, como se damas furtivas dançassem em torno de Clara a dança do fogo e do medo. As chamas lhe escapando pelos poros, pelos olhos, pelas unhas, atemorizando as filhas, minimizando a alegria contida nos relatos com uma reação distanciada e calada. No entanto, isso não durou muito tempo. Certo dia, Silvia contava sobre o carinho de Ana ao colocá-la na cama: *Ela é tão boa, gostaria que fosse minha mãe!* Clara, em pânico, proibiu que continuassem passando as noites na casa do pai. Dali em diante, elas visitavam-no e voltavam no mesmo dia, aplacando o ciúme da mãe. Antonio não gostava de contrariar Clara, menos como recompensa pela traição, mais porque de fato prezava a amizade que sempre existiu entre eles. Apesar de tudo, apesar do tempo que escoava para dentro deles, acomodando os adultos e expandindo as crianças, não era incomum nele o pensamento em Clara, a mulher com quem fora casado e com quem tivera duas filhas. Por seu lado, Clara sempre se apresentava como senhora Antonio de tal ou "a esposa de Antonio", pois, dizia ela, *"Para mim, diante de Deus só existe uma esposa. Eu. Eu sou a legítima esposa de Antonio"*.

Quando foram matricular as meninas em colégios católicos, dirigidos por freiras, seguiram a tendência da classe média e média alta da época. Eram esses os bons colégios. No entanto, a primeira dificuldade a ser vencida para ingressar em tais escolas era o fato de que não se aceitavam filhos de pais separados. Antonio e Clara, sem nenhum constrangimento, mentiam. Apresentavam-se juntos para matricular as filhas e nos eventos escolares em que era exigida a presença dos pais, ou mesmo em festas e comemorações dentro do colégio, também compareciam como casal.

As meninas, mais crescidas, sabiam dessas circunstâncias, mas por vezes deixavam escapar a condição de desquitados dos pais. Eram então sumariamente convidadas a se retirar da instituição. Não se pode dizer que isso causasse grande consternação, porém reforçava a diferença entre elas e as outras alunas. Nelas duas brotavam perguntas incessantes, uma curiosidade em entender o mundo à sua volta. Onde as colegas pensavam haver um paraíso perene, pintado à mão, um belo quadro, elas eram estimuladas a ver um movimento constante. Esse lugar era a família, a sagrada família retratada na Bíblia, o modelo a ser seguido. Como poderiam ser meninas comuns, dentro da norma esperada, quando a própria mãe se separara sem poupar ninguém, em público, e continuava enfrentando os desafios de mulher desquitada, ignorando críticas? As mudanças de colégio, apesar de desagradáveis e das dificuldades que implicavam, não marcaram negativamente aquela fase da vida.

Silvia e Clarinha descobriam naturalmente as questões de fé e religiosidade, instigadas desde cedo pelo que viam na própria casa. Por um lado o catolicismo assertivo da mãe, por outro o ateísmo convicto do pai balançavam como possibilidades, sem que fossem obrigadas a aderir às ideias de um ou do outro. Um dia, os pais diziam, elas teriam as próprias opiniões. Isso lhes conferia autoestima e confiança, mas por vezes estreitava em demasia sua tolerância para limites. Havia uma espécie de idealismo projetado na maneira como Clara e Antonio pensavam as filhas e seu lugar no mundo.

Certa vez, num dos colégios onde estudaram, uma freira se indispôs com Clarinha, que, ao se sentir injustiçada, disse sem pestanejar: *Vocês são urubus e nós somos a sua carniça*. Logo se deduziu na escola que uma criança não diria aquilo, mas provavelmente ouvira algo semelhante de um adulto. O que era verdade. Antonio dissera uma frase parecida, com a pouca paciência que tinha em relação às freiras. Foi a partir daí, admitindo a dificuldade em manter as meninas em colégios católicos, que Clara resolveu mudar a estratégia. Elas foram então para o Instituto de Educação Caetano de Campos, uma escola importante e bem considerada, mas sem vínculo com nenhuma entidade religiosa. Foi um período bom e produtivo para as duas irmãs.

Silvia lia muito e escrevia bem. Nela, porém, nada clamava pela introspecção. Gostava de correr com os meninos, jogar bola, subir em árvores. Clarinha também era afeita à leitura. Com temperamento mais reservado, contudo, escolhia com cuidado os amigos e não se abria para qualquer um. Sentia-se importante quando exercia o comando sobre a irmã mais nova. Não deixava, por exemplo, que ela entrasse no seu time de queimada – o jogo da época –, ainda que fosse só uma brincadeira. *Você é café com leite*, costumava dizer, sem se importar com os argumentos da irmãzinha. Nada mais sério, porém, nada que as desunisse ou colocasse uma contra a outra de fato. Elas podiam brigar e brigar, mas, se alguém atingisse uma, a outra estaria pronta para ajudar e defender.

Quando Silvia estava com 12 anos, Clara resolveu tirar as filhas do Caetano de Campos, preocupada com o possível assédio dos meninos e a convivência com eles na escola. Não só o assédio, mas também o exemplo, pois temia que as meninas ficassem com modos impróprios, ou seja, modos de moleque. Elas foram então para o Colégio Sion, o destino das filhas das famílias mais tradicionais da cidade. Não fosse pelo fato de na época Antonio ser secretário da Fazenda e Clara inspetora do Ministério da Educação, elas não teriam conseguido a vaga. Porém, não foram nada felizes nessa escola. E foi nesse primeiro marco que a vida de Silvia começou a mudar. A rejeição das alunas há mais tempo na escola, a diferença na educação familiar e até mesmo o ensino mais fraco alteravam sobremaneira o que fora até então sua vida escolar. Elas eram as "estranhas" em um ninho francamente hostil, e conheceram pela primeira vez o preconceito de classe social.

Em um concurso de redação promovido na escola, Silvia ficou em segundo lugar, mas o que deveria ter sido um momento alegre tornou-se apenas uma recordação desagradável. Sua autoria foi colocada em dúvida pela turma, e isso a feriu profundamente. Não entendia como era possível alguém cogitar tal tipo de atitude. Ela era orgulhosa do que aprendera com a mãe desde pequena e fora aprimorado nas escolas pelas quais passara. No entanto, isso gerou uma reação negativa em suas colegas. Instaurou-se uma imposição da classe para que ela escrevesse um texto na hora, provando sua capacidade. Ela aceitou o desafio e produziu outro bom texto, mas foi novamente desacreditada, pois as colegas disseram que devia ser algo decorado. Não havia como ser aceita e, para ela, já não havia também como aceitar.

○

A chuva caía pelos telhados vermelhos das casas imponentes. Um carro espirrava água para cima enquanto seus pneus giravam dançantes, deslizando pelo asfalto feito um Gene Kelly enlouquecido. Clara dirigia com cuidado, embriagada pela lembrança servida em tragos adocicados, um gosto de saudade. Ela queria outra vez aquele fim de tarde azul e rosa de tantos anos atrás, a pele arrepiada e os lábios de Antonio em sua orelha enquanto dançavam. Num suspiro agudo de quem sabe a perda, de quem a conhece de fato, ela lutou para sair desse túnel ingrato da memória, que não conduzia a lugar nenhum. E conseguiu voltar. Olhou para fora de si mesma e viu um homem na calçada, guarda-chuva preto pingando gotas azuladas. Azuladas? Ele olhou para ela e teve em retorno um sorriso bonito e desajeitado. Clara desejava desejar, mas não sabia como fazer. Tentava de qualquer maneira, quase sempre insegura e incerta, como naquele momento. Na dúvida, seguia para casa e guardava seus pés na cama quente, agora grande demais para ela.

Desde que deixara Antonio, ela tentara exercer a liberdade a que tinha direito. Além de progredir no trabalho de educadora, matriculou-se na Faculdade de Filosofia. Buscava a si mesma em todos os cantos da vida, muitas vezes cansada, outras excitada, mas sempre tentando reagir ao que nela era mágoa, a má água das dores liquefeitas. E o que faz uma dor deixar o estado sólido para o líquido e depois para o gasoso? Dizem que o tempo! O tempo tudo cura! É o que dizem, não é? Primeiro a raiva sólida, depois a mágoa líquida e então o ar rarefeito, o céu para voar e subir. Uma fumaça branca se espalhando até o nada. E, talvez, começar tudo de novo, condensando em outro momento da vida outras águas, outro amor.

Houve época, depois da separação, em que ela tentara deixar o calor de seu corpo aquecer outro corpo, escolhas confusas ou a impossibilidade da escolha. Se fosse para exercitar a vida ainda pulsando nela, reconhecer outra em si mesma, a desconhecida, então errar seria acertado. Mas não era bem assim. Clara tentou alguns encontros, poucos, mas a tentativa carecia de motivação legítima. Porque não havia verdade quando buscava o desejo através de homens mais embrutecidos intelectualmente, homens de nível social bem mais baixo que o seu. Havia, quem sabe, uma vontade de ferir Antonio. Sim, talvez essa fosse uma explicação razoável, uma vez que não tirou nada de bom para si própria dessas incursões sexuais passageiras. *"Olhe por quem estou trocando você! Olhe as mãos que hoje tocam meu corpo!"* Vingança, mais do que desejo. E o que poderia ter sido uma libertação apenas atestou a repressão sexual que, de certa forma, estava no fundo da questão. Os padres, o cheiro de incenso, a grandiosidade das igrejas não haviam sido bons companheiros para ela.

Assim, não foi propriamente uma surpresa quando um dia Antonio voltou a frequentar seu quarto eventualmente. Ela o queria sem dúvida nenhuma, mas estava ciente de que tudo mudara. Percebia a vida, desde o fatídico dia no teatro, como um drama em minutos, gotas destilando sentimentos vagarosos e sem nome. Afoito e embotado pelo peso da vaidade, ele acreditou no amor incondicional dela, um amor capaz de romper as barreiras da raiva e da indignação.

Você ainda me ama?

Muito!

As mulheres gostam de perguntar. A palavra é um reino por excelência feminino. Falar é respirar, é confirmar os silêncios que a história impôs às fêmeas da espécie humana. *"Você me ama?"* O segredo das mulheres não está propriamente no que elas querem. O querer das mulheres não é direto e objetivo como o dos homens. Freud formulou uma pergunta ingênua, mas coerente com o ponto de vista masculino, quando disse: *"Afinal, o que querem as mulheres?"* O desespero de um homem será sempre não saber. Antonio amava Clara e não poderia entender que, sim, ela também o amava, mas jamais seria dele outra vez. Mesmo quando estava na cama com ele, ou especialmente quando estava na cama com ele. Em desespero ele a veria sempre escapar, como se uma mágica ou maldição fizesse com que ficassem para sempre unidos e, ao mesmo tempo, separados.

Clara, entre os braços de Antonio, tinha uma única certeza estarrecedora. *Agora, neste exato momento, Ana está sendo traída.* Esse era seu pensamento recorrente.

Com o passar dos anos, porém, eles foram realmente separando seus corpos. Ela, por sua vez, foi drenando a energia para o trabalho e a maternidade, zelando pela educação das filhas mais do que seria necessário. Na verdade, o que poderia ter sido seu momento culminante passara e, com ele, o andar da felina e a leveza da gazela deram lugar a uma correção dos instintos. Uma bela mulher. Quase dez anos depois, ela era agora tão somente uma bela mulher. Nem a contravenção de Eva nem a rebeldia de Lilith atormentavam mais seu espírito. Na igreja, que sempre poderá ser o que se imagine dela, a mãe de Silvia e Clarinha só enxergava o que via realmente, só ouvia o que o padre estava falando de fato. Nenhuma ilusão vinha mais socorrê-la, nenhum delírio, nenhuma falta de sentido. Foi abandonando uma parte de si, uma parte da qual finalmente desistiu. Não percebeu, é verdade, assim como não se vê o vento ou a cor do sentimento. Estava ali e já era memória de si.

O tempo seguia. Quase dez anos da separação se passaram e estava começando um novo ciclo de acontecimentos. A vida mostrava seu chamado, seus gritos e sussurros.

o

São Paulo, os anos 1960

Silvia caminhava entre as sombras das grandes árvores das ruas de Higienópolis. Seus pés pisavam outros sonhos. Sonhos abandonados por garotas que andaram por ali noutros tempos, mas que carregavam também anseios, medo e vontade.

E, se esses sonhos ficaram soltos e deixados de lado, outros podem ter sido acalentados pela esperança. No entanto, sonhos desprezados geralmente reconhecem um novo sonhador e, sem-cerimônias, envolvem-no numa repentina inquietação, erguem-se como anjos decaídos que voltam a servir ao Senhor. Silvia começava a ser, ela própria, uma nova sonhadora. O carro estacionado a esperava poucos metros à frente, e ela saltitava de um pé para o outro, um jeito peculiar de sua alegria. Com o cabelo mais curto e pintado em tons claros, encontrara um jeito de sobreviver no ambiente escolar. Ela seria excêntrica! Sem saber ao certo o que fazia, soube, porém, com exatidão divertida, que chamava atenção das colegas. Afinal, seria difícil qualquer uma das filhas de Clara negar a herança de uma tendência para a dramatização, e nelas a resolução de conflitos jamais seria – digamos – discreta.

Os anos 1960 se preparavam para entrar em cena, surpreendendo Silvia aos 12 anos, começando a frequentar festinhas adolescentes. Era falante, agitada, gostava de dançar e, dessa forma, disfarçava a insegurança natural de menina que crescia. Clarinha encontrava cada vez mais a afirmação através dos estudos, e já pensava em possíveis carreiras. Aos 14 anos era linda, impetuosa e decidida. Em muito lembrava a personalidade de Antonio. Especialmente quando derramava, imatura e ingênua, um incipiente racionalismo cético nas argumentações mais corriqueiras. Silvia, por seu lado, não vivia de sonhos, mas agarrava-os para transformá-los em fatos, sem o menor pudor. Muitas vezes isso ganhava um colorido arrojado, mas em outras era mesmo apenas impertinência.

Clara se preocupava cada vez mais, não apenas pela adolescência das filhas, mas pelas transformações inevitáveis que a vida traria com ela. O que se poderia resumir em uma palavra: independência. Suas meninas seguiriam para onde? Essa era uma angústia que fazia com que apertasse o cerco e aumentasse a vigilância sobre elas, com a justificativa plausível de ensinar-lhes sobre os perigos naturais a que estavam se expondo naquela idade. Além disso, evitava confrontar seu medo de ficar só.

Antonio e Clara participavam igualmente desse momento efervescente da vida das filhas. Ele preocupado com o bem-estar e a segurança. Ela ensinando os modos das moças, a feminilidade. Ambos instigando a cultura, o questionamento e a percepção mais apurada. Clarinha, de temperamento mais tímido, saía pouco, e eram as amigas que contavam para Silvia sobre os garotos e suas mãos afoitas, os beijos e afagos. A caçula já alcançava a irmã mais velha em altura e possuía pequenos seios róseos despontando sob a roupa. Ouvia, sempre atenta e curiosa, a fanfarronice de suas amigas e se deliciava.

No entanto, o que devia ser apenas curiosidade e prazer, na medida exata da espontaneidade e do momento da vida, trazia uma marca sombria no inconsciente de Silvia. Guardadas em segredo, como é de praxe, as cenas de abuso sexual em sua infância erguiam-se por trás dos muros do passado, sem identificação. Nada mais eram do que sensações vagas e desacertadas, mas suficientes para produzir percepções confusas no erotismo nascente.

o

Naquela época que já parece tão remota, Silvia estava com 6 anos. Olhava para o mundo com olhos famintos, fome de viver. Recitava com graça e descontração os poemas que a mãe ensinava. Pulava pela casa e pelos parques, e seu corpo enviava sinais constantes de curiosidade e interesse por tudo que a rodeava. Para ela, adultos eram aqueles seres que podiam protegê-la e, entendidos de tudo um pouco, responder às suas perguntas mais inquietantes. Eram também aqueles que cantavam para ela dormir, cujas mãos serviam para acolher, acarinhar ou até fazer gestos firmes quando demonstravam desagrado. O peito da mãe tinha um aroma agradável de leite e mel, e as mãos do pai recendiam lavanda e força.

Num dia qualquer dos anos 1950, a luz do abajur do quarto deixava tudo com jeito de sono. Ela ouvia, semientorpecida, uma história infantil de um de seus livrinhos sendo lida por alguém. No entanto, começou a sentir algo estranho em sua pele, uma mão escorregando por suas pernas e tocando seu corpo todo. Outra e outra vez isso voltou a acontecer, deixando nela a mistura de náusea e prazer esquisito, sem saber o que era um ou outro. O horror do cheiro daquele corpo, o nojo de ser forçada a tocar os genitais dele. Ele, o dono das mãos perturbadas, era alguém próximo da família e passava uma temporada morando na casa. Dias que se estenderam mais do que o necessário, quase dois anos nos quais ela conheceu, precocemente, a sensação de impotência e abandono.

Na primeira vez que tentou contar para Clara, foi desconsiderada.

Como? Não entendi!
Mas eu não gosto da brincadeira dele!
Do que você está falando?

Nem Silvia conseguia explicar nem Clara parava e prestava atenção na filha. Parecia, muitas vezes, que as cores da vida de criança ficavam então apagadas, ou que a música alegre lhe parecia triste. Com seu corpo ágil ela pulava corda, e pulava mais ainda, ganhava os desafios quase sempre, suor escorrendo e coração batendo acelerado. Porém, era só para esquecer, como se quisesse pular corda para sempre, até sair pelos ares, asas emprestadas.

À medida que Silvia insistia na mesma queixa, Clara, sem se abalar, apenas sugeria que ela saísse de perto dele. Não tomou nenhuma providência. Justo ela, ávida sempre em planejar resoluções e agir. Talvez não soubesse como, talvez fosse algo tão incômodo que não conseguia admitir ser real. E desceu uma espécie de névoa cobrindo tudo, restando apenas solidão, vergonha e culpa. De que maneira a menina poderia separar dor e amor, desejo e mágoa no futuro? Impossível saber. Naquela época, no entanto, muitas vezes o silêncio pairava sobre Silvia para depois se quebrar em ímpeto, impulso e agitação, uma luta sem esperança de acordar em outro lugar. Um éden onde pudesse respirar profundamente e sentir apenas confiança e amor.

Quando ele se mudou, uma parte do fardo que ela suportava se foi, mas ficou uma cicatriz da qual só ela sabia. Jamais ninguém soube. Jamais. De alguma maneira, essa marca tornou-se uma parte isolada nela mesma, como se em alguns momentos ela ficasse inalcançável, dentro de um espaço no qual ninguém saía e ninguém entrava.

o

Silvia sentia, como toda menina de sua idade, que seu quarto era o melhor lugar do mundo. Ali escrevia seu diário, escutava música em sua vitrola, estudava em sua escrivaninha, experimentava roupas e desfilava em frente ao espelho. Ali tudo era seu e, nesse pequeno universo, sentia-se fortalecida, menos controlada. Gostava muito disso. Sua maior fantasia era, justamente, ter liberdade para fazer o que lhe desse na telha, com a imprecisão absoluta de qualquer significado maior nisso. Um impulso vermelho de sangue jorrava para além de sua pele. Ela queria sair de si, queria ser outra que não conhecia, mas já ensaiava encontrar.

Clara percebia o perigo rondando a filha caçula, pois entendia que se deixar levar sem rumo aos 13 anos era um convite ao desvio de conduta. Especialmente para uma menina. Talvez a mãe visse em Silvia a possibilidade de avançar onde ela própria não tivera coragem. Desconhecendo mais profundamente as próprias emoções, não conseguia penetrar nas da filha. Por outro lado, não havia como ter filhas medrosas perante a vida, uma vez que ela e Antonio experimentaram muito cedo a independência e o exercício de ultrapassar convenções. Clara, especialmente, se entregava à transgressão por vontade, vingança ou, diga-se, porque estava feliz ou infeliz, tomando atitudes sem se importar com a opinião alheia. Havia nisso arrojo, sem dúvida, mas também egocentrismo.

Quanto à outra filha, ela podia vê-la seguindo sua trajetória de maneira mais direta e objetiva. Aos 15 anos, a bela Clarinha começava o primeiro namoro, ainda sem compromisso maior, a visão voltada para a faculdade que pretendia fazer. Naturalmente, havia uma separação de interesses entre as irmãs, com círculos de amigos diferentes e assuntos próprios de cada idade. A agitação de Silvia, em alguns momentos, incomodava Clarinha, que já se achava mais avançada e experiente. Havia nela uma tendência para conversar mais com o pai, ouvir a opinião dele por afinidade e, em parte, para compensar o excesso de atenção da mãe à caçula. Nada que a fizesse se sentir preterida ou menos amada, mas era como se algo mais forte permeasse entre elas, transparecendo nas brigas e nas demonstrações de afeto. Passou a ser comum a brincadeira em família que dizia ser Silvia da mamãe e Clarinha do papai.

○

Os pássaros dormem, e Silvia entra num lugar sagrado e antigo. Usa uma renda branca à guisa de vestido e caminha pisando um leito de água fresca que corre incessante, a artéria viva da terra. De repente, tudo muda, e ela está no alto de uma montanha, um vale de sombras à sua frente, e acima nuvens carregam segredos para outras paragens, mudando sempre a forma para disfarçar. Ela dá um passo até o limite entre o tudo e o nada, entre a solidez e o abismo. E salta pairando no ar com os braços abertos, o véu pendendo da cabeça coroada de noiva. Nunca antes uma sensação tão boa! Então começa a perder altura e cair, e cair, devagar, caindo sem parar... Um frio atravessa seu corpo solto, como folha deixada ao sabor do vento. Ela sente medo.

Pela manhã contou o sonho que teve para Clara.
Minha mãe sempre dizia que voar nos sonhos é mania de grandeza!
Diante da voz zombeteira da mãe, retrucou:
Mas nem é preciso sonhar que estou voando! Você vive dizendo que eu tenho mania de grandeza!
Então, o sonho só confirmou, disse Clara brincando com a filha.
Que chata você está hoje!, reclamou a garota, fazendo menção de sair da cozinha.
Clara agarrou-a pela cintura e impediu-a de andar.
Vem terminar seu café, vem!, a voz carinhosa querendo apaziguar sua menina.
Você não sabe brincar, mãe!
Eu? Você é que está de mau humor!
Silvia sentiu, como em outras vezes, que não conseguia fazer a mãe perceber algo que a afligia. De alguma maneira, Clara escapava. Porque estava desatenta, porque estava lendo ou preparando uma aula, porque estava de saída e apressada para se arrumar. E, quando nada estava acontecendo, ela costumava brincar com a situação, como se a filha fosse uma criancinha que já não era. Havia sido um sonho nítido, no seu encanto e no seu terror. Silvia só queria compartilhar e aliviar a impressão que restara dentro de si. Uma sensação de fragilidade.

Em pouco tempo, porém, já subia as escadas em direção ao seu quarto. Nele, ainda dormindo em uma cama improvisada, estava Lucila, sua amiga carioca, de quem surgira o convite para uma festa. Abriu a janela e deixou entrar o sol da manhã, uma luz morna que ainda empurrava o sereno da noite para o alto. A amiga gemeu reclamando, mas Silvia respondeu, irônica, *A praia nos espera!!*, não permitindo que dormisse mais, ansiosa que estava para o dia dar lugar à noite. Logo que Lucila espantou a preguiça, as duas seguiram para o clube, onde queriam tomar sol, dar uma cor à pele. Entre braçadas na piscina, risos e trocas de segredinhos, curtiam o ócio juvenil. Para elas os dias ainda eram verdes e carregados de esperança, o tempo reinava vagaroso.

A noite estava atrasada e demorava a fazer sua entrada gloriosa. Assim lhes parecia, assim lhes parecia...

O

O que é afinal uma vida humana? Embora a pergunta seja ingênua, é dela que partiram as mais soberbas aventuras do pensamento. E quando ela começa? Quando termina? Um dia tudo se vai, e pode ser que nunca tenha começado. Serão todos os corpos habitados por ideias, imagens e fantasias de vida? Não sabemos. Mas aqueles que não tiverem esse privilégio e essa sina trágica não poderão inventar, nem se iludir, tampouco mergulhar nas profundezas da vida, renascendo de si como outro em si mesmo.

Aos 13 anos, Silvia desejava a vida mais do que podia compreender e suportar. Talvez porque o rio de suas águas estivesse sendo represado por uma zelosa mãe controladora ou porque esse fosse apenas um impulso que estava guardado ali desde sempre, desde antes, desde nunca. Como entender? Nela já havia um registro misturado de dor e afeto, abandono e protecionismo, desejo e culpa. Havia momentos em que o frio gelado do medo fazia tremer seu íntimo, pequenos instantes sem cor. Maior do que isso tudo, porém, algo pedia para seguir em frente, algo que habitava o outro lado dela, nos interstícios e dobras de seu ser.

Foi naquela festa e na noite estrelada da cidade de São Paulo que Silvia começou a escrever sua trajetória. Recolhendo as impressões de seu pequeno e recente passado, ela se imbuía de crenças. As mais exóticas e precoces crenças. Nada que não pudesse ser colocado em prática e com urgência.

Seu vestido azul-escuro era próprio da noite, denso e lento. Também era adequado à sua meninice, deixando solto seu corpo, seus braços e pernas que dançavam em contagiante alegria. Silvia queria muito crescer, queria com toda a certeza de seus cabelos macios, moldura quase infantil para o rosto de pele branca e olhos escuros. Havia nela algo um pouco diferente das meninas de sua idade. Era isso que se destacava naquele momento, quando os extremos se apossavam de seus gestos, entre contida e livre. Felina como a mãe, mas uma leoa definitiva, uma afirmação onde a mãe era oscilação. Ela queria saltar pelos espaços livres da floresta. Não pedia asas, mas não deixaria de tê-las.

Sem que nada avisasse, sem ruído ou música de fundo, a vida era agora um atalho repentino. Na festa, a tradução mais perfeita desse atalho era ele. Conversando com amigos, entre um drinque e outro, como não perceber a mulher que nascia em sua frente naquele momento? Era verdadeiramente um nascimento, uma aparição, e ele, confuso, não identificava direito o que sentia. Ela começava ali a se construir, naquele instante, naquele exato espaço amplo de uma casa em Higienópolis. Não havia nenhuma determinação consciente, e sim uma urgência emanando dela. Uma força incipiente e arrebatadora. Em pouco tempo ele estava com ela nos braços, dançando, enlaçando sua cintura delicada, sentindo nas costas as pontas femininas e fugidias de seus dedos. Do momento em que começaram a dançar até que ela se foi da festa, não se separaram mais. Conversas de todo tipo, brincadeiras, ele apresentando os amigos, ela apresentando a amiga Lucila, músicas vividas no balanço da dança, a eventualidade dos perfumes se misturando devagar.

Ela havia reparado no rapaz ao ser apresentada, mas ficou surpresa quando, mais tarde, ele sugeriu dançarem. Não desejava evidenciar sua timidez diante dele, então a ocultou o melhor que pôde. Sentiu o calor das mãos dele, e a fragrância em seu pescoço lhe deu uma espécie de náusea. Não porque fosse ruim, mas porque era boa demais. Atordoava. Eles não falaram nem se olharam durante a dança. Embora as tivesse, ele calava as palavras. Elas lhes escapavam todas. A palavra era banal naquele instante, incomodava, na mesma medida em que a proximidade. Quando a música terminou, foi na verdade um alívio para ambos.

○

    O desejo, quando súbito e profundo, não é fácil de sentir. É preciso ter propensão ao céu e ao inferno. Porque ao avistá-lo corremos acelerados entre salvação e culpa, as crenças em nosso encalço. Subitamente, a meio caminho entre uma e outra coisa, parece residir esse agudo abandono ao desejo, onde surpreendemos lágrimas e risos famintos do humano em nós. Será o desejo em nós sempre humano? Esses desafios insondáveis não desprezam a dor e o êxtase, que na verdade se misturam. Mas não é falta de sentido. É a unicidade que jamais conseguimos possuir de fato, que jamais será retida. Água ou nuvem entre os dedos, tanto faz.
    Ah! O começo da vida é inigualável! A força do desejo nos empurrando sem critério algum. Força tão plena de sim quanto de não, tão bela quanto terrível, tão boa quanto má. Nunca se sabe ao certo quando tudo vai arrebentar em explosões incessantes. Porém, nada mais deslumbrante que a queda do rio, a ausência repentina do leito em que corria certeiro. A queda seria, assim, a vida em manifestação, quando anjos e Evas se confundem e se revelam. Displicentemente dia e noite se juntam na mesma plataforma, ali mesmo onde havia uma partida para o futuro.

○

    Imbuídos do desejo, eles caminharam em torno da piscina, silhuetas delineadas entre luzes que iluminavam o jardim em torno. As longas pernas do rapaz eram mais incertas que seu olhar, firmemente fincado nas terras escuras dos olhos dela.

Era engraçado vê-la falante, cheia de importância, ele nem conseguia pensar direito. Existia uma verdade desconcertante naquele sorriso franco e direto, nas pupilas que o encaravam sem pudor. Enquanto alimentava o diálogo, ele observava que não havia gestos sedutores na movimentação dela. Havia uma beleza volátil que percorria primeiro seu rosto, depois se difundia especialmente pelos braços e pelas mãos graciosas, terminando num pedido ou numa ordem, ele não conseguia entender direito.

De repente, uma imobilidade benfazeja se impôs. A insegurança queria ser compartilhada diante do céu noturno. Junto deles, o passado e o presente sem distinção. Nem estrela cadente nem frases amenas ou dispensáveis manchavam o instante. Um dia, a limpidez ali permitida por desejo e receio se tornaria, das lembranças daquela noite, a mais intensa. Estrelas e dois pares de olhos calados fixos no céu. Memória é algo que se constrói, mas não sabemos disso quando erguemos seu templo. O templo da memória pode ser habitável ou não. A habilidade em sua construção parece estar no equilíbrio entre o efêmero e o perene em nossa vida. Diante do certo e do incerto, como escolher? No entanto, na memória tudo se altera e se reescreve. Doce ou amargo, um gosto haverá de prevalecer.

A todo instante ele notava olhares críticos para ambos. Ela não. Nem teria como, imersa que estava em sua esplêndida imaturidade e entusiasmo. *Quantos anos você tem? Treze,* ela respondeu, não sem um leve ar de atrevimento. *E você? Vinte,* ele respondeu com voz abafada. E repetiu mais confiante, como se limpasse a garganta: *Vinte anos.* Ela sorriu de dentro para fora, feito uma onda leve que aos poucos se agiganta no mar. Ah! O sorriso dela! Que sorriso era aquele? Timidez ou provocação? Ele não conseguia definir. Afinal, tudo nela era ainda incerto, e por isso ele ficava à deriva, sem conseguir encaixá-la em nenhuma percepção já conhecida.

Às duas da manhã, Antonio veio buscar a filha como combinado. Era cedo, ela pensava, era muito cedo. *Hora de criança ir para a cama!*, uma das amigas dele alfinetou. *E de pessoas interessantes saírem de cena!*, ela retrucou rápida, girando o corpo esguio e esparramando os cabelos pelo ar. Todos riram, e ele se apressou em acompanhá-la até a porta. Pediu-lhe o número do telefone e guardou, com cuidado, o papel rasgado em que ela escreveu. Ele observava enquanto Silvia se afastava quase sem pisar no chão, tão importante ela estava se achando. Muito importante! Afinal, realizara um desejo secreto da maioria das garotas de sua idade. Ser cortejada por um rapaz mais velho!

Na adolescência é que as mulheres despertam para os mistérios, os sonhos e a crença no invisível. Talvez porque seu corpo, a partir daí, passará a se preparar todo mês para receber uma nova vida. Não importa se essa vida virá ou não a se concretizar dentro dela, o corpo se preparará, outra e outra vez, como se o inesperado estivesse à espreita. Um novo ser ou um novo ciclo? É quando as mulheres são iniciadas na realidade do sangue. Por quantos séculos essa bela manifestação do corpo feminino foi considerada feiura, mácula, mal, sujeira? Ainda é? Talvez. Hoje, na ânsia desenfreada pela perfeição, tenta-se encontrar fórmulas que suspendam a descida do sangue, que atestem a inutilidade do útero para além de reter um feto. Então, sim, é. Mas de outra forma. O banimento dos reinos obscuros, dos líquidos nas cavernas abertas na terra, dos rituais dionisíacos, do vinho, do êxtase. Mas o deserto só é belo quando existe a possibilidade de água. Seria bom lembrar.

Por meio do atalho, havia descoberto outro caminho. Estranha é a forma em que nos atiramos vida afora, como se os caminhos fossem conhecidos. Talvez porque tantos já tenham pisado esse chão incansável, numa constante renovação de entusiasmo e confiança. Até onde podemos alcançar? Não era essa, sem dúvida, a preocupação da menina recém-chegada.

Naquela tarde de 1960, Silvia estava deitada em sua cama. Não imaginamos a vida quadro a quadro, como o celuloide de um filme. Mas esse poderia ser um jeito, uma forma de pensá-la. Menos que um segundo fixado na retina, depois um novo fluxo de movimentos e uma história se conta. Livre de questionamentos, ela olhava o teto e absorvia a música que saía da vitrola. Os pés balançavam um pouco, sem meias e com unhas esmaltadas. Uma semana se passara desde a festa. Ele havia ligado logo no dia seguinte, no horário que ela avisara ser mais favorável. Ou diga-se: horário em que Clara não estava em casa. A atração entre eles se configurava de fato, e era apenas uma questão de encontrar a estratégia certa para se aproximarem. *O jantar está pronto!*, Clara avisava lá de baixo. Logo a garota saltava da cama em disparada, os músculos mais ágeis que as reflexões.

o

Luiz Carlos Landini era seu nome, mas todos o chamavam apenas Landini. Era discreto na aparência, gostava de roupas tradicionais, cultivando a elegância. Jovem homem atraente e de personalidade expansiva, tinha um grande círculo de amigos. Possuía um bom jogo nas relações sociais e tentava impor-se como um empreendedor, embora seus melhores projetos residissem ainda no plano das ideias.

Naquela festa, ele não reparou quando Silvia entrou pela sala espaçosa. Sentado entre seu grupo de amigos, Landini ouvia e contava casos, jogava conversa fora, a cabeça soltando-se em movimentos lentos. Alguém mencionou que a garota que acabara de chegar era filha de Antonio e Clara, uma observação condizente com a importância de seus pais naquele meio social. Ele virou o rosto na direção das meninas que entravam juntas, mas não prestou atenção. Foi apenas um gesto automático.

Algum tempo depois, a dona da casa, fazendo as vezes de boa anfitriã, introduzia uns aos outros aqui e ali, aproximando em dado instante a garota de vestido azul do grupo de Landini. Silvia cumprimentava a todos com um aceno de cabeça e um meio sorriso. Os olhos, porém, eram dedicados a olhar, não tentavam escapar pelos cantos nem se esgueirar para baixo. Ele percebeu esse detalhe. Quando, diante dele, o sorriso dela se abriu um pouco mais, foi como se por segundos tudo desaparecesse. Não houve tempo para ele captar essa sensação, apenas uma estranheza percorreu seu corpo. No entanto, enquanto ela se retirava, os olhos dele acordavam de repente e, sem esforço, seguiam os movimentos dela.

Exalando uma algaravia de vozes pelas paredes, ou mesmo o som dançante de uma música qualquer, a casa deixava vislumbrar o tremor de suas luzes. Adolescentes, jovens e pais eram os convidados de uma festa familiar. O 14º aniversário de Sandrinha, a filha mais velha. Os muros altos, cobertos de heras, circundavam e protegiam o vasto espaço aberto que compreendia jardim e piscina. O clima agradável deixava um aroma de mato e de terra recém-molhada, resultado dos cuidados de um jardineiro atento e dedicado. Se para Landini tudo era apenas luxo, para Silvia evocava os brilhos do Natal, impressão primeira, logo substituída por uma segunda e definitiva: a de que participava sozinha, pela primeira vez, de uma grande e divertida festa. Seu coração saltava dos enfeites para as flores, para as velas espalhadas na casa e no jardim, para as pessoas bem vestidas, para a mesa e para o bolo magnífico da aniversariante. Seu coração batia alegre como nunca.

Depois da sequência de músicas que dançaram, ela foi tomar refrigerante com as amigas e ele, uma dose de uísque. Lucila puxou Silvia para um canto, e elas murmuraram e riram em evidente excitação. Não demorou muito para ele voltar a se aproximar, aproveitando um momento em que ela caminhava distraída. Entabularam conversa, tentando preencher aqui e ali um espaço desconhecido que o silêncio abrira dentro de cada um. Ela mais falante, ele mais inquisidor, ambos gostando do que surgia, o assunto girando entre hábitos e gostos pessoais. Como uma adolescente que lia e escrevia bem, além de pertencer a uma família que prezava a cultura, a fala dela era articulada e desenvolta. Um jeito de menina, porém, envolvia-a inteira, paradoxo que salientava um encanto especial.

Havia um fator determinante na maneira direta e sem subterfúgios com a qual a garota se conduzia diante do rapaz. Era que, apesar da total inexperiência, fora informada pela mãe acerca do corpo feminino, da menstruação, do ato sexual, do nascimento das crianças. O catolicismo de Clara prescindia da hipocrisia. Ainda assim, deixava dentro dela mesma uma região árida e inexplorada. Nessa terra de ninguém, muitas outras mulheres também perambulavam sem ter quem as conduzisse no conhecimento erótico de seu ser. Não se apaga facilmente o que séculos de vergonha e culpa forjaram nas mulheres. A geração de Silvia, porém, trazia as sementes da reconstrução em seus genes, pisando solos ávidos pelo reflorescimento. A essa geração bastava não perder o trem. Ou a oportunidade.

Silvia não suspeitava nada disso, é claro, e tudo que desejava era experimentar. Conhecer um desejo sem limite ou forma, um desejo que talvez ainda nem fosse desejo. Era uma curiosidade, uma vontade sem grande promessa, uma sensação inebriante. Talvez fosse querer poder. Querer o poder. E, como todos aqueles seres que assumem, por esperteza ou inocência, a ambiguidade humana, ela se tornava muito atraente.

Por isso, ao vê-la deixar a festa, sentindo a perda nos passos que a levavam para longe, Landini soube que estava sendo sincero. Aquela garota deixara nele uma impressão verdadeira. Assemelhava-se ao dia em que as notas de um violino vieram preenchê-lo com uma desconhecida sensação de enlevo. Enquanto a visão dela se diluía, ficava nele um rastro como o de uma caminhada na areia. E ele pensava em seguir essas pegadas antes de serem apagadas pelo mar ou pela chuva.

Os saraus na casa de Clara continuavam acontecendo, sempre recebendo amigos e conhecidos. Não foi difícil para Landini aproximar-se de Silvia. O primeiro passo foi começar a frequentar a casa e, depois, aguardar com paciência. Sempre havia oportunidade para conversar com ela ou combinar a hora mais favorável de telefonar. Além do mais, as reuniões eram de fato muito agradáveis, com boa música e poesia. Ele preferia música a poesia, deliciando-se com as peças executadas no piano ou mesmo no violão.

Nesse primeiro período, pôde observar o quanto Dona Clara – como ele a chamava – vigiava as filhas, procurando fazer uma boa relação com ela. Silvia quase não conseguia segurar a ansiedade, mas ele dizia que era melhor aguardar o momento certo. Foram dois meses apenas, mas que para ela pareceram eternos.

○

No piano alguém tocava música clássica. Parecia apropriado para um casal qualquer que se olhava vez por outra em cumplicidade. Era sábado e a casa de Clara estava aberta para mais um sarau entre amigos. Silvia estava no quarto conversando com uma amiga, enquanto poucas pessoas se reuniam na sala espaçosa da casa. Era cedo ainda.

Ele vai ter coragem de falar com sua mãe hoje?

Não, ele não vai falar hoje. Vai só dizer que precisa conversar com ela.

Nem quero pensar o que Dona Clara vai dizer!

Ela vai entender, ora! Afinal, a gente se ama!

Acho que ela não vai gostar nadinha...

Por quê?

Porque ele é velho!

Laura, você tem certeza de que está com 14 anos? Que conversinha é essa? Parece uma velhinha falando...

E Silvia andava pelo quarto imitando um andar de "velhinha", fazendo caras e bocas. Laura ria.

Ela goste ou não, a gente vai namorar. Mas eu acho que ele sabe como impressionar minha mãe.

Era isso que deixava Silvia feliz, além das fantasias que nutria por Landini. A capacidade dele para conversar com Clara sem sobressaltos, sem susto de menino virgem ou inexperiente. Era como se, através dele e junto dele, a liberdade e a independência pudessem ser conquistadas. Como? Bem, isso não era preocupação para o momento, não era ainda nem uma possibilidade se formando no pensamento dela. Gostava mesmo era quando ele aproveitava a oportunidade e entabulava uma conversa banal com sua mãe, sempre exibindo segurança e simpatia.

Clara não deixou de notar o cuidado com que a filha menor passara a se vestir naqueles saraus. Imaginava, porém, que era um jeito de crescer, de aparecer, uma atitude própria da idade. Em meio ao burburinho daquelas reuniões, nem sempre ela podia sentir o clima que discretamente cercava Silvia e Landini. Quando já não era possível para os dois sustentar tanta ansiedade, ele concordou que chegara a hora de abrir o jogo com Dona Clara. Até então, eles aproveitavam sempre que podiam para conversar por telefone e jamais tentaram sair às escondidas, um tipo de mentira que Silvia não contava. Estimulada por Antonio em relação às virtudes da verdade e pelo exemplo de Clara em enfrentar as dificuldades, ela não admitia trair a confiança que depositavam nela. Certo dia, que hoje é incerto, ele avisou: *Hoje vou dizer que preciso falar com sua mãe.* No dia seguinte ao sarau, ele aparecia formalmente para, diante dos olhos incrédulos de Clara, consolidar seu pedido de namoro.

Apesar de resistentes, Clara e Antonio resolveram que o melhor era deixar Silvia namorar Landini, mas com total controle. Isso significava jamais ficarem a sós, e sim sempre sob os olhos de alguém da família. *Vai ser fogo de palha, imagina só!* Essa era a esperança dos pais, uma vez que impedir a garota de iniciar a relação seria um convite ao perigo, o mesmo que instigar encontros furtivos e distantes. Eles sabiam que podiam confiar na filha, mas sabiam também que não deviam ultrajar a capacidade dela de não faltar com a verdade.

Aos 13 anos de idade, Silvia namorava oficialmente Luiz Carlos Landini, 20 anos.

o

Uma cigarra gritando em alto galho anunciava o verão. De seu quarto, a garota ensimesmada em pensamentos nem ouvia. Escrevia em seu diário, ouvia música e vez por outra agitava a cabeça ao ritmo dos sons, ignorando os apelos da criaturinha pequena e escura na árvore em frente. Ela sentia em si mesma tudo se desmanchando para se recompor de outra forma, as coisas perdiam sentido e queriam ganhar outro rumo. Uma mistura de angústia e alegria deixava um calor excessivo em sua pele, um incômodo em seu peito. Silvia não sabia se amava, se estava apaixonada, não sabia o que era aquilo. Mas queria saber!

Os encontros com Landini seguiam estritamente as regras impostas, e eles não tinham momentos a sós, ainda que ficassem na sala apenas conversando. No entanto, a imaginação criava uma bolha onde eles levitavam, sem gravidade, sem contato com o mundo externo, cegos à realidade que os espreitava por todos os lados. Aos poucos, esse namoro contido ia provocando em Silvia uma tormenta, um desejo insuportável de seguir adiante, de ousar mais. Ele, poucos anos a mais de maturidade, não segurava melhor a própria impaciência e arriscava toques mais ousados, embora rápidos e assustados. Quando sentia a pele dela arrepiar sob seus dedos, ficava excitado e saía para dar uma volta no jardim da casa.

Não demorou muito e ela chamou-o para seu quarto. Como fazer diante da vigilância cerrada? Ora, ora, nada melhor do que um balcão para arremedar Romeu e Julieta! O quarto de Silvia tinha um pequeno balcão voltado para a lateral da casa e, no jardim abaixo, uma árvore frondosa poderia servir de apoio. *Por que não? E se alguém me vê? Minha mãe dorme como uma pedra, não há perigo! Você acha mesmo? Certeza absoluta!* Ele não devia, mas queria acreditar nela. Rompeu qualquer associação com o bom senso e, uma noite, arriscou pular até o balcão para entrar no quarto de Silvia. Como combinado, foi embora e voltou mais tarde, quando as visitas já haviam se retirado e Clara dormia sem sobressaltos. Entrou e se escondeu no jardim lateral, entre arbustos que floresciam na primavera mas tinham sempre um bom porte, galhos e folhas que podiam acobertá-lo.

Silvia foi dormir sem pressa para não levantar suspeita. Ficou com a mãe na cozinha tomando chá e conversando um pouco. Ao entrar no quarto, trancou a porta por dentro, esperou um bom tempo. Depois circulou devagar pela casa, verificando se todos estavam dormindo. Acendeu a luz do quarto e esperou até ouvir o farfalhar de plantas à guisa de sinal. Saiu no balcão e acenou. Ele subiu com cuidado para não fazer barulho e, nessa primeira vez, quase não suportou a taquicardia, a adrenalina jorrando a mil em seu corpo.

Havia nele uma sensação inigualável de conquista, de aventura. Havia nela uma urgência em romper, em ir adiante, em entender o amor. O amor era o sexo? O sexo era o amor? Ela queria conhecer o sexo com amor e pensava em cenas de filmes, nas histórias dos livros, nos casos que as amigas contavam. Mas, para além do que ela pensava, estava a insensatez de que tudo era possível. Afinal, ela ainda não havia deixado seu castelo e a proteção que recebia, não experimentara aquilo que, entre outras coisas, torna a vida tão absurda e fascinante. As escolhas.

Como as visitas de Landini eram normalmente durante o final de semana, os encontros prolongados pela madrugada adentro não atrapalhavam o dia seguinte de Silvia, que podia dormir até mais tarde sem causar desconfiança em Clara. Ele tentava ir devagar, ela tentava se acostumar, pois tamanha impetuosidade não descartava o medo. Medo pavoroso dentro do corpo, medo que mostrava os dentes brancos e afiados, que lhe enrijecia a barriga e deixava escorrer um frio agudo ao longo da espinha. Enfim, um medo irresistível, um convite ao espanto. Caminhar nas estradas não demarcadas, na floresta de feras e fadas indistintas, embrenhada em tocas e alçada aos cumes.

o

Os pés descalços desciam ligeiros pelas escadas, uma ponta de camisola bailando entre os espaços que sobravam, a alegria derramada nos movimentos do corpo magro e lépido. Era sexta-feira e tudo se transmutava em cores e aromas, numa proximidade com a vida e numa distância dos seres todos, como se viver estivesse contido exclusivamente na cumplicidade entre ela e Landini. Aquele último mês deflagrara em Silvia um entusiasmo capaz de alterar seu cotidiano, misturando sonhos e realidade até que tudo ficasse incrivelmente confuso em seu pensamento. Era como se nada mais fosse tangível, embora tudo pudesse ser alcançado ao mínimo toque. Clara já não irritava tanto, nem mesmo Dona Iolanda, a professora de matemática. A arrogante Alice, colega de escola, não parecia mais saída do país das maravilhas, competindo e incomodando. Que nada!

Talvez como flores diversas se abrindo num jardim, sem consciência umas das outras, sensações de todo tipo fortalecessem a percepção de si como única. Era a alvorada se rompendo dentro dela, um perfume se espalhando pelos céus, um leve balançar ao vento suave da iniciação, um campo aberto beijando o horizonte. Todas as possibilidades conviviam sem perturbação.

Silvia, você deixou cair farelo de pão na escada!
Depois eu limpo, mãe!
Não, venha tirar isso daqui agora!
Já vou!!
E essas revistas aqui no sofá? Quero tudo arrumado, daqui a pouco tem gente chegando! Venha logo!
Já vou!!!
Ande, você ainda tem que se vestir. Vá tirar essa camisola!

Clara, lá embaixo, falava no ritmo da marcha. Silvia, em seu quarto, respondia em ritmo de valsa. Três compassos sincopados, loucas ninfas entre seus fios de cabelo sussurrando liberdades. Havia tempo de sobra e, se não houvesse, ele se faria. Porque o tempo agora era mágico, corria ou desacelerava sem lógica ou alarde. Além disso, é claro, ninguém poderá entender o coração de uma mulher! Através dele, ela se transmuta em pensamentos etéreos e disformes, e tem plena convicção de ser conduzida para lugares inimagináveis onde nem pés ou asas são necessários. Nela – a menina e a mulher – cada centímetro de pele esperava por reconhecimento e queria reconhecer. Afinal, toda mulher prestes ao desejo é, antes de tudo, a pele.

Clarinha entra no quarto de Silvia em busca de um brinco emprestado. Nem para a irmã abrirá seu segredo. Ia fazer exatamente um mês que Landini subia até seu quarto nos finais de semana. Ninguém sabia! Ninguém notara! *Você vai usar este? Não, pode levar!* A porta se fecha novamente e logo depois a garota trata de arrumar a bagunça que deixou pela casa. Aproveita e fica um tempinho ao telefone com Laura, a amiga de todas as horas, trocando ideias sobre a roupa que usariam logo mais à noite, no sarau organizado por Clara. Bobagens de meninas...

Risos, conversas, alguém sentado no escritório lendo um dos livros da biblioteca, um grupo discutindo política, outros na cozinha esperando biscoitos recém-saídos do forno. Flores pela casa. Um cheiro de dama-da-noite chegando do jardim e se misturando com o aroma de baunilha e canela que evaporava da cozinha. Logo mais todos estariam sentados ouvindo piano, alguém leria um trecho de livro, outros trariam sua contribuição em música ou palavras, Clara declamaria um poema de sua autoria, aquecendo a noite madrugada adentro. A casa toda estaria imantada de arte, imaginação, calor humano, sem dispensar aqui e ali comentários sobre a vida alheia, um arroubo exagerado em alguma discussão aleatória, pequenas sombras entre o piscar das lâmpadas que incandesciam destinos. Era sempre bom não saber o dia de amanhã.

Naquela sexta-feira, Landini tentava andar devagar com seu carro, descendo as ladeiras do Pacaembu alheio a tudo, tamanha era a espera dentro de si. Estacionou um pouco longe da casa e veio andando com passos largos e firmes. À luz dos postes que iluminavam as ruas, rendas se faziam no rosto dele, o semblante refletido da copa das árvores brincando desenhos invertidos. Não trouxera nenhum convidado dessa vez, o que sempre fazia para agradar Dona Clara, divulgando o sarau entre seu círculo de amigos. Ainda recebia críticas pelo seu relacionamento com Silvia, tanto na família como entre os mais próximos, sempre ouvindo sobre o absurdo de namorar uma menina de 13 anos. Ele não se importava nem um pouco. Compartilhava apenas com seu melhor amigo o segredo dos encontros escondidos no quarto dela, ouvindo em retorno um misto de alerta e cumplicidade masculina. Porém, a cada encontro a ousadia aumentava e, se as fantasias divergiam, o desejo estava em total sincronia.

Quando ele entrou, não viu sua garota e sentiu como tudo se esvaziava na ausência dela. Clara recebeu-o com a educação de sempre e não mais do que isso. Usualmente, destilava a desconfiança por baixo do sorriso e do esforço que fazia ao conversar com ele. Não havia como deixar de pensar que ele traria problemas para a filha, e não havia como não ter raiva. Porque, no pensamento de Clara, cabia a ele não levar em frente uma relação tão sem sentido. Mas Landini não fazia nada exceto incentivar a impetuosidade de Silvia, tornando Clara uma refém, a mãe impossibilitada de agir em defesa da filha. Ela, a cada dia, percebia sua menina mais agitada, às vezes mais calada, totalmente invadida pela presença daquele homem. Enquanto ele esperava sentado que Silvia descesse, ela o observou, procurando manter a discrição, mas notando que ele estava a cada dia mais ansioso. E Clara não gostava disso.

 De repente, os olhos dele se fixaram em um ponto acima. Um vestido vermelho sacudia escada abaixo, os ombros delineados encimando braços longos quase desajeitados. Tudo se recompunha na espontaneidade que partia das pernas, sacudindo os cabelos afoitos e fazendo vibrar o pescoço elegante. Ao vê-lo, um sorriso se abre e atinge o vestido como se pudesse pintá-lo de branco. Aquele sorriso, ele pensava, era uma arma mortal. Ele se levanta e ela enlaça seu pescoço num abraço a meio-termo, entre a menina e a mulher. Mais menina que mulher. Clara, acompanhando de longe a cena, deixa o peso de sua insatisfação sair num suspiro velado. A impotência jamais foi sua companheira e, sem dúvida, não lhe caía bem. No entanto, ela sentia em Silvia uma característica que era tal qual um prolongamento seu. Mas não sabia bem o que era, assim como não conseguia definir exatamente o que sentia quando via uma troca de afagos entre Landini e sua filha.

 Já eram quase duas da manhã quando os últimos convidados se retiraram. Lá fora uma aragem fresca perpassava o jardim e Landini, entre os arbustos, esperava o sinal de sua amada. Parecia demorar mais do que das outras vezes, ou talvez fosse o nervosismo que sempre acompanhava aquela aventura. Não muito tempo depois, ela acenou.

○

Silvia alimentava a esperança de que o sexo pudesse ser algo prazeroso, que dizimasse a impressão primeira e forçada de sua infância. Esperava tatuar seu corpo com impressões perenes de salvação e ternura, embora a voz da curiosidade encobrisse esse sussurro incipiente mais profundo.

Beijos, abraços e as mãos dele percorrendo a virgindade esplendorosa de sua pele seguiam colhendo gemidos abafados aqui e ali. Nenhum dos dois conseguia mais raciocinar. A espera de tantos dias morria agora atada aos receios mais delicados, esmagada pela luz amarelada e outrora triste do abajur, de repente alterada em fios de ouro carregados de brilho. Ouro que preenchia todo o ar e se depositava nas paredes do quarto e na borda das pupilas dela. Ela, trêmula como deve ser a inocência e, ao mesmo tempo, febril de tanta insensatez.

Por mais que tivesse recebido avisos e conselhos, ele os deixou todos do lado de fora naquele momento. Porque talvez já não os trouxesse junto de si desde o dia em que, ao se esgueirar para o quarto dela, aceitara agir como um ladrão, como um louco, um apaixonado sem limite ou um conquistador sem medida. E, sendo assim, o que mais poderia detê-lo? Vivia atormentado, só querendo que chegasse novamente o dia de visitá-la, o dia de namorar na sala e, mais tarde, encontrá-la a sós.

Não havia como postergar o inevitável.

○

Sinuosas silhuetas e movimentos lentos. A respiração ofegante precisava ser refreada para não ultrapassar as paredes, mas o coração poderia bater e pular endoidecido no peito, avançando em ondas gigantes corpo afora. Ninguém ouviria os corações alucinados. O sangue, dentro deles, corria em tempo recorde caminhos, vielas e estradas largas, cavernas e reentrâncias tortuosas, revitalizando com súbito calor os anseios que se misturavam. Tudo era possível, como se um amplo salão recendendo a mirra e perdido no fim de corredores extensos abrisse suas portas rangendo gemidos guardados nas mãos dos homens e nos soluços das mulheres. Perder a virgindade deveria ser um ritual celebrado, o gozo santo bebido devagar e sabiamente. Mas não era assim.

Landini deixara o corpo de Silvia amolecido, as ideias emaranhadas, a atenção perdida numa embriaguez desconhecida. Ela buscava acariciar o corpo dele, mas não conseguia manter nenhum foco, voltando a atenção para seu próprio corpo sacudido em espasmos, para os formigamentos agudos percorrendo suas pernas. Ele buscava mais e mais segurar avanços abruptos, tocá-la imaginando sedas e pétalas, beijando-a no ritmo da calma. Foi sentindo aos poucos que vencia nela a rigidez amedrontada e, na soltura do prazer imposto, conseguiu iniciar a penetração. Ela gemia sua dor de menina incauta e sem preparo, mas tentava acolher o corpo másculo, permitindo-o renascer dentro dela. A pele dele escorregava em suor e deslizava suave sobre a dela, os cabelos molhados roçavam-lhe os ombros brancos e arredondados. Os movimentos agora acelerados aumentavam nela as dores e faziam arder sua pele fina e perfumada. Algum tempo depois ele parou cansado e apoiou-a em seu peito, tentando sustentar a fragilidade que emanava dela. Calaram ambos, as palavras sem sentido. Aromas diferentes dos perfumes prontos se aninhavam nas narinas dilatadas, se espalhavam pelos lençóis desalinhados, saíam pelas frestas inconvenientes da janela fechada.

Não houve sinos nem festa. Acomodados e encaixados num abraço terno, eles estavam aquietados e surpresos. Silvia pensava que o sexo não era tão bom, era mais dor que prazer. Landini tentava imaginar as consequências de seu ato, procurando afastar uma emoção quase capaz de desestruturá-lo, comovido que estava pela menina ao seu lado. Após poucos instantes, porém, eles faziam promessas e juras de amor, como se cada um dos dois procurasse enganar o susto da alma.

○

Por que você não me conta tudo?
Tudo o quê?
Não sei. Os lugares que você vai, as pessoas que encontra...
Você está sendo injusta comigo! Eu estou sempre dizendo o que faço, e você conhece meus amigos, já trouxe a maior parte deles aqui nos saraus... Vamos, minha bonequinha!
O que é isso agora? Não me chame de bonequinha, de "inha" nenhuma que não sou um brinquedo seu. Sou uma pessoa, entendeu?
Claro que você é uma pessoa...
Olha aí, já está sendo irônico. Estou dizendo pessoa inteira, não sou um pedaço.
Como assim, Silvia?, ele ria... O que você está querendo dizer? Um pedaço?
Não amola, você sabe muito bem.
Não sei não, juro!
Um pedaço, caramba! Um pedaço de corpo, um pedaço de inteligência, uma pessoa repartida. Eu sou inteira e quero ser sua mulher, não sua distração.
Silvinha...
Tá vendo?
Desculpe, Silvia, eu também quero você, mas é preciso ter paciência. Você duvida do meu amor depois de tudo que arrisquei?
Não sei, não sei mesmo. Como vou saber? A Laura disse que viu você com seus amigos num restaurante. Nem fiquei sabendo, você não me conta o que faz!
Você quer relatório diário?
Lógico que não. Você sabe que não! Você estava com aquela amiga sua de quem eu não gosto, que me chamou de criança na festa da Sandrinha.
A Priscila? Ah! Então é por isso?

Não é só isso, é a sua mentira! Por que não comentou que saiu com seus amigos para almoçar e que ela estava junto? Foi sábado passado, e eu perguntei naquela noite o que você havia feito! É estranho não ter comentado.

Desculpe, não pensei que fosse importante pra você!

Não se faça de bobo e não me faça de boba, Landini! E, quer saber, já estou cansada dessa conversa...

Clara entrou na sala oferecendo um lanche ao casal e percebeu a tensão entre eles. Disfarçou. Silvia levantou num ímpeto e nem esperou por ele, que de imediato seguiu-a sem pestanejar. Na cozinha, ele e Clara comentaram banalidades enquanto a menina permanecia pensativa.

Naquele pouco tempo de convivência, Landini e Silvia começavam a ter pequenos conflitos. O pior deles era resultado da contraposição entre a liberdade e independência dele e a vida regrada dela, no auge de seus 13 anos. *Quase 14*, ela gostava de corrigir. Desde o início ele não vira nela a menina dócil ou a ninfeta sedutora, mas uma encantadora menina-mulher, cheia de personalidade. Não sabia, quando se conheceram, se foi o jeito de ela se mover e sorrir ou aquele olhar direto e sem véus que o atraiu mais. Talvez fossem as respostas afiadas e petulantes que disparava quando provocada. Com certeza "a pessoa inteira dela" o levou a uma trajetória inusitada e imprevisível.

Desde que assumira o namoro, ele estava seguro de que deixava sua amada no recato do lar, guardada de toda e qualquer impropriedade. Gostava de sair e continuava saindo, jantando fora, indo a festas, bebericando com amigos nos bares da moda. Nem sempre contava o que fazia para Silvia, tampouco sentia que devia. Pensava, principalmente, em alargar seu círculo de amizades de olho que estava em oportunidades profissionais. Seu interesse amador em carros de corrida começava a se tornar um assunto recorrente, uma ideia mais séria para um futuro próximo. Não era fiel sexualmente a Silvia, mas emocionalmente estava de fato ligado a ela. Nada surgia que o deixasse tão feliz como as horas que passava ao seu lado.

Ela sentia uma insegurança atroz, pois a cada vez que ele a deixava não havia como ter certeza do que fazia, aonde e com quem ia. A rotina dela, em oposição, era um livro aberto e sem complicações. A escola, as amigas, os passeios controlados pela mãe, as noites em casa, as saídas para a casa do pai, os almoços em família. Landini achava intrigante a coragem dela em levá-lo secretamente para o quarto, aliada a uma lealdade para com as exigências todas de Clara. Ela poderia mentir que estava com uma amiga e sair com ele para namorar fora de casa, mas não o fazia. Não queria, exceto se a mãe aprovasse. *Não vou mentir para ela!* E, quando ele argumentava que já estava mentindo, ela dizia: *É diferente! Diferente em quê?*, ele perguntava. *É porque é meu corpo e ninguém é dono dele. O corpo é meu e pronto!* Ele ficava ouvindo e sorria pensativo. Analisava como em certos momentos as respostas dela eram rápidas e certeiras, mesmo que suas reflexões ainda carecessem de articulação e experiência.

Apesar disso, ele não sabia avaliar a mistura de egocentrismo, generosidade, insegurança e confiança que transitavam nela. As dificuldades inerentes em qualquer relacionamento adquiriam características pertinentes à diferença de idade entre eles. Nenhum dos dois estava preparado para isso, e as pequenas desavenças se faziam presentes aqui e ali. Ele sempre se espantava com a braveza, o ciúme, a teimosia, a negação em ceder quando estava contrariada com ele. Especialmente se sentisse mentira no ar.

Naquela noite, após a discussão que continuaria depois do lanche oferecido por Clara, ela exigiu que ele fosse embora. Também não o queria em seu quarto mais tarde e, por mais que ele tentasse dissuadi-la, não adiantou. Tarde da noite, ele se despediu e ela foi dormir tranquila. Em pouco tempo seu sono era profundo e pesado, como acontece com crianças e adolescentes. Ele, no entanto, resolveu voltar, apesar do "não" decidido proferido por ela. Sentia-se culpado e, mais que isso, sentia vontade de estar com ela, de acabar com aquela rusga boba de uma vez por todas. No quarto, ele poderia ter mais condições de convencê-la.

Clara, um pouco ansiosa pela desavença que presenciara entre Silvia e Landini, ficou na sala após o sarau, ouvindo música num volume bem baixinho e tentando relaxar. De repente lhe pareceu que havia um ruído lá fora, o barulho do portão. Olhou pela janela, afastando de leve a cortina, e viu Landini entrando e se dirigindo para a lateral da casa. Fechou rapidamente o pequeno espaço que havia aberto e ficou paralisada. Os olhos arregalados de surpresa e espanto olhavam para o nada. Seu primeiro pensamento foi de que ele estivesse voltando para entrar no quarto da empregada, uma moça jovem e bonita, recém-contratada. No entanto, a casa estava toda trancada e não havia como ele ter acesso. Ela subiu e bateu no quarto de Silvia, que, dormindo o melhor dos sonos, nem se abalou. Imediatamente ela ligou para Antonio: *O moço está no quarto da Silvia!* Naquela altura, não havia outra coisa a pensar.

Morando muito perto, em cinco minutos Antonio chegou. Ao entrar, deu de cara com os sapatos de homem deixados cuidadosamente do lado interno do portão. Tomou-os nas mãos e entrou na casa. Segundos depois, Clara e Antonio estavam gritando na porta do quarto de Silvia. Assim que ela abriu, o pai sacodiu na sua frente um par de sapatos. Os dois falando ao mesmo tempo, como dois malucos! Silvia, completamente aturdida, disse que não sabia de nada. Antonio saiu imediatamente e foi para o jardim, onde encontrou, abaixado entre os arbustos, num pavor inexplicável, Landini.

Fora tudo muito rápido e, do lado de fora da casa, o rapaz não podia saber o que se passava direito. Não viu quando Antonio chegou, pois de onde estava não tinha a visão da frente da casa. Ouviu a mãe gritando com Silvia e pensou que era uma coisa entre elas, mesmo porque não discernia direito o que falavam. Achou melhor esperar. Logo depois ouviu a voz de Antonio e sentiu que alguma coisa muito errada estava acontecendo. Pensou ser melhor ir embora, mas não achou seus sapatos e voltou apavorado para os arbustos. Quando se deu conta, percebeu um ruído na porta da sala e alguém cujos passos fortes se tornavam cada vez mais próximos. Foi indescritível a cara que fez ao ser surpreendido abaixado e sem sapatos. E justamente por Antonio!

A confusão estava armada e, enquanto Antonio conversava com Landini no jardim, Clara tentava escutar as explicações de Silvia no quarto. A garota, abalada pela presença inesperada do rapaz, achou que devia esclarecer de vez os fatos.

É isso mesmo, mãe! Estou falando a verdade!

Deus do céu, eu não posso acreditar! Ele sobe pela varanda do seu quarto já faz tempo? E o que aconteceu?

Tudo que tinha que acontecer! Nós fizemos sexo!

Silvia, você está querendo me provocar! Não acredito que esse moço fosse fazer uma coisa dessas! Se você não tem juízo, ele deve ter um pouco! Não agiria assim, às minhas costas, seria muita insensatez!

Tá vendo, mãe, é isso! Ninguém aguenta tanto controle! Você fica grudada, vigiando sem parar...

Mas é lógico! Você é ainda uma menina! Já fui muito condescendente em permitir que esse moço entrasse em nossa casa para namorar você! Ele é que devia ter mais hombridade e se afastar, deixar você crescer em paz!

Nós nos amamos!

Ah! Sei... Se ele amasse, não ia expor você dessa maneira, minha filha.

A ideia foi minha, eu é que pedi pra ele vir até o meu quarto. Já faz algum tempo que ele sobe depois que você dorme! E, eu juro, aconteceu!

Meu Deus, não pode ser verdade! Você está querendo me irritar. Esse moço não ia tirar sua virgindade assim! Não é possível! Pode acreditar. Eu não sou mais virgem! Clara não se dava conta de que, ao declarar a perda da virgindade assim tão informalmente, a filha estava dizendo algo mais. Como sempre, Clara perdia o subentendido, as entrelinhas, o pedido por debaixo da fala mais objetiva.

No jardim, Antonio ouvia as explicações de Landini, que afirmava com absoluta convicção jamais ter subido até o quarto de Silvia. Dizia que ficavam apenas conversando pela janela, nada mais. *Além do mais, seu Antonio, Dona Clara controla demais, ela não dá folga! Como eu ia entrar no quarto da Silvia sem ela perceber? Não viu hoje como ela agiu rápido?* Antonio mediu com os olhos a altura do chão até o balcão e achou difícil alguém escalá-la facilmente, ainda mais com os pés descalços. Sua primeira tendência foi acreditar no rapaz, mas pediu que ele se retirasse imediatamente. No dia seguinte, assim ficou combinado, ele voltaria para uma conversa em família.

Antonio não queria submeter a filha a nenhuma vergonha e sentiu ser melhor assim. Quando entrou, Ciara ficou abismada com a atitude dele. Ela esperava ansiosa para questionar o rapaz olho no olho e ver do que ele era feito. *Você enlouqueceu, Antonio? Como foi capaz de permitir que esse sujeito deixasse nossa casa sem nos enfrentar? Sem ficar frente a frente com Silvia? Como é possível dar crédito a alguém que nos engana pelas costas, agindo da pior maneira, abusando de nossa confiança?*

Fechados no escritório, eles sussurravam para não acordar mais ninguém na casa, enquanto Silvia parecia tranquila, aguardando uma decisão qualquer. Ela repetiu ao pai o que havia dito à mãe, e Antonio titubeou. Quem sabe fosse uma fantasia dela? Mas era tão evidente a clareza nas palavras da filha! Talvez ele não quisesse acreditar por culpa, uma culpa que o perseguia desde a separação. Muitas vezes sentia como se as tivesse abandonado e buscava, em contrapartida, ser um pai presente. Talvez, por outro lado, não quisesse perceber as falhas e faltas que os homens, muitas vezes, cometem contra as mulheres. No entanto, Clara o provocava com palavras talhadas pela emoção, enquanto Silvia manifestava indignação. Os três falavam em concomitância.

Como assim, o lugar é alto para ele pular? Olha a idade e o porte físico dele! Se continuar defendendo a versão dele, vou sofrer a maior decepção da minha vida com você! Clara era só nervosismo.

Não estou defendendo o rapaz, de forma alguma! Estou tentando ser racional diante de uma situação grave! Silvia pode estar exagerando...

Pai! Como você pode acreditar nele e não em mim? Eu já disse, ele está com medo, é só isso! A gente ia contar tudo um dia...

Clara interrompe nervosa.

Ah! É mesmo! Quando?

Antonio procura acalmar a ex-mulher, que erguia a voz para além do necessário, quase perdendo o controle. Depois de um curto silêncio, ele concorda com ela e pede desculpas. Olha para a filha e diz acreditar nela. Sugere, devido ao avançado da hora, que fossem todos dormir, buscar um merecido descanso e evitar mais desgaste com discussões sem saída. Landini prometera que voltaria no dia seguinte para uma conversa em família e, então, concluía Antonio, eles poderiam entender melhor tudo isso. Sem alternativa naquele momento, Clara não esboçou mais reações e ele se retirou, não sem antes reiterar a necessidade de elas irem para a cama. Apesar de conseguir acalmar os ânimos, Antonio saiu certo de que Clara havia sido mais firme do que ele. Ele estava abalado e com uma estranha sensação de vulnerabilidade. Pairava entre cenas de sua infância, da adolescência, da vida com as meninas e Clara. O caminho de casa lhe parecia mais longo. Estreita era sua respiração no ar úmido da madrugada. Quando se deu conta, o carro já estava na rua em que morava e onde, em casa, Ana o aguardava contendo a preocupação.

o

Na parede à esquerda havia um quadro. Nele, tons de vermelho sobressaíam. À direita, uma estante cheia de livros, muitos sobre esporte. Destes, a maioria sobre automobilismo. Landini estava deitado, insone, invadido por pensamentos e sensações conflitantes. Ainda morava com sua família, mas sonhava com a ideia de ter a própria casa. Agora, quando um novo emprego fazia tal sonho parecer próximo, não sabia mais o que poderia acontecer depois desta noite. A adrenalina em seu corpo ainda não baixara totalmente, mas talvez um novo trago conseguisse amolecer os músculos cansados. Preparou mais uma dose de uísque e voltou para o quarto. Na casa todos dormiam, e o silêncio o incomodava como nunca antes. Logo um novo dia seria anunciado no horizonte e lhe parecia, se não fosse engano, ouvir o piado de uma coruja ao longe. Seria mau agouro? Seria uma coruja mesmo?

Algumas doses mais tarde e já não havia nele nenhum traço de lucidez. Divagava pensando em tudo que aconteceu a partir do momento em que conhecera Silvia. Vislumbrava que nenhuma lógica fora capaz de aplacar seus instintos desde então. Fome, sede e sexo se misturavam numa coisa só, impossível qualquer distinção. Sentira-se inexoravelmente atraído para um abismo em si mesmo onde havia um redemoinho negro e incessante. Ali girava todos os dias nas forças do inconsciente até ficar extenuado. Sabia que devia parar, mas só desejou parar quando tudo já havia acontecido. Procurava decifrar aquilo que o deixara à deriva, flutuando sem direção. Mas eram apenas perguntas em luta na sua mente, sem a misericórdia das respostas.

Seria possível dizer, no entanto, que naquelas noites na casa do Pacaembu os sentidos se exaltavam e o caçador primitivo acordava dentro dele. Cheiros dilaceravam-lhe as narinas, sons despertavam seus ouvidos, os pelos eriçados davam sinal de alerta constante e a visão atravessava vales sombrios. Quando tocava as mãos brancas de Silvia, perdia-se em brumas vindas de terras distantes. No auge de seus 20 anos, não podia discernir as ardilosas facetas do desejo, capazes de influenciar um homem. Por isso sentiu uma dor, sim era uma espécie de dor, tamanha a incredulidade ao ser encontrado por Antonio naquela situação no jardim da casa.

E agora?, ele se perguntava. Nenhuma solução vinha em seu socorro.

Imerso em preocupações consigo mesmo, deixava às vezes uma fresta pequena para a figura de Silvia em seu pensamento. E o que vinha era uma espécie de admiração e raiva por ela ter sido tão impetuosa e, de certa maneira, tão desastrada ao revelar tudo aos pais no pior momento possível. Admirava a espontaneidade dela, mas sentia raiva de seu ímpeto infantil, sua incapacidade de medir consequências. Evitava, de certa forma, assumir que era dele a falta maior de bom senso e responsabilidade.

Em casa, Silvia voltara a dormir sem tremores em seu peito, sem abalos em seu corpo. Para ela a vida ganhara outra dimensão, uma dimensão que não conseguia visualizar ao longe, mas na proximidade aguçada das sensações era o início da liberdade. Agora não seria preciso esconder mais nada e, apesar de ter sentido uma ponta de decepção com a negativa de Landini, atribuía essa atitude às circunstâncias em que tudo ocorrera. Ela não estava de todo errada nessa percepção.

Nenhum dos dois, porém, estava preparado para a turbulência dos dias que se seguiram. Clara não quis receber Landini de maneira alguma e passou a dizer que talvez Silvia estivesse enganada, talvez ela não tivesse perdido a virgindade. Resolveu levar a filha ao ginecologista. O médico atestou a virgindade, dizendo que ou a menina possuía hímen complacente ou nem sabia o que era sexo, colocando em dúvida toda a história. Furiosa, a garota começou a descrever uma relação sexual, mas foi contida pela mãe. Uma e outra estavam magoadas, mas o desespero da mãe só fazia aumentar a convicção inabalável que tomara conta da filha. Silvia queria casar com Landini, e ficou feliz quando numa conversa por telefone ele concordou em selar esse compromisso com ela. Mas isso não trouxe nenhum alívio para sua família, muito pelo contrário.

Não havia mais momentos descontraídos na casa do Pacaembu. Clara e Antonio já estavam cansados de tentar demover a filha de um passo precipitado e, para eles, sem sentido. Sem dúvida, remavam contra a corrente, pois, apesar de a aurora dos anos libertários ter começado a tingir o horizonte, ainda eram raros pais com tal tipo de pensamento. *Para que casar, Silvia? Vamos esquecer tudo isso! Você não precisa se casar porque teve uma relação sexual!*, Antonio argumentava sem sucesso algum. *Nos dias de hoje é até uma atitude retrógrada! Os tempos mudaram!* E, ao ver mais uma vez seu conselho cair no vazio, Clara resolveu que seria bom enviar a filha para a Suíça, empolgá-la a estudar fora por um tempo. *Mãe, eu não quero viajar, eu quero me casar! Não saio daqui por nada, nem adianta!* Reforçando seu sentimento de independência, em meio a essa agitação toda ela completa 14 anos de idade. *Mãe, eu já tenho 14 anos*, ela passou a dizer sem conter a alegria.

Com as visitas do "moço", como dizia Clara, suspensas por tempo indeterminado, Silvia e Landini mantinham contato apenas por telefone e aguardavam alguma resolução dos pais dela. Depois de conversas com Antonio e de muitas noites sem conciliar o sono, Clara teve uma ideia que, a seu ver, poderia dar certo. O fundamento era básico: se não pode vencer o inimigo, junte-se a ele. Ou seja, se a decisão da filha era assim tão férrea, melhor seria concordar com ela primeiro, para agir depois. Foi assim que mãe e filhas partiram em direção a uma temporada em Paris, com o intuito de comprar o enxoval e o vestido de casamento. À primeira vista, portanto, Clara havia finalmente aceitado a união do casal, mas seu objetivo verdadeiro era afastar a filha da cidade por um tempo.

Uma viagem de navio, compras e diversões não durariam menos de três meses. Além disso, haveria grande apelo para uma adolescente curiosa como Silvia, pois tudo seria novidade. Clara imaginava ser esse o melhor antídoto contra a vida séria que a caçula tentava impor a si mesma. Em seu jeito capaz de agir tanto quanto incapaz de atingir o íntimo do outro, ela manipulava a situação pelo bem da filha. Ao menos essa era a certeza que trazia consigo. Diante da cegueira infantil ela seria o olho, trazendo a lucidez para a inconsciência da garota inexperiente. Estava longe de entender que mais uma vez colocava ação onde deveria haver reflexão, imposição onde poderia exercitar aceitação. Os desafios que surgiam em sua vida, porém, não eram pequenos. Como esse agora. Clara pensava no tempo, o pêndulo sempre era o tempo. Não era jamais a revelação dos extremos, a descoberta de um centro de onde tudo parte ou para onde tudo flui. Nela o pragmatismo era um senhor venerável.

Assim, ela liderou a viagem toda com verdadeiro entusiasmo, certa de que o tempo correria a seu favor.

○

Sentada no deque do navio, Silvia olhava o modo como o sol pincelava o mar, delineando um caminho. Lembrou-se de Jesus sobre as águas, a história contada nas aulas de religião. Como seria andar sobre as águas? Um balanço leve acalentava-lhe a imaginação, enquanto o vento soprava entre seus cabelos desalinhados e soltos. Parecia querer ver além das linhas curvas cercando tudo que a visão alcançava e, ao erguer o olhar, surpreendeu, entre nuvens pequenas e esparsas, o voo de um pássaro. Distraída, acompanhava o movimento das asas no céu, mas, ao voltar a atenção para o mar novamente, era como se estivesse presa numa enorme cúpula, um horizonte contínuo limitando saídas. Quase num salto, levantou e saiu em disparada.

Havia nela uma felicidade tola, como a de qualquer menina cujos sonhos espreitam sobre os ombros o que virá depois da próxima curva. Não se torturava com pensamentos ruins de derrota ou medo, firme que estava no destino traçado, nas promessas e juras que trocara com Landini antes da viagem. Seu rosto era calmo, a pele alva não sofria as rugas da preocupação, como se ela deslizasse sobre águas turbulentas com o mesmo silêncio e direção daquele navio. Para ela, Clara mudara de atitude porque finalmente aceitara o inevitável. E, enquanto escrevia cartas apaixonadas para Landini na cabine do navio, continuava aquela mesma garota agitada com seus repentes de quietude. Não ficou taciturna pela ausência dele. Isso alimentava sobremaneira as esperanças de sua mãe em ver seus esforços recompensados.

Paris foi uma festa, passeios, museus, restaurantes... e lojas, é claro. As trocas de cartas eram constantes e, às vezes, o casal se falava por telefone. Silvia se sentia viver à la Romeu e Julieta, sem deixar de lado tudo que a Cidade Luz podia proporcionar. Elas visitaram os lugares da moda e, para ser coerente com seu plano, Clara procurou oferecer à filha um lindo vestido de noiva, além das peças do enxoval. O vestido foi feito sob medida e era para a garota uma espécie de roupa da realeza, como se fosse ela uma princesa. Era ainda impalpável nela a consciência do que Paris podia significar, seja como um dos centros catalisadores da cultura humana, seja como um lugar que os amantes elegeram propício para se amar. Entre a vibração eufórica que percorria seu corpo e as cartas saudosas que escrevia e recebia, ela se dividia sem traumas.

Acompanhando de perto, mas sem interferir, a mãe nutria grandes esperanças de que, na volta ao Brasil, ela estivesse a ponto de se desencantar de Landini e, é claro, desistir da louca ideia de casamento.

Na viagem de volta, tudo conspirava a favor. Assim pensava Clara. Adorava ver a filha ainda mais participativa, fazendo amigos no navio, entrando nas brincadeiras e nos jogos que eram proporcionados aos passageiros. E não era uma observação incorreta, embora o fossem os motivos. Silvia estava realmente mais completa em si mesma, mas por sentir a proximidade de seu casamento. Adorou o vestido de noiva. Era o máximo! Mal podia esperar e contar para as amigas sobre tudo que havia sido essa viagem. Além disso, Landini estaria esperando-a no cais do porto, nada mais romântico para uma garota imaginativa, ou sonhadora, como ela. Era exatamente nesse reencontro que Clara ardentemente esperava que tudo esfriasse. E quase foi como ela previra.

Logo depois que o navio atracou e os passageiros começaram a desembarcar, Silvia o avistou de longe e teve um impacto imediato. Pela primeira vez ele não lhe pareceu bonito e charmoso, embora estivesse como sempre. Ela observava o contraste entre a pele dele, pálida e sem vida, e a cor delas, bronzeadas pelo sol e bafejadas pela descontração de um período longo de férias. Landini estava trabalhando muito. Como relações-públicas de uma fábrica de automóveis, vinha progredindo, mas não sem muita dedicação. Agora estava sempre de terno, e um ar sério fazia-o parecer mais velho e cansado. De repente, ficava estranho o confronto entre as atitudes lúdicas e despreocupadas da garota de 14 anos e o jeito quieto e lento daquele rapaz de 21. Foi naquele dia que ela percebeu, mais do que ele, algo que não se encaixava. Alguma coisa estava desfeita ou se desfazendo, como se o fio puxado de um tecido transformasse um belo vestido em pano pequeno e sem importância.

O momento dessa percepção foi tal qual a queda de um raio. Iluminou e se apagou imediatamente. Num átimo ela viu. E esqueceu.

Nos meses seguintes, mãe e filha tiveram alguns embates. A primeira vez que Clara voltou à carga, tentando demover a filha da ideia do casamento, só conseguiu despertar nela revolta e desencanto. Silvia viu com tristeza que a viagem tinha sido um plano para afastá-la de Landini, da mesma forma que a aprovação da união deles era totalmente falsa. A decepção foi tão intensa e sincera que, finalmente, calou qualquer argumento, derrubou qualquer outra estratégia, se porventura houvesse ainda alguma. Por outro lado, Landini também não contava com o apoio da família, mas não sofria nenhum impedimento. Na verdade, era difícil encontrar quem aprovasse a relação deles. Era um escândalo. Basta dizer que foi necessário um laudo médico para a realização do casamento. Como se tivesse acontecido um estupro.

Diante do inevitável, Antonio e Clara tomaram providências para que o casamento da filha caçula fosse um acontecimento de fato. Todos os detalhes da cerimônia e da festa foram pensados. Afinal, uma vez que fracassara o impedimento, melhor era seguir o que a tradição exigia nas comemorações de tal evento.

o

Uma caravana rumava lenta pelo deserto cuja brancura fazia arder o ar seco e quente. Camelos de focinhos engraçados balançavam num andar calmo. Neles, beduínos vestidos de preto sentavam eretos, os negros olhos sombras certeiras, desafiando o sol que tudo revelava sem pudor. Entre as fitas coloridas, azuis, roxas e vermelhas, pendendo do corpo e da cabeça do animal, a noiva de branco se equilibrava na sela, as pernas de lado, as mãos sem força no cabresto. Vestido de azul-escuro, azul da cor do anoitecer no deserto, a cor do mistério amalgamado entre o dia e a noite, o noivo andava na frente conduzindo pelas rédeas o animal.

Em pouco tempo, tudo era noite escura. As estrelas, as mortas e as vivas, estavam lindas como nunca. Coberta de prata, a noiva branca era agraciada pela luz inigualável da lua, luz que acobertava medos e protegia sussurros. Noivo e noiva estavam transformados em silhuetas soberbas, rei e rainha, figuras mitológicas. Em determinado ponto a caminhada é interrompida e a caravana estaciona no lugar. Logo uma fogueira aplaca o frio dentro e fora dos seres que, em torno das línguas acesas para o céu, deitam sem pressa a fala imprecisa e libertam a alma no crepitar festivo das chamas.

Numa pedra pequena e roliça um jovem magro e sério começa a cantar. A voz parece saída de um lugar único do seu corpo, como se todo ele viesse nela para fora, e com ele a voz de todos os seres. Naquela voz, todas as vozes. Os sentimentos mais melancólicos e tristes penetravam arestas invisíveis que protegiam o pequeno círculo, em torno do calor e no centro do frio. Aos poucos, a voz de uma mulher começa a fazer parceria e ela se levanta, tomada pelo canto. Parece maior que a vida. Jogar nela os olhos é ver sua cabeça envolta em tecidos coloridos, tocar o céu e brincar no brilho. Dela vem uma limpidez aguda da mais pura alegria, sem excesso algum, apenas numa precisão de fazer doer o coração. Juntas, as duas vozes provocam transcendência, um estado alterado de consciência. Juntas, trazem uma completude quase insuportável, mas todos permanecem concentrados. Alguém começa a bater palmas e todos acedem ao estímulo, transformando as mãos em instrumentos. Um ancião de pele enrugada tira da sacola pequenos tambores de percussão e, com dedos ágeis, vai acompanhando as batidas. Sentados lado a lado os noivos sorriem, como se a beleza fosse a única coisa possível. Neles, o belo irradia em luz nascida no peito, espalhada na roda, no ar, no caminho até a lua. Nada poderia ser mais perfeito, nada poderia ser mais completo.

Quando a primeira esperança do novo dia dançasse no horizonte, eles fariam os votos e receberiam as bênçãos. Entre o dia e a noite. Antes disso, outra mulher vestida em tons de amarelo começa a dançar, e muitos vão substituindo a dança na roda, na volta do fogo, cada um de uma vez. Os anéis são trazidos numa almofada pequena, a seda do tecido chamando a lua que se despede. São turquesas azuis as pedras que ornam as joias, logo depositadas aos pés de um homem que se destaca pela roupa e pela atitude. Talvez o sacerdote.

O tempo se deslocava.

Às vezes lhe parecia que a noiva era ela, outras não. Os longos e negros cílios emolduravam olhos mais profundos e sábios que jamais pensara ter. Nesses momentos, ficava evidente que a noiva não era ela. Ela apenas observava. Sem aviso a hora se fazia e nos olhos se transfigurava a natureza, noite e dia se beijavam na zona do mistério. Durante essa nova troca de amor entre luz e escuridão, os noivos deviam trocar os anéis. Antes da celebração, porém, um vento forte começa a borrar todas as formas, jogando uma areia áspera. De dentro da areia surge um corcel negro galopando muito rápido. Sobre ele uma mulher impensável, o cabelo vermelho e revolto caindo abaixo dos ombros. Seus olhos mostram uma incrível fúria, enquanto ela, montada ao modo dos homens, segura com destreza o corcel, as cores de sua saia flutuando no vento. Uma sensação de encanto e espanto invade o círculo e atravessa o fogo já manso, depois de arder noite adentro. De repente tudo some.

Silvia senta na cama com a respiração acelerada. *Que sonho!* Levanta, vai até o banheiro e lava de leve o rosto. As imagens estão impregnadas dentro dela. Onde fora buscar coisas como aquela? Será que vira em algum filme, livro de arte ou de história? Deita de lado, ainda pensativa, mas não demora a conciliar o sono.

Até o dia do casamento os preparativos ocuparam Clara em tempo integral. Embora não tivesse mudado de ideia, resolveu receber Landini em sua casa, pois logo ele se tornaria o marido de sua filha. Aprovava, de qualquer maneira, a certeza com a qual ele assumia essa nova etapa em sua vida. Era um alívio, uma vez que via sua caçula com tão pouca experiência de vida encarando desafios que mal conhecia. A aceitação inevitável que fora obrigada a demonstrar em relação a ele não significava amizade, de forma alguma. Era apenas a tolerância da boa convivência, pois continuava magoada com a falta de bom senso, a seu ver, que ele sempre demonstrava. Não apenas por ter feito sexo com uma menina de 13 anos, mas por concordar com um casamento fadado ao fracasso! Era o único, reconhecidamente, que podia livrar sua filha desse compromisso absurdo. E não mexeu uma palha.

Antonio encontrara um apartamento pequeno e simples, um pouco mais distante do Pacaembu, entendendo que eles deveriam começar a vida com modéstia e que Landini deveria dar conta das despesas do casal. Falou muito com ele a esse respeito, pois se preocupava que a filha continuasse os estudos. O rapaz procurava transmitir confiança, mas jamais convenceu Clara inteiramente.

A cerimônia foi linda, a noiva estava exuberante e feliz, o noivo encantado com sua princesa menina. Clara começou a chorar no altar e a repetir: *Tiraram meu bebê do meu colo.* Soluços sacudiam seu corpo. Preocupado, Antonio pedia que se controlasse: *O que os convidados na igreja vão pensar?* Ele sempre cuidando da imagem pública, ela sempre sendo levada por impulsos. Mais uma vez, estranhavam um ao outro, como se pontas agudas ferissem antigas lesões. Silvia olhava para a mãe. Era excitante pensar que ia ter a própria casa e agir de acordo com as próprias ideias. Mais do que tudo, porém, ela vivia seu conto de fadas, circulando sua beleza durante a festa que se seguiu à cerimônia, leve de si mesma, sem passado nem futuro.

Naquela mesma noite, Antonio levou a filha e o marido para o novo apartamento, onde passariam a primeira noite de casados. No carro, a menina foi sentindo uma estranheza, uma espécie de vazio na boca do estômago. Tal qual um céu sem nuvens de repente desaguando em chuva torrencial. *Como assim meu pai está me levando para a minha casa? Nunca dormi fora antes... Meu pai parece até um estranho! Coisa mais esquisita ele me levando para dormir com Landini. Eu nem sei se gosto de dormir com Landini!* Os pensamentos mudavam seu humor. Uma tristeza traiçoeira pairava sobre seu peito, um medo, a lembrança da dolorida intimidade sexual. O carro nem estacionara e ela já sentia saudade de seu quarto na casa do Pacaembu. Animava-se apenas com a ideia de que teria uma casa só sua, como se fosse uma casa de bonecas. Não, ela não fazia tais imagens subirem com tanta clareza à consciência. Mas elas estavam sob a fina camada de gelo, como a água no inverno de um lago.

Os primeiros tempos do casamento foram difíceis, mas Silvia se esforçava. Nunca ajudara na casa dos pais e, logicamente, não conseguia cuidar direito da própria casa. Clara optou por deixá-la se virar sozinha, uma vez que insistira tanto na ideia fixa de casar. A mãe de Landini, porém, passou a levá-la para almoçar quase todos os dias. Sentiu uma espécie de simpatia por aquela menina tentando ser dona de casa. Uma vez por semana Silvia ia visitar a mãe, mas a maior parte do tempo estava com a sogra e a cunhada, pouco mais velha que ela e com quem desenvolveu convivência agradável e cúmplice. Foi assumindo os hábitos da família dele, até mesmo acompanhava a sogra em jogos de baralho no clube Harmonia. Aos 15 anos jogava bridge com destreza.

A relação sexual deixou de ser um problema para ela, mas estava longe de ser um prazer de fato. Preocupava-se em parecer mais mulher e começou a mudar radicalmente. Percebeu que Landini ficava envergonhado quando saía com ela e tinha de apresentá-la como sua esposa. Isso a magoava e, em vez de reclamar, procurou transformar sua aparência. Apesar de ter sido mimada e protegida, Silvia fora criada dentro de valores que enfatizavam a inteligência. Para ela, conhecimento e aprendizado eram mais importantes que o vestido da última moda. Por outro lado, sua família pertencia a uma elite financeira e política, morava no lado nobre e caro da cidade e não negava esse status. A marca registrada de Clara era a elegância, o que conseguia frequentando lojas de qualidade e se inteirando da moda, ainda que em última instância imprimisse sua personalidade em tudo que usava. Nesse aspecto, foi um exemplo que influenciou as filhas.

    Silvia começou a usar saltos altíssimos, vestidos justos, luvas e chapéu quando a ocasião permitia. Chamava atenção pela presença forte e imponente, mas começou a ficar incomodada com os elogios excessivos à sua beleza. Não estava acostumada a isso, parecia-lhe que ninguém via "a pessoa inteira dela". Uma divisão se abria rasgando estradas opostas, dessemelhantes, aflitivas. Doía sentir o marido desacertado na companhia dela, doía perceber que os esforços para parecer mais mulher conduziam as pessoas a outras conclusões: a de que era uma dondoca, uma casca bonita e vazia. E imatura, o que era pior. A mudança do guarda-roupa não trouxe as avaliações positivas por ela esperadas. Às vezes a solidão prendia o ar no seu peito, mas ela não sabia o que era. Podia imaginar saídas para a dor, mas não havia como supor suas reais causas.

    O que faz certos seres partirem tão cedo em busca da própria vida e outros passarem uma vida inteira com medo de si mesmos? Uns andam com ou sem pernas, rumam se esfolando por caminhos afora, por estradas largas ou vielas escuras. Outros se procuram em espelhos humanos, sua vida em outras mãos, as pernas atrofiadas por falta de uso. É árdua a construção do equilíbrio, é um bater efêmero de asas. Porém, em algum ponto preciso da existência, a aurora do dia e a do eu podem acontecer simultaneamente.

Um ano depois do casamento, Silvia e Landini estavam instalados em um apartamento mais espaçoso no bairro de Higienópolis. Antonio resolvera trazer a filha mais para perto, pensando em minimizar um pouco as dificuldades que a garota atravessava. Não havia móveis suficientes para decorar o espaço maior da casa nova, o que era um detalhe sem importância para eles. Landini estava cada vez mais enfronhado no universo do automobilismo e, na tentativa de ocupar Silvia, sugeriu que ela se matriculasse em um curso para modelos. Nada de continuar os estudos, como Clara desejava. Ela acatou a sugestão sentindo-se importante, como se o marido quisesse prepará-la melhor para a vida social que levavam. No entanto, eram bem diferentes os motivos que se construíam nele, impregnado que estava pela visão de que a vida dela era toda superficialidade e falta de convicção.

Eu avisei você, eu avisei!

Não podia imaginar que seria tão difícil! Eu me sinto deslocado constantemente. Não me sinto bem saindo com ela, acho sempre um constrangimento. Fico ansioso quando ela começa a falar, sempre distante do que estamos discutindo...

Não podia ser diferente, Luiz Carlos! Ela precisava crescer, estudar, conviver com gente da idade dela. Não foi sempre o que a mãe dela argumentou com você?

Silêncio. A mãe dele continua.

Não se pode culpar ninguém. Eles lutaram bravamente contra esse casamento e ainda ajudaram com o apartamento, apesar da insatisfação.

Eu sei.

Silêncio. Ele desliza o dedo na borda do copo. Sua tristeza é evidente.

Eu me precipitei. Acho que me senti tão culpado e responsável! E gostava dela, não era mentira! Mas não sei o que fazer... Nesses dois anos meu interesse por ela se foi. Não sinto mais nada.
Silêncio.
É melhor seguir em frente. Ela está completamente alheia ao seu desinteresse.
Não, ela briga, discute...
Mas não entende.
Creio que não. Às vezes penso que seria melhor eu me abrir com ela, mas jamais teria coragem.
Deixe como está. Apesar da pouca idade, ela sabe o que quer. Não é nenhuma vítima. Você já tem problemas demais para resolver. Não faça nada por enquanto.
Não estou sendo justo com ela.
Não é uma questão de justiça, mas de sobrevivência. Você está precisando juntar forças para progredir, está fazendo novos contatos. É nisso que precisa se concentrar. Depois pensa nela.
Silêncio.
Você parece calculista.
Não, eu sou prática. Além do mais, ela tem a família, uma família em melhores condições financeiras que a nossa. Não vai lhe faltar nada.
Não é uma questão de dinheiro. É de lealdade!
Bobagem, meu filho. Pense em você agora. Não é hora para criar tensões e problemas. Só vai prejudicar sua carreira.
Talvez você esteja certa.
Obcecado por entrar no mundo do automobilismo, Landini arriscou mais do que devia e comprou dois carros de corrida, fazendo dívida na praça. Sem respaldo financeiro algum, contava tão somente com a sorte para obter algum contrato e poder honrar os encargos assumidos. Silvia, sem nada entender, achava tudo o máximo! Seu marido ia ser um corredor! Estava ciente, no entanto, de que a preocupação dele era enorme, pois o passo dado havia sido uma aposta muito alta. Mas

não se inteirava muito dos assuntos financeiros dele, apenas adorava estar ao seu lado nas reuniões ou nos eventos com os pilotos, agora cada vez mais frequentes. Ele pedia que ela mentisse a idade, pois toda vez era ouvir a mesma exclamação. *Quinze anos!!!!*

Diga que tem 16 anos!

Por que eu vou mentir? Que absurdo!

É mais aceitável! Sabe como é a cabeça das pessoas, elas ficam escandalizadas!

Pois que fiquem! Não estou nem aí...

Você gosta é de provocar, de aparecer.

Não é questão de gostar de aparecer, mas de não se importar em escandalizar. Não estou fazendo nada de que me envergonhe. Sou casada com você! Você, sim, parece sempre ficar com vergonha, eu já percebi. Você quer descobrir o que eles pensam para se comportar igual.

Não dá pra discutir com você! Não dá! Não tenho vergonha de você!

Ah, é? E me pede para mentir a idade?

É para proteger você, Silvia, as pessoas são maldosas...

Proteger??? Acho que você quer dizer "se proteger", não me proteger. Eu não preciso da sua proteção. Já disse que não ligo, pelo contrário. Quero mais é que falem o que quiserem, não devo nada a ninguém. Problema deles.

Não tem jeito mesmo! Você é infantil! Consegue pelo menos entender que eu preciso sobreviver nesse meio, que preciso ser aceito? É minha aposta profissional, o que gosto de fazer.

Não consigo nem escutar quando você me chama de infantil. Chega! E o que tem a ver ser aceito com o fato de ser casado com uma mulher mais jovem? O que interessa sua vida particular?

Interessa é você ser um bom corredor e conseguir patrocínio, bons contratos.

Só que as coisas não estão separadas assim! As pessoas nos julgam pela vida pessoal também, sim senhora! Além do mais,

a questão é outra. Eu não sou casado com uma mulher mais jovem, eu sou casado com uma garota, uma menina que devia estar terminando o colegial!
E você descobriu isso agora?? Não me diga! Então quem tem problemas é você! Porque quando frequentava meu quarto não era bem isso que eu ouvia... Ninguém obrigou você a casar comigo! Meus pais foram uma exceção, não é? Eles queriam me ver longe de você, minha mãe até me chamou de retrógrada... Inversão de papéis, não é engraçado?

Silvia erguia o tom da voz sem ocultar a irritação e a raiva. Seus movimentos em torno de Landini eram circulares, uma felina diferente de Clara. Felina em desenvolvimento, tola como são os filhotes felinos, incapaz de pressentir o perigo como a mamãe felina aprendeu a fazer. Mas a mamãe felina estava longe, não por uma questão de distância, mas de disponibilidade. Não havia como aprender da experiência materna, não havia como exercitar a arte de agir. Então só restava reagir. Se o sangue subisse, o ar apertasse, o peito doesse ou as pernas tremessem, era sinal para se posicionar. Na maior parte das vezes tomava a posição errada, sem nenhuma visão estratégica. Era, porém, o que melhor podia fazer naquele momento.

Nos últimos meses, a tensão aumentara sobremaneira. Ela imaginava que a decisão de comprar os carros, a dedicação intensa aos treinos, o tempo escasso para o lazer aumentavam nele o mau humor. Entre uma andada e outra, as costas retas, o pescoço firme, o olhar para a frente, Silvia esquecia que estava no curso de modelos e sonhava acordada com a vida que teria ao lado de Landini. Imaginava as coisas mais incríveis! Ela, a mulher de um corredor de automóveis, um homem que desafiava o perigo, um vencedor inigualável. De repente, eles poderiam ir a outros países, competições importantes surgiriam! Ela viajaria o mundo ao lado dele! Algumas noites, no entanto, quando chegava em casa o encontrava calado, sem muitas perguntas, sem paciência para respostas. Mais que aninhada nos braços dele, ela aninhava em si mesma a mágoa, sentindo que lutava em vão. Apesar disso tudo, adorava a sua casa, a vida que levava e a liberdade que conquistara.

Sem opção de amizade com garotas de sua idade, todas com vidas incompatíveis com a sua, ela tornou-se próxima de Denise, a irmã de Landini. Quatro anos mais nova que ele, era também mais agitada e falante. A pele clara, os cabelos loiros e os olhos esverdeados, porém, eram semelhantes aos dele. Nela essa junção de fatores não era propriamente a tradução da beleza, mas nele sim. Muitas vezes as duas saíam juntas para olhar vitrines e jogar conversa fora. Com suas longas e delicadas pernas, Silvia deixava sua leveza brincar nas calçadas coloridas. Nas manhãs luminosas e modorrentas dos sábados de primavera, entrava e saía de lojas na companhia de Denise. E nada mais era, por momentos esquecidos, do que uma adolescente em ebulição. As duas experimentavam roupas, bijuterias, óculos escuros, perfumes. Faziam poses, caras e bocas, sem comprar nada. Puro prazer.

Denise viria a preencher a solidão da cunhada, seria amiga e confidente. Outros dias e outros risos passariam entre elas, a felicidade inventada.

o

Silvia sempre acompanhava Landini nos treinos e corridas, mas algumas vezes ele tentava dissuadi-la. Argumentava que ela poderia aproveitar melhor o dia, que era aborrecido ficar ali etc. Ele tentava. Evidentemente, jamais conseguia convencê-la. Não era uma questão de mera teimosia, ela gostava de estar naquele ambiente, de estar perto dele. Cada vez mais havia um desacerto quanto a isso, pois ele enfatizava que a vida dele não poderia ser o objetivo dela. Não era uma razão plausível, uma vez que tantas outras mulheres e namoradas acompanhavam os pilotos, o que era na verdade quase uma regra. Ela não admitia ser a exceção, de forma alguma.

Um dia, que seria esquecido como tantos outros, ela acompanhava mais um treino. O céu estava favorável, limpo e pintado de nuvens em flocos inofensivos e esparsos. Os carros zuniam. Silvia, sentada sozinha na arquibancada, olhava calada e distante. Poucos minutos atrás, durante um intervalo, tentara participar sem sucesso da conversa entre pilotos, suas mulheres e agregados. Ninguém lhe dera muita atenção e suas observações ficaram perdidas, esmaecidas no ar. Apenas um velho mecânico acompanhara seus esforços infrutíferos de pertencer, de ser notada. Sem que ela percebesse, ele sentou-se ao seu lado, também olhando para a pista em silêncio. Sorriram um para o outro. Os olhos dele eram doces e os dela, sem brilho.

Como é seu nome?
Silvia, e o seu?
Cícero. Sabe o que significa seu nome?
Não, você sabe?
Quer dizer selvagem, da selva.
Que estranho, não gostei!
Bobagem! É só entender o recado!
Que recado?
É na questão de ser selvagem...
Eu não sou selvagem!!, ela interrompeu enfática.
É um simbolismo, ele acrescentou sorrindo.
Ah! E o que é então?
É paixão pela vida. Alguém que agarra a vida com força.

Essas palavras ecoaram dentro dela. Ficaram em silêncio. Quis perguntar alguma coisa, mas não conseguiu. Sentiu quase um incômodo. Tentou reagir.

E o seu nome, o que significa?
Quer dizer "aquele que semeia".
Interessante!
Cícero!!, alguém grita por ele.
Tchau!
Tchau!

E o dia se fez lembrar. Anos depois ela abriria uma porta do tempo e as palavras de Cícero entrariam. Ela saberia que ele acrescentara mais do que o mero significado. Talvez invenções. Mas seria grata ao semeador pela crença no potencial de sua terra árida, sem preparo adequado.

Semanas depois, Landini conseguiu convencer Silvia de que era melhor viajar com a mãe em vez de comparecer à corrida. Clara ia fazer uma cirurgia estética com um famoso cirurgião plástico e foram ambas para o Rio de Janeiro. Talvez porque assim deveria ser, foi na ausência de Silvia que ele sofreu um grave acidente. Sem conseguir dizer nada para a filha, Clara evitou que ela ouvisse ou lesse os noticiários até Antonio chegar de São Paulo. O disfarce não passou despercebido, nem a aflição corroendo os gestos de sua mãe. Ela embarcou de volta para São Paulo com o pai, pensando que o avô havia morrido. Foi apenas no caminho entre o aeroporto e sua casa que Antonio contou parte da verdade. Afirmou que Landini, no acidente, apenas quebrara uma perna, mas estava bem.

Nessa circunstância, a preocupação imediata dela foi com o carro. Sabia o quanto o marido se preocupava com o investimento que fizera. *E o carro? Ele perdeu o carro?* Sem resposta para tais dúvidas, o pai imaginava qual seria a reação dela diante do estado em que se encontrava o rapaz. No hospital de uma cidade do interior de São Paulo, ela viu a mãe e a irmã de Landini aos prantos e percebeu que ignorava alguma coisa. Foi informada de que o estado dele era relativamente grave. Não fora apenas uma fratura, mas várias. Ficou furiosa por ser tratada pelos pais como criança incapaz de lidar com problemas. Sentiu-se meio boba diante de todos, porque apenas ela não estava ciente de tudo.

Antonio providenciou a transferência imediata do genro para um hospital da capital, mesmo contrariando os médicos. Queria um lugar mais equipado para atender a casos delicados como o dele. A hospitalização foi longa e a recuperação difícil. Silvia brigou várias vezes com a sogra pelo direito de ficar ao lado do marido no hospital e, posteriormente, para cuidar dele no apartamento do casal. Dona Eulália, mãe de Landini, não podia conceber que o filho ficasse longe do conforto e da atenção que ela podia lhe proporcionar, em função dos caprichos de uma garota inexperiente. Seus argumentos não surtiram efeito nem causaram intimidação. Silvia cuidou do marido com empenho total, alimentando, banhando, fazendo massagens, trocando sua roupa. *Eu sou a mulher dele*, ela não cansava de repetir. E rompeu relações com a sogra.

Deprimido e abatido, Landini foi poupado até onde era possível dessa situação. Quando se recuperou, porém, sua relação com Silvia ficou ainda mais distante. Abalado em sua autoestima e confiança, não conseguiu voltar a correr. Não perdeu o contato com o meio automobilístico, mas precisava ganhar a vida, saldar as dívidas, seguir em frente. Passou a vender bebidas, um trabalho noturno e desgastante. No entanto, chegava pela manhã, tomava banho, trocava de roupa e saía novamente. Ficava muito pouco com a mulher e quase não dormia em casa. Sozinha, Silvia tentava a companhia de Denise, que, afastada desde as brigas da garota com Dona Eulália no hospital, não mostrou mais a mesma disponibilidade. Denise também mudara.

Os dias desciam pela areia do tempo.

○

Mulheres bem vestidas e homens elegantes chegavam aos poucos na casa de Eulália. Ela promovia um encontro entre amigos, evento mensal e batizado pela anfitriã de *open house*. Menos dedicado à literatura e à música que os saraus de Clara, o evento recebia às vezes alguém com boa voz para ler um trecho de livro ou poesia, talvez cantar. De fato, o que se fazia melhor era jogar conversa fora, comentar a vida cultural da cidade, aproximar aqueles que não se conheciam. Invariavelmente, havia uma rodada de carteado.

Silvia adorava esses encontros. Fora criada em uma casa aberta aos amigos e à arte. Entre um rangido e outro da antiga porta, ela chega uma noite com o marido, os negros cabelos presos num coque, o sorriso adornado por lábios rubros de batom. Ao seu lado, Landini parece envelhecido em seu terno bem cortado, a alma presa num semblante sério. Em nada lembrava aquele rapaz cujo olhar, na casa de Clara, deixava fugir verdes cores e um calor febril quase palpável. Seu corpo não tendia mais em busca da menina ao seu lado, agora sua mulher.

Nas janelas abertas, floreiras soltam braços de plantas suspensas no ar, algumas flores chamando atenção. Em seu salto fino, Silvia se movimenta com elegância dentro do vestido justo que, sem aviso, termina nos joelhos. Não está exagerada nem peca pelo mau gosto. Há, porém, um deslocamento abrupto entre as feições de menina e a roupa de mulher fatal. Resta um despreparo que salva tudo, deixando uma graça diáfana perto dela, como se uma fada traquinas lhe tivesse pregado uma peça.

Em dado momento, um senhor desconhecido aproxima-se de maneira inconveniente. Ele tem o cheiro dos caçadores sem ética, um suor azedo umedecendo seu rosto inexpressivo mas ávido. A avidez está na ponta de seu olhar feito espada, querendo penetrar e rasgar. Ela procura se afastar, mas ele volta sempre em seu encalço, tentando chegar perto, encostar o corpo. Fala sobre fascínio e atração, numa voz abafada que fica sem resposta. Ela não sabe o que fazer. Descobre que o homem é amigo de Eulália e decide ficar quieta. Aquela noite passa a ser preenchida pela tensão e ansiedade. Silvia sente nojo. Uma espécie de fluxo começa a se erguer em sua memória. Observa a camisa afrouxada no pescoço e as marcas de batom no colarinho do homem. *Ele é um devasso!*, ela pensa.

Cansada de evitar o estranho, Silvia resolve contar para o marido, questionando e criticando a atitude do sujeito. Escolhe um momento em que ele está junto de Eulália, pois ela poderia entender melhor a situação. *O quê? Não é possível! Ele é amigo da família, homem de reputação ilibada!*, Eulália reage prontamente, para o espanto da menina. Ao lado dela, Landini apenas diz: *Não foi você quem o seduziu?* Ao que Silvia responde: *Como? Não entendi!* Eulália, usando ironia, continua: *O que se pode esperar de uma mulher vestida desse jeito? É você quem está provocando, minha querida!* Ela busca refúgio nos olhos do marido, na voz dele. Nenhuma reação.

Seus pés caminham sem saber para onde. Vai para o quarto de Denise e senta-se na cama dela, os olhos marejados. Só marejados. As mãos macias absorvem a umidade das lágrimas, antes mesmo de elas rolarem em seu rosto. Nenhum pensamento, apenas uma tristeza vazia. Naquela noite ela foi dormir sem consolo. Mas sem perder a esperança.

○

Angustiada pelos dias seguidos que passava sozinha em casa, Silvia refletia sobre situações passadas e, pela primeira vez, começava a ter uma amarga certeza de que a sogra jamais gostara dela. Qualquer que fosse a circunstância, havia sempre uma defesa para o filho, a fim de eximi-lo de responsabilidades e reiteradamente enfatizar a imaturidade da nora. A briga entre elas após o acidente de Landini só fez piorar tudo. Embora não achasse certo que ele se ausentasse tanto, a garota tentava acreditar que as coisas poderiam melhorar. Afinal, ele havia deixado as corridas de automóveis, algo que adorava fazer, e não havia estímulo ou prazer no novo trabalho. Ela buscava desculpas, na verdade se agarrava nelas.

Antonio, porém, não concordava. *Isso não é casamento!* Tentava mostrar à filha, de todas as maneiras, que não era correta a atitude do rapaz. Havia alguma coisa de errado! Com a insistência do pai para que abrisse os olhos, ela começou a querer satisfações, perguntar aonde ele ia e com quem, pedir explicações para quando ele não dormia em casa. Chegou até a olhar a roupa dele, a carteira, encontrando papéis com nomes de mulheres e números de telefone. Ficou arrasada. Landini demonstrava uma irritação cada vez maior, e as brigas entre eles tornaram-se constantes. Numa dessas discussões, separaram-se por uns dias e ele ficou na casa da mãe. Dona Eulália sugeriu a separação, mas ele voltou para casa. Nada mudou. Poucas vezes ele dormia com ela, e estava mais indiferente.

Todo o clima gerado pela família de Landini tinha uma razão de ser, mas ela não podia atinar com os verdadeiros motivos que os fatos encobriam. E estava só. Seus problemas eram mais do que as amigas de sua idade podiam compreender e opinar. Por outro lado, a visão dos pais era de que ela deveria enfrentar suas escolhas. Restavam apenas instabilidade e insegurança. Ela era um corpo solto no ar.

Mas Silvia esperava como só as mulheres sabem esperar. Esperava pelo impossível, pela redenção, pelo arrependimento do herói, pelos braços quentes do homem em torno dela, como um dia fora o útero de sua mãe.. Ela esperou até ser a própria espera, até ser receptáculo perfeito. Agora o útero era ela! Porque, num dia qualquer, ela soube que as mudanças em sua menstruação significavam gravidez, deixando o consultório médico entre contente e assustada. Sem dúvida mais assustada que contente. *Grávida!* Andou meio sem rumo pelas calçadas e viu um pipoqueiro na frente de uma escola. Comprou pipoca, atravessou a rua e sentou-se no banco de um ponto de ônibus. Estava inteiramente desamparada, como se tudo deixasse de existir. Tudo. O mundo era irreal, as pessoas eram ilusórias, a vida não era a mesma vida.

As crianças começaram a sair da escola e ela olhava como se estivesse sendo transportada no tempo. A algazarra fez com que despertasse do devaneio, e ela seguiu sem pressa pela Avenida Angélica até a Avenida Paulista. Desceu a Rua Augusta e entrou em uma loja de discos. Tocava uma música que sua memória não registrou, mas foi agradável ficar ali olhando os discos. Em seguida, atravessou a rua, tomou um suco e só então se deu conta de que andara muito, de que estava longe de casa. E sentiu que desejava muito voltar para seu canto, seu lugar, suas coisas. No caminho de volta, o pensamento girava. Silvia entendia que a vida estava dentro dela. Isso não aliviava, mas era um conforto.

Quis contar ao marido em primeiro lugar. Buscava aconchego dentro de casa e esperava por ele. Foi uma noite em vão, uma noite desperdiçada. Ele não chegou. Pela manhã, ela dormia de exaustão e ele entrou apressado. No quarto, enquanto ele se vestia, ela acordou. Conversaram.

Grávida? Tem certeza?
Claro que sim! Que pergunta!
Só me faltava essa!
É só isso que você diz?
Olhe nossa situação, Silvia! O que você queria?

Ele saiu sem maiores comentários. Ela se enrolou na cama e, numa angústia anestesiante, voltou a dormir. Anos depois, não lembraria nada desse diálogo. A tinta dessa página escorreria sem deixar impressões. Nem letras, nem palavras, nem frases. Nada.

Seu ímpeto foi continuar lutando pelo casamento, exigindo a presença dele. Essa atitude mantinha as intermináveis discussões, sem que ele visse nem ela percebesse um ferimento se abrindo. Ela estava sangrando desconsolo, rejeição e falta de amor. Gotejava de modo lento e invisível sem manchar as roupas, os tapetes baratos, as toalhas secas. Sangrava sem marcas na pele, não fosse pelas olheiras das noites maldormidas ou pela trilha das lágrimas sem freio. Na verdade, porém, ninguém a via chorar, como se quisesse mostrar ainda mais certeza em suas convicções. No entanto, seus esforços para acreditar que poderia ter um lar só seu estavam prestes a ruir. Algum tempo depois da notícia da gravidez, Landini entrou em casa sem aviso, com o intuito de levar seus pertences. Dona Eulália e Denise o acompanhavam para ajudar no transporte mais imediato. Como um juiz em sua sentença, ele disse: *Estou indo embora definitivamente.* Não houve preparo nem diálogo. Ele apenas repetia que seria melhor assim, enquanto Silvia falava e calava sem saber o que fazer. A porta se fechou atrás dele, e uma garota de apenas 16 anos ficou parada no meio da sala. Quieta, sem sons ou gestos.

o

Nem sempre é nítido o momento na vida em que literalmente sentimos o coração partindo. Às vezes ouvimos o ruído, outras não. Talvez seja mais plausível imaginar que, ao partir, seu conteúdo escape, transbordando em drama. Demonstrações. Muitas vezes, porém, só o que transparece é a secura do olhar. Secura de alegria.

o

A dor agora era líquida, escorregando por todo o corpo. Uma dor espantada e sem sentido. Dor que não sabia aonde ir nem como voltar. Era uma dor destrambelhada. Ela resistia bravamente no apartamento, sem a ajuda dos pais, sozinha, às vezes sem ter o que comer. Amava sua casa e não pretendia deixá-la.

O pior não foi a ausência de Landini, nem a solidão, nem a perplexidade diante da gravidez. Foi o que viria logo em seguida. Depois que a separação tornou-se um fato conhecido, Silvia começou a ouvir comentários sobre a infidelidade do marido. *Ele tem uma namorada; ele está com ela já faz algum tempo; ele saía com ela enquanto você ia para o curso de modelo; ele inventou o curso de modelo para ter mais tempo com ela;*

ele se sente melhor porque ela é da idade dele; ela esteve até no hospital para vê-lo enquanto você saía brevemente; ele não dormia em casa por causa dela; ele já assumiu a relação com ela... E o coração doía.
A família dele? Ah, a mãe e a irmã dele sempre souberam de tudo, acobertavam tudo! E o coração começava a se trincar, drenando força do sangue e dos sonhos. Silvia acreditou em Denise como em uma irmã. Denise era aquela com quem trocava seus segredinhos, de quem escutava opiniões sobre Landini e sobre si mesma. Se Dona Eulália protegia o filho em tudo, se dava razão a ele em qualquer circunstância, fazia o papel de mãe! Denise não! *Ela era minha melhor amiga e me traiu desde sempre!*
Sem nenhum ruído o coração partiu.

Silvia não podia atinar que sua sede era ser acolhida por mulheres, era pertencer a uma herança feminina não apenas forte como a sua, mas principalmente farta em compaixão e cumplicidade. Seria uma deusa dessa estirpe a mulher do sonho, com cabelos de fogo e olhos em fúria domando seu corcel? Talvez. Porque, se a cena continuasse, Silvia seria aquela que agarraria da mulher a mão estendida e súbita, montando no corcel. Ela e a deusa seguiriam no tufão até tudo se fundir numa unicidade sinuosa e ascendente. O deserto, o céu e a esperança. O tecido do tempo, esgarçado pelas intempéries da vida, poderia assim se refazer.

A realidade, porém, era outra e se tornava irrecusável. O que mais ela poderia fazer? Resistir, resistir e resistir. Antonio, indignado com o sumiço do rapaz, com a falta de responsabilidade para com o bebê que viria, tentava convencer a filha a ouvir Clara e deixar definitivamente o apartamento. Sem ajuda financeira alguma, do marido ou da família, ela por fim resolveu voltar para a casa da mãe.

Havia discos e roupas, poucos móveis, objetos de decoração, utensílios de cozinha sendo embalados. Mas havia as indecisões de um jovem e as ilusões de uma adolescente que

nenhuma caixa, mala ou papel seria capaz de guardar. Nostálgica, ela olhava o espelho no quarto, onde sua imagem de bailarina teimava em ficar. Noites em que, sozinha, colocara música clássica e, com a ponta dos pés, desenhara arabescos invisíveis. Silvia pegava no chão algumas palavras, uma ou outra frase mais marcante.
Aonde você vai?
Vou sair e respirar um pouco!
Respirar junto de outra mulher, você quer dizer!
Não, Silvia, outra vez não...
Vi um nome de mulher e um número de telefone num papel em sua carteira.
Ah, é? E você ligou pra saber quem é? Viu se é minha amante?
Claro que não! Mas pode ser sua amante, não pode?
Quero passar! Com licença?
Você não me respondeu.
Não pode e não é. Satisfeita?
Ela recolheu a memória dos diálogos tensos deixados ao acaso nos cantos da casa, virou sob os calcanhares como fazem as moças na passarela e foi embora com Antonio. Enquanto olhava da janela do carro, a paisagem parecia impregnada dos olhos verde-claros de Landini, espelhados nas folhas tenras das árvores frondosas. Ela sentia saudade do pouco que teve, do que não teve, do que desejou tanto. Nem viu quando o carro estacionou na casa de Clara nem tão longa foi a distância percorrida. É que dentro dela anos e anos haviam se passado, como se fosse a velha senhora voltando à sua cidade natal.

Durante a gravidez da mulher, Landini não fez uma visita sequer, nem telefonou ou perguntou sobre o bebê. Clara cuidava do bem-estar da filha, empolgada em tornar-se avó. Antonio buscava distrair sua menina, levando-a para sair mais, inventando passeios, almoços, museus, cinemas – sempre que podia. Silvia, aos poucos, foi ficando especialmente conectada com a criança vivendo dentro dela, a barriga crescendo como um mistério que aos poucos se revelava. Desde o primeiro movimento que sentiu em seu abdome, foi como se uma conexão fizesse dela um ser ancorado entre a terra e o céu. Parecia que nunca mais ficaria só! E teve medo da força desse sentimento sobre ela. Talvez não fosse justo esperar isso de uma criança. Mas ela não tinha muita certeza nem vontade de ter.

Então as águas anunciaram o rompimento da bolsa e veio ao mundo uma menina. Flavia foi o nome que recebeu. E o coração de Silvia começava a se refazer, pleno de amor desconhecido e inimaginável, de vida criada dentro e fora dela. Porém, antes de deixar o hospital, ela teria uma difícil surpresa. No dia seguinte após o parto, Landini apareceu para vê-la acompanhado de um casal de amigos.

Quando ele entrou no quarto, Silvia estava sozinha. Clara havia saído por alguns instantes. A luz do dia que lá fora brilhava sem escusas era filtrada por uma cortina levemente amarelada, deixando um tom esmaecido e calmo no ambiente. O bebê estava no berçário e a garota dormia tranquila. Landini se aproximou e chamou-a cuidadoso. Nela a transformação de ser mãe já se operava, pois bastou um sussurro para o sono abandonar seu corpo, assim como é o sono das mães. Sempre alerta, sempre pronto a guardar sua cria, velar por ela.

Ao invés de fechar a expressão ela abriu um sorriso tímido. Olhava desconfiada para o casal junto dele. Não os conhecia. *Como vai, Silvia? Tudo bem?* Ele não sabia bem o que dizer. Nela a desconfiança foi virando incômodo, uma tristeza em andamento. Reagiu prontamente, emudecendo e lançando olhares para os desconhecidos. Desconcertados, eles tentavam parecer simpáticos. *Como está a menina? Já escolheu o nome?* Sem responder, ela voltou o olhar para Landini. Percebendo que não eram bem-vindos, saíram prontamente. *Vamos até o berçário!*

Como você consegue ser tão insensível?
Por quê? Por ter vindo ver você e o bebê?

Você desaparece completamente e surge do nada, me tratando como nada.

Era melhor eu não ter vindo!!

Landini, este é um momento íntimo e delicado! E eu não sou qualquer uma! Sou sua mulher, a mulher que você abandonou grávida sem a mínima preocupação. Agora você surge sem mais nem menos na companhia de estranhos, pessoas que desconheço. Para mim isso é uma afronta, um descaso sem tamanho!

Só porque trouxe amigos que você não conhece eu sou um crápula?

Você é um crápula porque não assume nada na vida, porque é covarde. Veio com esses amigos para se garantir, para me deixar constrangida, para ignorar que temos um problema a resolver.

Estou cheio dessa merda toda! É sempre a mesma reclamação, não importa o que eu faça! Tudo bem, eu sou o vilão da história!

Silvia se espanta.

Nunca antes você me disse um palavrão! Por que justo hoje? Por que escolheu este momento para me ofender com palavras? Eu que agora sou a mãe da sua filha?

Ela sentia uma dor difusa.

Saia daqui, por favor!

Ele titubeia.

Saia, saia..., ela repete com convicção.

Em silêncio ele deixou o quarto. Estava abalado, mas não conseguia de fato entender suas fraquezas e inconveniências. Jamais sentira nos olhos de Silvia tamanha revolta, nem em sua voz tanta imposição. Sem muita decisão, perambulou pelo corredor do hospital em busca do berçário. Nunca se soube se encontrou e viu a filha naquele dia, ou se deixou o lugar aturdido e confuso. O certo é que suas pernas o levaram para longe outra vez. Longe da mulher e da filha, longe das dúvidas que começavam a se erguer nele outra vez.

Silvia olhava. As paredes brancas, o sofá para visitas, as flores que recebera de seu pai em um vaso próximo. As cortinas naquele tom de amarelo, a luz aquecida do dia. Logo a filha chegaria do berçário para mamar. O leite ainda não fluía, e era dolorido quando a boquinha rosada e pequenina tentava sugar. Ela não imaginara que doeria dar de mamar. Era nisso que pensava. Queria esquecer Landini. Seu coração não se partira novamente, mas uma espécie de inocência saiu dela naquele dia. Foi como se perdesse a virgindade pela segunda vez. E, se contasse para alguém, novamente não acreditariam nela.

Depois, com a filha nos braços, ela saberia que o melhor era prosseguir. Não queria chorar nem se lamentar. Olhava ternamente a menininha junto de seu peito como se nem fosse dela, ou como se fosse uma boneca sua. Pegava os dedinhos que se enrolavam em torno de sua mão e deixava-se encantar. Uma sensação de que o tempo era uma linha contínua e sem volta resvalou seu pensamento, mas Silvia não conseguiu segurar nenhum significado. Nem percebeu quando Clara entrou no quarto novamente.

Aos 17 anos Silvia se tornara mãe, estava separada do marido, voltara a morar com os pais e entrava em uma nova etapa de sua vida.

o

Os loucos anos

Flavia já estava com 2 anos quando um dia Antonio chegou à casa de Clara e disse para a filha: *Não quero que você fique embrutecida. Resolva se vai estudar ou trabalhar, mas quero que saia de casa, que cuide mais de você e de seu futuro. Não vou ajudar em nada, Silvia! Você vai ter que se virar. O que vai fazer?*

Ele andava aflito pelo rumo da vida de Silvia. Ela não levava a rotina de uma jovem de sua idade, estava sempre às voltas com a própria filha. Ainda que eles tentassem ajudar, a responsabilidade materna a ela pertencia. Muitas vezes ele observava a difícil divisão que se fizera nela. De um lado, o amor incondicional por Flavia e o cuidado extremado com ela. De outro, a irritação crescente e o nervosismo à flor da pele. Ela jamais reclamava, porque era verdadeira sua dedicação à filha, mas havia excessos emocionais para carregar. Não se divertia mais, perdera amigos desde que se casara aos 14 anos, não podia continuar assim. *É preciso dar um basta! E alguém tem que ajudá-la, pois a culpa parece impedi-la de agir em favor próprio*, Antonio argumentava, e Clara não discordava dele.

O pai pressionava, perguntando o que faria a esse respeito, e Silvia sinceramente não sabia. Mas sentiu-se mobilizada: *Quero voltar a estudar!* E foi assim que um novo impulso se fez para ela. Estava com 19 anos quando foi fazer madureza e tentar tirar o diploma do colegial. A palavra que o pai pronunciara ficou marcada em seu pensamento: *embrutecida*. Era isso mesmo que estava acontecendo. Estava ficando embrutecida. À noite, deitada na cama, sentia a palavra rolando em sua mente como uma pedra brilhando. Que pedra era essa? Ouro? Sim, era rara. Era rara porque a descoberta era maior do que a palavra. Ao longe uma flauta se insinuava, escapando da vitrola de seu quarto, um som bem baixinho para acalentar a filha.

Flavia estava linda, os cabelos negros emoldurando puro contentamento. O resquício de um prazer sem mácula morava em seus lábios, mesmo quando sonolenta. Landini, que se afastara novamente depois da visita à maternidade, não acompanhava suas pequenas e belas transformações. Silvia jamais o procurara novamente. Não queria vê-lo nem se importava que ele visse a filha. Foi Clara quem tentou incentivá-lo a ver Flavia, preocupada que a neta crescesse sem pai. Talvez pela pressão recebida, ele fez algumas raras visitas. Às vezes trazia um dinheiro minguado, sem coragem de enfrentar Antonio de mãos vazias, já que o sogro cobrava dele assistência financeira à neta. Mas sumia novamente. Houve um dia em que, perturbado e sem convicção, falou em voltar para Silvia. Nela nenhum abalo se fez, deixando nele uma espécie de surpresa envergonhada. Ela estava mudada! Parecia uma paisagem que ele deixara de perceber durante anos e agora não conseguia mais reconhecer. Seu olhar embaçado não distinguia os detalhes, tampouco os compreendia.

Landini jamais saberia que, naquela sua atrapalhada visita à maternidade, Silvia deixara de esperar qualquer coisa dele. Ele não saberia que, ao fechar a porta do quarto, jamais a veria novamente. Não aquela que conhecera. Porque, assim como não se escuta o som do coração partindo, não se percebe o momento em que uma parte de nós sai de cena. Impossível! Mas é assim que acontece, pois somos uma legião. Somos muitos seres em um só, muitos atores em busca do bom personagem para nos habitar. A única permanência é a alma, ou seja, o que nos anima a seguir em frente. Se ela entra no outro que surge em nós mesmos, a vida terá novo ciclo de aventuras e possibilidades. Porém, se gruda num dos atores, tudo é devastação, sina a ser carregada.

Por mais duas vezes Landini se casou. Teve um filho com a segunda mulher, mas deixou-os também. Quando conheceu a terceira mulher, ela já era mãe de uma garota da idade de Flavia. Foi através da convivência com essa criança que ele de fato pôde resgatar a relação com seus dois filhos. Por essa época, Flavia já estava com 6 anos e Silvia aceitou sem empecilhos a relação dele com a filha. Era bom ver a alegria da menina quando o pai chegava. Por outro lado, ela sentia que as antigas feridas não doíam mais. Três anos após essa aproximação, Landini foi vítima de um acidente aéreo em Paris. No dia 11 de julho de 1973, o avião em que ele estava caiu no aeroporto de Orly matando todos os passageiros. Ele se tornara bem-sucedido no mundo do automobilismo, dirigia a antiga revista *Autoesporte*, comandava um programa de esportes na TV e tentava, nessa última viagem, trazer pela primeira vez ao Brasil um GP de Fórmula 1. Foi o que se chama de pioneiro no automobilismo brasileiro. Morreu aos 33 anos fazendo as pazes com o passado e olhando para o futuro...

○

Foi difícil para Silvia voltar a estudar aos 19 anos, mas ela estava imbuída de um entusiasmo que já não sentia fazia tempo. Parecia haver tanto dentro dela, uma urgência nas mínimas atitudes. Nem bem saíra de sua reclusão, começou a frequentar a audiência do programa de Silveira Sampaio, um jornalista conhecido de seus pais cujo programa de entrevistas era bem cotado na época. Ia acompanhada de um casal mais velho e com eles conheceu Fernando, homem de 41 anos que, ao colocar nela os olhos, se declarou apaixonado. Empolgada com a nova vida e com as investidas de seu pretendente, e seguindo seu jeito impulsivo, em menos de três meses estava noiva dele. Mas bastou a notícia do noivado circular para ela tomar conhecimento de que o sujeito era casado. O compromisso entre eles foi desfeito com cenas dramáticas, o anel de noivado sendo atirado por ela no rosto dele.

Silvia não se dera conta de que ficar horas ao telefone com ela, jogando conversa fora como um adolescente, não era postura para um homem maduro como ele. Nem notara que, mesmo sendo rico e dono de empresa, era tratado feito bobo pelos próprios funcionários, uma enorme contradição. Após o rompimento, teve problemas com o real caráter dele, que passou a vigiá-la constantemente. Durante algum tempo ela circulou acompanhada de Antonio, até que a situação esfriasse. Apesar de tudo, houve nela uma constatação. O sexo não era melhor com ele do que fora com Landini. Ela pensava haver nos homens alguma indiferença ou inexperiência em relação ao orgasmo das mulheres. Orgasmo que ainda não sentira, e acabava por gostar mesmo era da intimidade dos corpos, do aconchego, do carinho.

O curso madureza findava seu primeiro ano quando, certo dia, na saída da aula, resolveu tomar um suco numa lanchonete ali por perto. O lugar era pequeno e vivia repleto de estudantes da região. Assim que chegou, ficou por instantes parada na porta, procurando um lugar para sentar. A luz do final de tarde deixava dourado o contorno de seu corpo. Um rapaz sorridente levantou-se e cedeu o lugar a ela, junto ao balcão. Ela agradeceu e sentou-se. Logo eles começaram a conversar.

O jovem era atraente, mas muito diferente do ex-marido ou de Fernando. Não possuía a elegância e o charme dos que pertencem aos círculos mais abastados, um detalhe sem valor para ela. O que importava era o prazer imenso que passaram a sentir na companhia um do outro, e durante algum tempo Silvia escondeu seus encontros furtivos e rápidos com ele. André era o seu nome de batismo, mas todos o chamavam Deco. Vinha de família pobre e, mal terminara o colegial, atirou-se com fé no trabalho, única forma que tinha de progredir na vida.

Em pouco tempo se tornaram inseparáveis e não havia mais como esconder. O passo inevitável foi contarem para as respectivas famílias. *Isso não vai dar certo, Silvia! A falta de estudo dele vai criar um abismo entre vocês!*, Antonio era taxativo. *Siga em frente com os estudos, não é hora de se envolver seriamente com ninguém! Você já tem muitos problemas, minha filha!*, Clara acrescentava. Ela chamara Antonio para que os dois conversassem com Silvia, e a reunião se tornava a cada momento mais tensa.

Não concordo! Vocês estão com preconceito, com má vontade!
Não é questão de preconceito, mas de encarar a realidade!
Que realidade, pai? É porque eu tenho melhor formação escolar do que ele? E daí? Nem terminei o colegial... É até irônico! Estou fazendo madureza e ele já completou o colegial. Ele é quem deveria me achar menos preparada...
Não seja teimosa, Silvia, você sabe do que seu pai está falando!

Não sei, não!

Você parou de estudar porque casou e teve uma filha, Antonio continuava argumentando. *Com certeza o ambiente em que foi educada vai facilitar seu retorno aos estudos, vai conduzir você para uma faculdade, uma profissão! E ele? Que futuro ele tem?*

O futuro decente de um rapaz trabalhador! Quer dizer então que pessoas sem estudo não têm futuro algum? E você diz que isso não é preconceito?

Uma febre estranha ardia dentro dela. Por que tanta implicância? Por que às vezes seus pais se tornavam tão protetores e outras tão distantes? De repente, a revolta pela opinião deles trazia de longe, de lugares resguardados das guerras e ferimentos, a vontade inabalável de ter sua própria casa, o desejo de ser livre para escolher e realizar. Muitas horas em divagações foram passadas junto de Deco, ele próprio perdido em construir sonhos. A família dele não aprovava a relação tanto quanto a dela. *Ela é menina mimada, tem de tudo. Você não vai ser feliz com uma mulher assim. Ela não conhece a vida! É protegida demais!* Ele não ligava nem respondia, deixando a mãe irritada com sua indiferença.

Os dois se mantinham unidos e, nos momentos em que estavam com Flavia, pareciam crianças brincando. Era como se pudessem saltar em direção ao alto, sem anteparos, sem freios, os músculos seguros em impulsos aleatórios. Dentro deles, crescia o desejo de queimar etapas, burlar regras, e foi o que fizeram. Silvia engravidou novamente e, diante da consternação das duas famílias, o casal alugou um pequeno apartamento. Feliz como água escorrendo entre as mãos fechadas de Clara e Antonio, ela saiu para a própria casa mais uma vez. Não ia só, levava a filha consigo. Flavia estava diferente. As pestanas negras mais sedosas sobre os olhos sorridentes, a pele branca ganhando tons de rosa sobre o sangue fluindo de risadas inteiras, sem cortes.

Para amenizar o clima entre as famílias, o casal promoveu um sarau no pequeno apartamento em que viviam. Não foi uma boa ideia. Clara declamou um poema a pedido da família de Deco, mas enquanto ela se apresentava eles riam, achavam tudo esquisito. Jamais haviam participado de algo semelhante. Silvia impediu que a mãe continuasse. *Não vou permitir que vocês façam gozação da minha mãe!* A reunião terminou abruptamente, não sem antes deixar motivos para que o casal se desentendesse mais tarde. As discussões entre eles aconteciam mais vezes, embora ainda tivessem bons momentos juntos. Existia uma ternura mútua, um gostar sem maiores explicações.

O jeito briguento e argumentativo de Silvia deixava Deco muitas vezes sem resposta, e ele ficava com raiva. A ele faltavam palavras melhores e, mesmo quando ela estava sem razão, conseguia provar o contrário. Um dia, irritado em demasia durante uma briga, ele deu um empurrão nela, que caiu no chão. Grávida de três meses e sem conseguir lidar com esse tipo de situação, ela contou o ocorrido aos pais. E pagou caro por essa confissão.

○

Disse um poeta que o caminho se faz ao caminhar. Outro entendeu tudo quando nele viu a pedra. O homem santo, por sua vez, talvez um guerreiro em luta com as próprias sombras, contou sobre a noite escura da alma. A lágrima cai lenta e bela quando é o transbordar da alegria, da vida em vibração. Às vezes a tristeza é seca ou uma espécie de esvair-se, sair de si pelos rios das lágrimas. Nascemos chorando e gritando, e é esse o nascimento bom, o nascimento desperto e saudável. Quase sempre é assim. Quando tudo escurece, talvez só o útero possa nos consolar, o coração da mãe batendo como canção de ninar.

○

Ela descia as escadas com pisadas mais leves que a alma. Na palidez da pele, os cabelos pareciam mais escuros. O silêncio dos pensamentos era audível, como se muitos agora se tivessem tornado nenhum. Seu coração batia em lamento, mas a decisão estava tomada. Ela não sabia ou tinha medo de saber que sabia. Saber que não queria. Porque a decisão, de fato, não lhe pertencia. *Será que eles estão certos?*, ela buscara consolo na dúvida, mas isso fora alguns dias atrás. Agora, nem a dúvida vinha como benefício.

Perto do carro seu pai esperava. Clara caminhava ao seu lado. Silvia nem percebia. Em movimento, as rodas do carro não tocavam o chão. Era mágica! Ela queria que se fizesse qualquer mágica impossível. Mas só restava a agonia querendo escapulir a qualquer custo. Apertava as mãos ou deixava-as correr pelos cabelos desalinhados. Nas calçadas, crianças apareciam e desapareciam, como se só existissem crianças. Ela não sentia o céu, às vezes o céu não nos protege.

Pouco tempo depois está na sala de cirurgia. O médico inicia a intervenção, ela está consciente, anestesiada apenas da cintura para baixo. Luta para não pensar, mas ondas surgem doloridas, sufocando e angustiando. Uma criança, quietinha em seu útero, estava sendo arrancada. E tudo parecia morrer um pouco dentro e fora dela mesma. A clareza de que desejava aquele filho – achava que seria menino – cegava. E, de certa maneira, ela queria ficar cega.

Quando tudo terminou, sua voz tremulou numa frase condoída: *Era menino, doutor?* Ele nada respondeu. E ela jamais soube.

○

Quando Antonio teve conhecimento de que Silvia havia sido derrubada pelo namorado, grávida de três meses, ficou descontrolado. O que era insatisfação deu lugar a uma total negação por parte não só dele, como de Clara também. De imediato, levaram a filha de volta para a casa da mãe. Por outro lado, a família de Deco comemorava, influenciando o rapaz a não interferir. *Era melhor assim*, dizia a mãe dele. Silvia, sem trabalho, não tinha autonomia para reagir minimamente. O apartamento em que morava era mantido por Deco e o curso madureza ainda era pago pelos seus pais. Além do mais, tudo acontecera muito rápido, em menos de um ano ela namorou, engravidou e foi morar junto. Os impulsos ainda falavam mais alto do que a reflexão.

Uma tristeza imperceptível pairava sobre ela quando entrou novamente na casa do Pacaembu. Menos pelo rompimento com o namorado do que pela perda de sua casa e sua pretensa independência. De alguma maneira, sem que tivesse qualquer noção disso, ela não esperava do rapaz, desde o início, o mesmo que esperara de Landini. Um detalhe nada insignificante mudara completamente. Ela não sentia mais a dor da separação, aquela dor sem nome. O que sentia talvez fosse mais decepção. Nada que não pudesse superar a contento.

Porém, logo no dia seguinte, Antonio veio vê-la para uma conversa séria. Trancados no escritório ficaram ela, seu pai e sua mãe. Apesar de seu catolicismo, Clara não titubeou diante da praticidade do ateísmo de Antonio. Ambos queriam que Silvia fizesse um aborto. Queriam cortar qualquer vínculo com o rapaz e a família dele, para que a filha pudesse se focalizar nos estudos e não em uma nova criança. *Isso foi um absurdo desde o início!*, afirmava Clara. O som das vozes chegava distorcido aos ouvidos de Silvia. Só o que ela podia repetir era o desejo de ter a criança, o compromisso em cuidar e ser responsável, em dividir essa responsabilidade com os estudos, mas nada era convincente.

Já foram suficientes as agruras vividas desde o casamento com Landini. Colocar filho no mundo não é nem deve ser algo fútil. Se com um rapaz mais velho e mais educado foi tão complicado, que dirá agora? E o que você vai fazer com dois filhos, sem estudo e trabalho? Os argumentos seguiam em bombardeio constante mas eficaz. Antonio e Clara estavam realmente convencidos de que agiam da melhor forma, de que defendiam a filha do pior e de que, um dia, ela reconheceria e lhes daria razão. Nos dias que se seguiram, escolheram um médico e acertaram o dia da intervenção. Uma espécie de ausência tomou conta de Silvia, os sentimentos adormecidos caíram brancos sobre ela. Devagar como a neve. Incapaz de arcar sozinha com mais um filho, não lhe restava alternativa senão aquiescer.

Mais tarde, enquanto transcorriam os dias após o aborto, a tristeza aumentava e se tornava insuportável. Em nenhum momento antes Silvia ficara daquele jeito. Nem mesmo quando Landini a visitara na maternidade havia sentido o que sentia agora. O peito era escuro, um buraco aberto. Os dias perdiam a claridade, as músicas perdiam as notas, as árvores perdiam os tons. Tudo era cinza, uma mistura suja de todas as cores. Mal conseguia trocar palavra com a mãe e evitava ver o pai. Tinha a impressão de que jamais os perdoaria. Acatando a opinião de uma amiga, pediu para frequentar uma terapia.

Um dos melhores terapeutas da época foi escolhido e ela foi vê-lo. Tinha vontade de fazer sessões individuais, mas, diante da solidão e do distanciamento em que ela se encontrava, ele sugeriu que frequentasse as sessões de grupo. Aos poucos ela foi melhorando, estabelecendo contatos com as pessoas do grupo, fazendo novos amigos. Mas uma ideia fixa martelava em sua cabeça: a necessidade de ganhar dinheiro, de nunca mais depender dos pais.

Já estava no final do curso madureza quando se aproximou de um colega de classe. Ela gostava das aulas de Filosofia e Teologia e pensava em cursar a faculdade de Filosofia, enquanto o rapaz pretendia fazer Direito. Começaram um namorico, sem maior compromisso. Não sabendo muito um do outro, curtiam uma cumplicidade agradável, reavivando algum calor dentro dela. Quando disse que pretendia prestar vestibular para Filosofia, Antonio foi contra. *O que você vai fazer com isso? Não, tem que ser profissional liberal.* Silvia resolveu então cursar Direito, como o namorado, e entrou no Mackenzie, faculdade paga e localizada em bairro nobre da capital paulista, perto de sua casa no Pacaembu.

A discrepância entre sua vida, tudo que já experimentara, e a vida de suas colegas era muito grande. Sentia enorme dificuldade em sua adaptação. Achava as garotas extremamente fúteis, não conversava com quase ninguém. Além do mais, o pai dizia para ela jamais mencionar que havia sido casada, que tinha uma filha, temeroso de que os rapazes quisessem se aproveitar dela. Resolveu pedir transferência para o curso noturno de Direito em outra universidade, a PUC de São Paulo, instituição católica e particular. Esperava encontrar pessoas mais amadurecidas. Seu namorado cursava o período diurno na mesma faculdade e estava gostando. Mas ela detestou. Achava o lugar sombrio e não suportava as aulas de religião. Resolveu largar a faculdade e conseguiu seu primeiro trabalho. Estava orgulhosa porque não teve nenhuma ajuda dos pais, foi indicada por um colega do grupo de terapia. O emprego era num jornal vespertino da capital paulista, com grande circulação na época.

A vida seguia sem muitos tropeços. Certo dia, porém, quando beijava o namorado na rua, seu pai passou de carro. Ele parou e fez uma pequena cena pública. *É indecente ficar beijando um rapaz na rua*, Antonio admoestava, elevando o tom de voz. Isso alertou Silvia ainda mais para a necessidade de sair de casa novamente. Agora refletia: *Eu preciso do trabalho*. Na falta de maior envolvimento, terminou o namoro e concentrou-se totalmente no emprego.

Ao começar do zero o aprendizado numa redação, ela iniciou também uma nova e importante etapa. O jornal aos poucos foi agilizando mais sua vida, não só em termos profissionais como também sociais. Uma sede estranha e quase sem controle começava a se apossar dela. Mas não havia ainda como percebê-la. Feito cega seguindo ruídos para se orientar, foi indo um pouco trôpega, mas sem titubear, em direção ao que pudesse saciá-la. Lembrava às vezes, vagamente, da frase de seu terapeuta: *Você parece carregar uma bomba dentro, pronta para explodir.* E esquecia, esquecia. Sem saber por quê, esquecia.

A redação do jornal era um lugar onde, pela primeira vez, ela adorava estar. Havia um romantismo no ar em relação ao jornalismo, havia profissionais experientes e competentes, e Silvia adorava aprender com eles. Distraída, nem se dava conta do que causava nos homens quando chegava à redação. O uso da sedução fugaz não era sua maneira de se impor, as ilusões de encontro e vida em comum estavam sempre em primeiro lugar. Seu lado sedutor era, por isso, levemente errático, o que lhe acrescentava em charme no ambiente profissional.

Muitas vezes ela passava delicada e imponente, as pernas firmes anunciando um perfume discreto e penetrante. De lado, pelo canto dos olhos, os colegas do sexo masculino disfarçavam o desejo e a admiração. Curiosa, interessada e com uma razoável bagagem cultural, logo foi escalada como repórter. Esse foi um passo definitivo para mudanças importantes em sua visão de mundo. Seu pequeno e restrito universo se alargava de maneira intensa e avassaladora. Favelas, periferia, policiais, agentes de saúde, gente de todo tipo passava por sua observação, causando nela um impacto inusitado.

Na redação conheceu Daniel, um jornalista que fazia frilas para o jornal. Era um homem charmoso e, mais do que isso, um profissional brilhante e talentoso. Silvia sentiu uma atração irresistível por ele. Para o desencanto de alguns dos seus colegas, os dois iniciaram uma aproximação. Do período das longas conversas, passaram logo a sair juntos e, sem muita demora, a namorar. Nessa época ela havia adquirido o hábito de beber eventualmente, acompanhando os colegas em saídas após o trabalho. Em sua vida controlada de antes, jamais havia frequentado bares ou lugares da moda entre os jovens de sua idade. Não bebia nem fumava. Aquelas reuniões com o pessoal da redação após o expediente eram extremamente agradáveis, quase um rompimento interno. Burlar regras.

    Daniel era um alcoólatra que, como muitos outros, negava essa condição. Ao lado dele, Silvia aumentou sobremaneira seu consumo de bebidas. De alguma forma, tentava equilibrar esse lado que surgia com as duas personas que a haviam conduzido até então: a mãe de Flavia e a filha de Antonio e Clara. Em algum ponto esse equilíbrio chegaria ao limite. Mais uma vez, em pouco tempo de convivência foi morar com o namorado. A mesma ansiedade por viver na própria casa conduzindo seus atos. Flavia ficou com a avó, que cada vez mais se apossava dela, estimulando Silvia a viver o que desejasse. *Ela dá trabalho! É o filho homem que não tive!*, dizia Clara aos amigos sobre a filha caçula.

    No jornal continuava aplicada, mas aprendia a lidar com a timidez. Como repórter, deixava de fazer perguntas embaraçosas aos entrevistados, tinha receio de invadir a intimidade das pessoas. Nesse caso, faziam com que voltasse e refizesse partes da entrevista, pois afinal estava a serviço de um jornal, um veículo cuja proposta era levar ao grande público o assunto da maneira melhor e mais transparente possível. Era uma forma de ela se soltar mais e avançar em sua compreensão de certos meandros da vida como um todo. No contraponto, sua figura de mulher cada vez mais instigava os colegas de trabalho.

○

Lembro exatamente de sua maneira de andar. Seu corpo magro e seus olhos escuros me deixavam um pouco tonto e, quando seus cabelos balançavam, era uma verdadeira vertigem. Ela usava roupas curtas sem perder a elegância, e eu evitava confrontar suas pernas perfeitas, às vezes encimando saltos que lhe deixavam com porte de deusa. Parece ainda vivo em mim o jeito que ela se virava e arrumava a bolsa no espaldar da cadeira. Então, ávido, eu esperava que ela me abrisse seu sorriso, um sorriso mais inesquecível que a primeira dor de amor. O sorriso de Silvia doía em mim, parecia que me atravessava em forma de lança, uma adaga de feiticeira.

Posso tirar do canto da memória a inteireza de minhas sensações. Eu fingia que não notava sua passagem, os olhos presos na máquina de escrever. Ouvia o som cálido de sua voz cumprimentando os colegas, os beijinhos no rosto. A mim parecia uma tortura esperar pelo beijo que jamais vinha, sem que eu entendesse por quê. Tentando ocultar o leve tremor das mãos, mantinha a atenção fixa em algum ponto qualquer dos papéis em minha mesa. Calado, buscava o prazer inebriante de levantar ao acaso os olhos quando ela sentava em sua escrivaninha de trabalho. Ansioso, observava os movimentos do seu corpo perfumado para, finalmente, encontrar seu cumprimento ensolarado.

Não posso dizer que era uma mulher solar, como Leila Diniz. Exceto pelo sorriso. O resto dela era lua, mistério, sombras entre claros que, repentinamente, pareciam brilhos preciosos como a prata. Ela jamais soube o quanto a amei e talvez não devesse mesmo. No entanto, quando as sombras prevaleceram nela, eu queria amaldiçoar minha quietude covarde. Sem palavra ou gesto, eu era outro espectador de sua angústia desconhecida de nós todos. Afinal, o que lhe faltava? Era o que muitos na redação perguntavam.

Hoje eu saberia dizer. Só para perceber o quanto continuo sendo inadequado e fora do ritmo.

○

Silvia sentia que a bebida abria espaços onde estavam guardadas emoções perigosas, até então represadas. Um estranho sofrimento tomava conta dela, vindo em avalanches súbitas que a deixavam sem forças. A bebida agora não era mais a possibilidade de soltar a timidez, mas uma forma de amortecimento. Ao mesmo tempo que progredia no jornal, que devorava livros refinando sua cultura, deixava as amarras cada vez mais soltas. Certo dia, dirigindo bêbada, sofreu um acidente de carro que deixou uma cicatriz permanente em uma de suas orelhas. O limite estava para se romper.

 A convivência com Daniel se deteriorava. Sempre as brigas constantes e as inquietações de Silvia, suas escolhas confusas. De maneira enviesada, parecia que se ela convertesse um homem difícil, se domasse situações impossíveis, estaria vencendo alguns demônios interiores. Seu consumo de álcool aumentava e na redação começavam a se preocupar com ela. Mas já não havia como segurar a sombra que se agigantava.

 Naquele início de tarde ela entrava contrariada no jornal. De manhã se desgastara em mais uma briga com Daniel. Foi logo verificando a entrevista do dia anterior. Percebeu que uma frase sua havia sido modificada pela revisão, e onde ela escrevera "ele se acha feio" saiu escrito "ele é feio". Em fúria repentina, argumentava que era absurdo, pois o entrevistado pensaria o pior dela, além de ter sido publicamente humilhado. Porém, nada mais poderia ser feito. A gota que faltava encheu o copo. De repente, sua vida lhe pareceu toda errada, sem rumo algum. Sentia-se como se já estivesse muito velha, com um cansaço enorme de continuar viva. Queria desistir de tudo, e a única ideia que lhe ocorreu foi o suicídio.

 Era uma noite calma. Nada mais passava pelo seu pensamento, nenhum remorso por nada. Vestiu uma camisola de seda, virou na boca um frasco inteiro de antibióticos e deitou-se esperando a morte. Quando acordou, estava no hospital. Daniel, que voltara mais cedo por causa da briga que tiveram, encontrou-a desacordada e prestou socorro imediato. Ao lado dela, assim que acordou, estava seu terapeuta, convocado às pressas pela família. Indagada sobre os motivos do tresloucado gesto, ela respondeu: *Eu queria descansar da vida! Quer descansar?*, ele perguntou. *Então melhor descansar em uma clínica. Você quer?*

Silvia foi, imaginando que era o melhor a fazer, pois precisava mesmo dar um tempo de tudo. Imaginava encontrar médicos tão atenciosos como seu terapeuta, mas foi muito diferente. Não houve entendimento com os psiquiatras, e ela pediu para sair. Muitos anos depois, pensando sobre esse episódio, soube que jamais quis matar a si própria, mas à vida que levava. Na época, porém, entendeu que, após o acidente de carro e a tentativa de suicídio, a bomba que seu terapeuta mencionara havia explodido.

Aos poucos compreendeu que não tinha controle sobre nada, nem mesmo sobre sua morte. Sentiu uma vontade enorme de mudar completamente sua vida, deixar o relacionamento caótico com Daniel, todas aquelas brigas e, principalmente, a bebida. Estava insatisfeita com o jornal, embora tivesse alcançado status e fosse considerada uma jornalista competente, após três anos de dedicação. Até mesmo certos colegas que antes ela aceitava sem reservas agora incomodavam. Por vezes, lhe parecia que sua maneira de se vestir ou se maquiar chamava atenção da maneira errada. Sentir-se bonita era algo natural, e não havia segundas intenções nisso. Além da beleza, ela queria mesmo era que percebessem "a pessoa inteira dela", uma mulher inteligente e em nada inferior aos homens. Já não era um desejo de menina, mas a certeza da mulher.

Depois de terminar o relacionamento com Daniel, obteve uma licença do jornal. Era um tempo para pensar melhor e redirecionar sua vida. Uma vaga noção se apoderava dela, uma sensação de que a busca pela independência e liberdade se tornara um hábito, e depois um vício. Então, nada mudava. Quanto mais hábito, menos liberdade. Silvia vislumbrava sua impossibilidade de escolher. Quase sempre estava navegando entre uma coisa e essa mesma coisa, disfarçada de novidade. Era preciso descobrir a falha, deixar de girar em falso.

Até os 13 anos de idade, Silvia era ligada ao catolicismo de sua mãe. Acostumada a frequentar missas ao lado de Clara e aluna de colégios católicos, esse foi seu primeiro contato com a religiosidade e a fé. Quando ainda estava no colégio, contou para as freiras que havia tido um sonho em que tomava chá com Jesus e foi alertada de que "era um chamado, era uma comunhão com Jesus". Em outra ocasião, apareceu dizendo que vira a imagem da santa se mexer para ela. Clarinha, sua irmã, procurava alertar que tudo não passava de imaginação.

Aos poucos, Silvia observava em algumas freiras um humor extremamente instável e às vezes uma dose de crueldade, um comportamento que desaprovava. Influenciada pelo ateísmo do pai e pelo caráter cético da irmã, aliados à sua própria crítica, afastou-se de maneira inevitável da religião católica. Suas questões existenciais, no entanto, tornavam-se cada vez mais agudas. Tudo estava aberto, apenas uma porção de perguntas sem resposta.

Quando conseguiu a licença do jornal, vivia um momento de reavaliação de si mesma. Foi nessa época que um amigo lhe ofereceu LSD.

Os anos 1970

É preciso retomar o tempo passado.

Nos anos 1960, mudanças importantes aconteceram no mundo. Entre elas, a própria geração nascida no pós-guerra, os jovens que depois vieram a ser chamados "baby boomers", inteirando-se da sociedade em que viviam, começando a querer fazer parte real dela. Parece que de tempos em tempos acontecem as revoluções capazes de virar tudo do avesso. Ali começava uma delas. A utopia sábia ou ingênua de acreditar ser possível mudar o mundo. A paz e o amor do movimento hippie, a flor nas mãos, as roupas coloridas, os longos cabelos dos rapazes, as longas saias das garotas. Sexo, drogas, rock 'n' roll. Beatles, Rolling Stones. Maio de 68, Daniel Cohn-Bendit, lutas políticas mundo afora, feminismo, Betty Friedan, Simone de Beauvoir, movimento gay. Vinte anos depois, Cohn-Bendit diria que Maio de 68 foi "o espírito da liberdade, o desejo de autonomia e independência".

No Brasil, o tropicalismo e os festivais de música popular brasileira. Chico e Caetano. Elis e Nara. O rock brasileiro dos Mutantes, a Jovem Guarda de Roberto Carlos. Tom e Vinicius. Glauber Rocha, Cinema Novo. Mas também os anos de chumbo, a ditadura militar, as perseguições, prisões e mortes dos que se engajavam na defesa dos direitos humanos. Todo esse cenário já estava montado. Mas os anos loucos de Silvia foram marcados pela luta intermitente da conquista, a qualquer custo, da própria independência. Era o espírito dessa geração agindo nela, ainda que de maneira enviesada. O conceito maior do que a realidade vivida por ela.

Foi no início dos anos 1970 que Silvia finalmente despertou para outro universo possível, através de uma experiência com LSD. Ali, deparou com uma espécie de portal, uma abertura para conhecer a si mesma de forma totalmente inusitada. E encontrou um aprofundamento que jamais sentira. Parecia a ela, sob efeito do ácido lisérgico, que podia reunir a razão e a sensibilidade. A luta estava dentro! Não teve dúvidas de que era a oportunidade de transformar completamente sua vida e os conceitos nos quais fundamentara suas ações e reações até então. Decidiu viajar para Londres a pretexto de estudar inglês por seis meses, mas com a intenção de experimentar mais abertamente o LSD.

Embora, na década de 1960, o experimentalismo bem-intencionado já estivesse quase esquecido e, nos anos 1970, a maioria já houvesse perdido a inocência em relação às drogas,

Silvia seguia firme em busca do tempo perdido e daqueles que ainda acreditavam que o sonho não acabara. Bem no início de 1972 ela desembarcou em Londres, onde foi recebida por um casal amigo que morava lá. O apartamento deles era bonito e bem localizado, próximo ao Hide Park. Além da hospedagem dos primeiros dias, ajudaram-na a encontrar um local barato para morar. Em pouco tempo ela já habitava o próprio espaço e frequentava as aulas do West London College, um lugar para estrangeiros aprenderem inglês.

A saída do Brasil foi complicada e difícil por um único motivo: Flavia. Silvia queria levar a filha, mas foi convencida pela mãe a deixá-la no Brasil. Clara argumentava que seria complicado se adaptar a um novo país tendo de cuidar da filha. *É melhor você se ajeitar primeiro, depois leva a menina!* Silvia sabia que havia nisso um fundo de verdade, mas também sabia que o apego da mãe pela neta era cada vez maior. A emoção que sentiu ao se despedir de Flavia acabou por se transformar em mal-estar físico durante o voo. Um enjoo constante fazia seu corpo estremecer, e o tempo parecia não passar. Quando aterrissou e durante o primeiro dia, antes de qualquer coisa, tentou se recuperar.

Na escola tornou-se amiga de um rapaz polonês, mas nem ele nem os outros colegas estavam interessados em LSD. Talvez estivesse procurando no lugar errado, pensou. Como seu apartamento ficava na região central, começou a procurar em regiões mais distantes os lugares onde pudesse ouvir rock e dançar. No Brasil, jamais havia saído sozinha para dançar, pois seus pais não deixavam. A liberdade não era fácil, mas sem dúvida era fascinante!

Não foi sem deslumbramento que ela encontrou o que procurava. Fez amigos, passou a circular com uma turma e a frequentar festas em apartamentos. Numa dessas noitadas regadas a LSD, conheceu um jovem escocês por quem se interessou. Ele era completamente diferente dos rapazes com quem se relacionara no Brasil, embora ela não soubesse exatamente por quê. Seu nome era James Mcnoy, ou apenas Jim. Silvia convidou a ele e ao seu melhor amigo, George, para dividirem o apartamento com ela, o que não agradou em nada sua senhoria.

George, também da Escócia, era quem trazia e vendia não só LSD como outras drogas também. Jim, um pouco mais velho que Silvia, era uma espécie de líder espiritual entre alguns jovens escoceses. O apartamento vivia cheio deles, que procuravam Jim para "viajar de ácido" ou mesmo pedir conselhos. Ela se encantava com a maneira de ele falar sobre a expansão da consciência. Houve um dia em que estavam apenas os dois no apartamento, o que ela mais ansiava. Estar sozinha com ele numa viagem lisérgica. *Olhe para mim!*, ele pediu.

Sentada no chão, bem em frente a ele, Silvia tentava relaxar. Sentia o coração levemente acelerado e a mente agitada. O ácido "batera" bem antes do que ela esperava. Jim queria proporcionar a ela uma nova experiência. O tempo havia parado e eles estavam sós. Isso dava maior tranquilidade, ajudava-a a se aquietar. Nada parecia ter acontecido, mas seu corpo havia ficado muito leve, quase ausente. Os olhos de Jim chamavam como abismos, como a atração pela altura. Um desejo de pular no vazio e cair no ar.

O que você está vendo agora?

As cores infinitas dos seus olhos! Nunca havia reparado neles assim.

Enquanto ela falava, o som de sua própria voz ecoava distante, como se não fosse dela, como se ela fosse outra.

Continue olhando e procure relaxar. Respire devagar, sem ansiedade.

Ela passou a perceber o ar entrando e saindo dos seus pulmões, como jatos, rajadas de vento esfriando tudo por dentro.

Não consigo parar de prestar atenção no ar... Meu coração acelerou de novo...

Deixe então que meus olhos conduzam você. Entre neles.
Não havia ruídos nem música. A intensidade aumentava.
Estou entrando!!! Estou mergulhando nos tons de azul, e os amarelinhos na volta parecem girar... Que lindo!
Está comigo?
Estou!!
Agora solte o olhar... Deixe que sua visão se amplie para além de mim...
Silêncio.
Seu rosto está mudando!!! Está deixando de ser você!!!
Continue ampliando...
Estou com medo... Estou com medo... As formas estão ficando esquisitas!
Não é preciso ter medo. Eu estou aqui com você.
Com essa frase, seus últimos resquícios de resistência se aplacaram.
Silêncio.
O que está vendo agora?
Vejo outros homens em você... Seu rosto é outro e muda sempre... São desconhecidos...
Silvia falava devagar e delicadamente, mas emitia um som claro e firme. Não havia mais a sensação do corpo e ela nem notava.
Oriental, romano, egípcio... Soldado, guerreiro, mendigo... Um rei... Um brilho em sua cabeça...
Ela falava espontaneamente, mas de tempos em tempos. Jim permanecia imóvel e calado, o olhar misturado ao olhar dela. As figuras que ela descrevia iam se sucedendo, até certo instante.
Você é um homem de barba escura... Um homem das cavernas...
Silêncio.
Agora são formas abstratas, tudo se mexendo em círculos. São células!!! É lindo!!! São formas de vida!

Ele permanece imóvel e quieto. Ela fica quieta por um tempo curto.
Estou vendo uma luz acima... é branca, é irreal...
Silêncio.
Ela está centrada no teto! E está se movimentando pra lá e pra cá!!!! Nunca vi nada igual!
É Deus falando com você!

O que ele disse foi tão impactante que ela emitiu um suspiro profundo e curto. Ficaram em tamanha suavidade um com o outro que nada mais foi dito por um tempo. Os olhos de Silvia pareciam pedras negras, preciosas em seu brilho de êxtase. Os dois continuavam se olhando, um leve sorriso nas feições livres de qualquer tensão. Sem pressão do tempo e sem interferência nenhuma, ela deixou a luz brincar com ela e, como se ouvisse notas esparsas de um piano divino, também se permitiu brincar na luz. E foi como se Deus estivesse em todas as coisas!

Nada mais seria tão fundamental daquele dia em diante do que a memória dessa experiência. Mesmo que ela não pudesse absorver todo o significado, sabia com certeza absoluta que descobrira um caminho todo seu. Uma alegria incerta tomou conta dela. À noite, com a cabeça no travesseiro e a alma voando por espaços desconhecidos, imaginava que o LSD era a salvação do mundo. As pessoas não sabiam o que ela agora sabia. Daquele dia em diante não mais diria *Eu acredito em Deus*, mas sim *Eu sei que Deus existe. Eu vi!*

As experiências com os amigos de Jim, porém, estavam ficando caóticas. Havia muita gente confusa e perdida, havia muitas "viagens ruins" e obscuras. Jim era especial e sabia como deixar a realidade transparente e tocar o sagrado, pensava Silvia. No entanto, o papel de conselheiro que ele gostava de exercer, sempre rodeado de pessoas dependentes, incomodava e alterava tudo que se apresentava a ela, que abandonara totalmente a bebida depois do LSD, abandonara a vida descontrolada e sem objetivo maior. E não permitiria nenhum retrocesso. De maneira diversa de suas atitudes anteriores, falou de sua necessidade de seguir sozinha sem esperar que a situação se deteriorasse. E assim foi feito.

George continuou amigo de Silvia e fornecia LSD a ela. Sem mais nem menos, certo dia convidou-a para seguirem viagem de navio até a Suécia. *Tem muito suicídio por lá! Vamos levar ácido e ajudar a expandir a consciência daquela gente!!* Ela achou uma ideia espetacular e embarcou com ele. Durante a viagem ele circulava no navio todo falastrão, comentando aqui e ali que carregava LSD consigo. Ela, por sua vez, chamava atenção pela roupa extravagante, as botas de cano alto, o chapéu de cowboy. George, cabeludo e malvestido, não fazia melhor figura. Assim que desembarcaram, foram presos pela polícia sueca. A pedido do rapaz, ela levava as drogas dentro da bota antes do desembarque. *Ninguém vai desconfiar de você!* Ele, por sua vez, já estava visado pela própria atitude impensada de fazer propaganda de drogas no navio. Ambos foram enquadrados.

Silvia ficou presa na Suécia durante cinco meses e vinte dias, apesar dos esforços de sua família para tirá-la de lá. Logo de início, os pais, apavorados com a notícia, mobilizaram o cônsul brasileiro na Suécia, que arranjou para ela um bom advogado. Na audiência com o juiz, no entanto, apesar das roupas discretas e elegantes que vestiu por insistência do advogado, ela ignorou todas as instruções recebidas. Não negou tudo nem afirmou que levava a droga a pedido do rapaz. Imbuída de uma verdadeira fé na viagem lisérgica como salvadora, agiu de forma surpreendente. Não só assegurou que a droga era de ambos, como fez apologia do LSD em plena corte! *Seria interessante que se reconsiderasse o uso do LSD neste país! Ele pode salvar as pessoas!! Eu mesma parei de beber e mudei minha vida, sou muito mais feliz e realizada. O LSD me fez encontrar Deus!* Foi uma catástrofe até mesmo para George, em cujo depoimento constava que a droga era apenas para uso pessoal, e não para salvar o povo da Suécia!

o

Em nenhum momento Silvia sentiu-se triste ou constrangida com a prisão, percebendo o momento como outro aprendizado. George, por sua vez, foi para a prisão masculina. Depois de um encontro íntimo que a prisão permitia, ela não quis mais vê-lo. A relação que começara no navio terminava ali. Não soube mais dele.

o

A prisão feminina na Suécia era limpa, a comida era boa e havia os discos que Clara conseguira enviar para a filha. Não existia dificuldade com as guardas, e a única preocupação de fato era se impor diante das presas. Assim, quando apareceu uma ameaça por parte de uma delas, ela não titubeou. Inventou que a cicatriz em sua orelha fora devida a uma briga de faca na qual saíra vencedora. Ganhou respeito.

Observava a condição de vida daquelas mulheres e sabia que havia gente boa e gente má ali dentro. Soube driblar a atração de uma das presas por ela e, durante um jogo de vôlei, ouviu uma frase que ficou impregnada. Foi de uma presa árabe, parte do pequeno grupo de estrangeiras da prisão. Quando atingida pela bola depois de uma brusca cortada de Silvia, reagiu dizendo: *Por que você está violenta comigo? Não sabe que tudo é passageiro, que esta experiência vai ser como um sonho, que vamos questionar se isto existiu ou não?*

Foi um período que ficou marcado para sempre, não pelo horror mas pelo inusitado, o encontro extremo com as diferenças, experiências jamais cogitadas. A cada dia o universo onde nascera e fora criada ficava mais e mais distante. Porém, tudo que acontecera desde a infância facilitava, de um jeito ou de outro, seu desprendimento das pessoas e situações. Não havia como saber se isso era bom ou ruim, se era um progresso e um enfrentamento mais adulto da vida ou, pelo contrário, a paralisia diante de suas emoções mais profundas. De qualquer maneira, outra dela mesma surgia com força definitiva. Nada mudaria isso.

Ao sair da prisão, Silvia permaneceu poucos dias na casa do cônsul brasileiro, mas fez questão de dormir no quarto de empregada para não perder a autonomia. Foi um ano intenso. De volta ao Brasil, para ela apenas Flavia era uma constante. No mais, só queria garantir a liberdade conquistada. Não foi difícil, diante das transformações que nela ocorreram naquele quase um ano fora. Aproximou-se dos primos Arnaldo e Sérgio, que junto com Rita Lee faziam um sucesso estrondoso com o grupo de rock formado em 1966, Os Mutantes. Arnaldo e Rita, que haviam se casado, estavam em crise, mas a comunidade onde todos moravam na Serra da Cantareira era ainda o ponto de encontro onde os amigos podiam fumar maconha ou tomar LSD, e o sexo rolava solto.

O ano de 1972 terminava quando Silvia passou a frequentar a Cantareira e acompanhar os shows dos Mutantes. Em 1973, Rita Lee deixaria o grupo e, depois dela, seria a vez de Arnaldo se afastar com problemas psiquiátricos. Sérgio, numa tentativa de manter o grupo, convidou dois novos integrantes. Isso não evitou o final melancólico, em 1976, dessa que foi uma das mais instigantes bandas de rock brasileiro.

Silvia encontrou os amigos de que precisava por meio dos primos. Namorava sem compromisso e se divertia saindo com a turma, frequentando o mundo do rock em seu próprio país. Foi assim que conheceu John, durante a turnê de Alice Cooper no Brasil. Ela acompanhava o show no Rio de Janeiro, nos bastidores, junto com o baixista dos Mutantes e a mulher dele, Cíntia. John comandava a equipe de iluminação, mas não tirava os olhos de Silvia. Antes do final do show, ela cedeu aos estímulos de Cíntia e foi conversar com ele. Era noite em Copacabana e, a partir daquele dia, eles ficaram juntos durante toda a turnê.

Na despedida no aeroporto, John, para surpresa de Silvia, estava emocionado. Ela o beijava com ternura e, quando se afastou um pouco, viu nele os olhos marejados. *Venha me visitar*, ele pediu. E ela foi.

o

Era possível ver, de costas, seu corpo magro e forte dentro de velhas calças jeans. O cabelo castanho-dourado chegava aos ombros, ondulando aqui e ali e acumulando brilho em suas dobras. O aeroporto estava como sempre frenético, as pessoas chegando e partindo em fluxo incessante. Na recepção do desembarque, John estava entre aqueles que esperavam um voo do Brasil. E não escondia sua felicidade.

De frente, seus olhos acinzentados eram o que mais chamava atenção, buscando incessantemente algo no grande corredor. O rosto um pouco anguloso mostrava lábios benfeitos, semiabertos em ansiedade indisfarçável. Nas mãos, um singelo buquê de flores fazia a composição completa de uma imagem quase óbvia, mas não era sem atração que algumas mulheres em volta percebiam sua figura.

Os minutos pareciam alongados em demasia até que, finalmente, ela surgiu lá no fundo. Atrás do carrinho repleto de malas, a silhueta esguia avançava distraída. Ele ergueu o braço acenando e ela abriu o sorriso inesquecível, apressando o passo. Um abraço longo dissolveu o corpo de um no outro, ela presa ao pescoço dele, os pés sem tocar o chão. John se afastou levemente para vê-la melhor, afagando-lhe os cabelos com uma das mãos, enquanto a outra oferecia o ramalhete agora amassado.

Na casa dele, Silvia olhava a arrumação de última hora, enquanto o sol da Flórida deixava beleza no horizonte avermelhado. Foi o primeiro dia de dois meses fantásticos. Entre festas e reuniões na casa de amigos, ela o ajudava com a iluminação dos shows, integrando a equipe que ele e o irmão conduziam, ambos sócios numa pequena firma que produzia iluminação para shows e grandes eventos. O trabalho, de certa forma, ajudou o casal a se aproximar ainda mais, ela fazendo parte imediata do cotidiano dele.

Numa noite sem estrelas no céu da Flórida, David Bowie se apresentava, as luzes deixando a sensação de uma viagem cósmica. Silvia acompanhava tudo nos bastidores em sua habitual alegria, as calças justas evidenciando o balanço dos quadris. Era notada, e John sentia ciúme. Já não disfarçava que estava apaixonado, o que despertava nela uma sensação de tranquilidade, uma vontade de ficar perto dele. Bem perto. O ano de 1973 apontava mais um ciclo que se iniciava.

Antes de voltar ao Brasil, ela voou até Nova York com intuito meramente turístico. No entanto, quando chegou, percebeu que havia deixado a maior parte de seu dinheiro na casa de John. Ligou, e ele se ofereceu para enviar pelo correio, mas o esquecimento foi, no entendimento dela, um sinal de que devia voltar para ele. Comprou apenas um par de alianças de prata e regressou para a Flórida.

O que é isto?

Abra!!

Ele rasga o papel e encontra uma caixa de veludo azul-marinho. Desconfiado, sorri de leve, os olhos acinzentados emitindo perguntas.

Alianças?? A voz dele se ergue um pouco num tom musical.

Ela apenas emite um murmúrio baixo, assentindo.

Você quer casar comigo, Silvia? Isto é um pedido?

Sim. Quero, quero, quero...

Ela pula no colo dele entusiasmada, feliz, despreocupada.

Dias depois, ela ligava avisando Clara que havia se casado!

o

Após dois meses e meio, Silvia desembarcava no Brasil para acertar seu visto e buscar Flavia. Mais uma vez, não conseguiria levá-la. Com tantos acontecimentos confusos em sua vida, perdia sempre nas argumentações com Clara. A solução encontrada pelo casal para Silvia não ficar longe da filha foi tentar a vida no Brasil. Alugaram um apartamento e John começou a trabalhar em shows daqui, enquanto o irmão tocava a firma na Flórida.

Flavia, agora com 10 anos, era uma linda menina. Morena, de olhos e cabelos castanhos, transparecia a mesma vivacidade da mãe. A casa da avó era onde morava, onde sua rotina se realizava, onde o cotidiano mantinha uma linha reta. Silvia tentava estabelecer a própria rotina no novo casamento, jamais deixando a expectativa de cuidar da própria filha. Mas, por enquanto, a menina era uma visita em sua casa.

A vida profissional de John não decolou no Brasil. Fez vários shows como iluminador, mas sem a infraestrutura de que dispunha na Flórida. A sobrevivência foi ficando difícil e, apesar dos dólares que o irmão enviava, os dois tentavam fazer bicos para complementar o orçamento. Pior foi a insegurança que invadiu o relacionamento, um ciúme mútuo envenenando tudo. Silvia, mais uma vez, ficava inconsciente da atração que exercia à sua volta, nessa altura não mais por ingenuidade, talvez por negação. John, por sua vez, embora louco por ela, era um homem atraente e gentil. Não passava incólume pelas mulheres, sem dúvida, o que aguçava o temperamento irascível dela.

Apesar das brigas por ciúme, eles mantinham muita coisa em comum. Tentaram abrir uma escola de adestramento canino, baseados na experiência com dois cães que John trouxera ao Brasil. Ambos gostavam de animais, mas era a primeira vez que ela podia se dedicar a isso como desejava. Era uma vida que procurava se firmar superando as adversidades financeiras e emocionais. Silvia não conseguia emprego e, tendo falhado o negócio de adestramento de cães, a saída mais imediata foi dar aulas de inglês.

Quando o irmão sofreu um acidente com o caminhão carregado de equipamentos, John viajou repentinamente para a Flórida. Sem os dólares que vinham da firma, tornava-se inviável sua permanência no Brasil. Durante a ausência dele e sem dinheiro para o aluguel, Silvia abrigou-se na casa do Pacaembu com os dois cães. Em poucos dias, a fêmea mordeu sua sobrinha. Ainda que não fosse nada grave, Clara exigiu a saída do animal. No aeroporto, uma dor que parecia devidamente sepultada veio novamente à tona. Enquanto os funcionários levavam a fêmea, seus olhos tristonhos e ansiosos ficaram fixos nos de sua dona. A sensação de que lhe arrancavam um filho deixou Silvia atordoada.

A lembrança é algo que se tem ou algo que se perdeu?

John chegou ao Brasil com péssimas notícias. A aparelhagem fora perdida no acidente e, na falta de seguro, eles tiveram de encerrar a firma. Convenceu Silvia a se mudar para a Califórnia, onde ele possuía amigos que poderiam ajudá-lo. Ela foi e prometeu vir buscar Flavia assim que possível.

De início foram morar na casa de amigos dele, mas não demorou muito e John conseguiu trabalho. Alugaram um apartamento e Silvia se esforçava em busca de uma ocupação. Sentia na pele a discriminação dos americanos aos latinos, até que alguém aconselhou que procurasse emprego em empresas brasileiras. A sede do Banco do Brasil na Califórnia foi esse lugar. Ali ela preencheu todos os requisitos e encontrou um lugar agradável. O gerente, Carlos, receptivo e amável, com o tempo se tornou seu melhor amigo e uma figura de pai.

Com a vida financeira mais equilibrada, matriculou-se em uma escola de balé e fez dieta para emagrecer um pouco. Era preciso ter o corpo mais preparado para as aulas e os exercícios puxados. A relação com John seguia com altos e baixos, sempre as brigas e reconciliações, sempre sexo, rock e drogas. Agora sem transcendência. Não conseguia trazer a filha para morar com ela, Clara sempre encontrava argumentos contra. No entanto, liberava as visitas esporádicas de Flavia quando o calendário escolar permitia. A saudade da filha era uma constante.

Por outro lado, os lamentos de seu espírito por uma vida que ainda não encontrara eram uivos de loba para uma lua indiferente. A fé no LSD havia arrefecido sobremaneira, e jamais ela reencontrara outro momento de êxtase como aquele vivido ao lado de Jim. Havia sempre um vazio querendo ser preenchido ou uma dor recorrente, logo consumida em chamas. Seguir em frente era o que ela fazia incessantemente, levantando a cada nova queda com a ilusão do ouro no fim do arco-íris. Deixara, numa curva qualquer do caminho, a necessidade de homens como sustentáculo de suas mais ousadas aspirações. Entrava e saía dos relacionamentos sem levar ninguém nas costas, memórias de apego ou nostalgia.

Em uma noite John chegou com um livro de Meditação Transcendental, técnica criada pelo guru indiano Maharishi Mahesh Yogi. Nos anos 1970, os Beatles foram responsáveis pelo despertar dos jovens ocidentais para a meditação. A visita que fizeram a Maharishi tornou-se assunto divulgado na mídia, e o interesse foi imediato. Apesar da figura controversa do guru, depois criticado por John Lennon na música "Sexy Sadie", a meditação veio para ficar. Para Silvia, foi uma descoberta fundamental. Aliada ao balé, trazia nova consideração por seu corpo e permitia uma incursão diferente nos estados alterados de consciência, surgindo como uma alternativa às drogas. Seu interesse não passou despercebido do marido, que logo a presenteou com o livro de outro guru chamado Yogananda.

Silvia sentia seu corpo chegando, entre aulas de balé, meditação e corridas no parque todas as manhãs com seu cachorro. As viradas drásticas para aplacar a angústia incessante por algo que fizesse sentido à sua existência não se faziam mais necessárias. Havia notícia de uma pequena presença se fazendo notar dentro dela. Era uma espécie de música, uma flauta solitária e envolvente, o dedilhar das cordas ligeiras de um violão. Ou de uma cítara. Um novo útero se formava, e não nas entranhas. Uma forma escavada no consolo, um abrigo. Ela, apenas um bebê flutuando no mistério.

o

Os anos 1980

Era um blues sincopado, a tristeza das almas transformada em ritmo dançante. No parque Silvia corria com o cachorro, ficando distantes o músico e sua gaita, enquanto outra primavera trazida na brisa acariciava sua pele com aroma de flores. Bem mais à frente, ela parou para oferecer água ao animal. No banco próximo, um senhor de cabelos brancos sorria acompanhando a cena. Ela retribuiu o sorriso. Entabulou-se uma conversa, a raça do animal como primeiro interesse, mas logo o assunto foi mudando. Ali se iniciava uma amizade.

Penduradas no azul do céu, nuvens passageiras não demonstravam compromisso com nada ou ninguém. As voltas da vida, os ciclos, as partidas e chegadas, as dores e alegrias, os traumas e êxtases encontravam o começo de tudo. A menina de vestido amarelo, meias e sapatos brancos de boneca olhava um pássaro pousado no banco. Quando o pássaro voou, Richard e Silvia deram risada, ele admirando o bater de asas, ela resvalando na inocência perdida. Por segundos, no reflexo das pupilas dele, a menina que ela fora um dia.

Richard, botânico de 86 anos, era um homem cujo pensamento refinado lembrava os movimentos de uma garça bebendo água. Concentração e suavidade, mas nenhuma avidez. As conversas dele e de Silvia a cada dia se tornavam mais profundas. Ela podia compartilhar com ele suas inquietações mais arraigadas, seu interesse pelas coisas do mundo, sua fome de respostas diante da vida. No ocaso de sua existência, ele vibrava com tal energia questionadora. Vislumbrava nela águas em convulsões incessantes com destino incerto, um potencial sem aproveitamento. Escolhia livros cuidadosamente e os emprestava a ela, que sedenta devorava e pedia mais. Um desses livros chamava-se *Ondas mentais alfa*, e nele havia uma entrevista com um mestre Zen. Em relação ao que se dizia sobre a existência das tais ondas, o mestre afirmava: *Se a ciência diz ser possível, é porque é. Mas por que entrar pela janela se é possível entrar pela porta?* Fascinada por essa porta que significava o Zen, ela foi procurar onde se podia conhecê-lo e praticá-lo. Richard informou que existia em Los Angeles um local chamado Zen Center e, sem demora, ela foi até lá.

Silvia já morava havia alguns anos nos Estados Unidos e passava dos 30 quando entrou pela primeira vez no Zen Center de Los Angeles. A atração foi instantânea. Não havia cheiros, nem mantras, nem visualizações, todas as dificuldades que enfrentava em outras meditações. Também não precisava manter os olhos fechados, outro detalhe que a incomodava bastante. Era como se ali ela estivesse em casa, a casa onde seu espírito podia finalmente encontrar guarida. Nesse dia, um fato estranho ganhou destaque e, anos depois, ela encontrou estas anotações num antigo caderno:

Quando eu cheguei, um homem japonês veio me receber. Ele estava todo vestido de branco e usava sandálias de madeira. Sua amabilidade tinha uma firmeza que eu não conhecia. Ele me conduziu para outro aposento. Havia apenas almofadas no chão e um altar, mas o silêncio era absolutamente novo e perturbador. Eu tive certeza de que havia encontrado meu lugar no mundo. Uma paz sem nome e sem ruído algum entrou pelos

meus poros. Uma espécie de embriaguez tomou conta de mim, como se eu não pudesse suportar a sensação.
Fiquei sabendo, tempos depois, que esse homem jamais existiu. Talvez, enquanto estive apenas sentada na sala de entrada, a visão tenha surgido e me comovido. Não sei exatamente o que houve, mas sei exatamente o que vi.

O marido achou interessante que Silvia frequentasse o templo, mas diante de seu exagerado entusiasmo aconselhou: *Vá devagar! Calma!* Foi o que ela fez, mas a cada dia com uma dedicação maior. Essa dedicação acabou por afastar ainda mais o casal, e John começou a sair com uma garota francesa. Sem ruídos, o casamento terminou.

Algum tempo depois, ela participava de seu primeiro retiro, sete dias em meditação.

o

Havia um jardim cercando toda a casa. As folhas verdes das plantas balançavam com graça ao toque das gotas de chuva. Um cheiro de terra subia pelos restos mornos de uma tarde de verão. Na entrada do templo, uma escada pequena conduzia a uma área coberta e ampla que guarnecia toda a entrada. Não havia móveis nessa área, e uma linda orquídea ladeava o corrimão direito da escada, caindo em cachos dourados. Esticando o olhar através dos vidros encobertos por cortinas de bambu, via-se uma sala pequena servindo de passagem para o salão central. Neste, os participantes do retiro estavam sentados em pequenas almofadas, na posição de lótus, todos voltados para a parede. O corpo imóvel e um perfeito silêncio ocultavam o árduo trabalho de aquietar a mente. Com os olhos semiabertos e uma expressão serena, eles pareciam réplicas masculinas e femininas de Buda.

Monges de cabeça raspada e túnica escura circulavam eventualmente corrigindo a postura de quem relaxava os músculos.

Silvia não perdia muita energia e atenção em pacificar o corpo, pois a disciplina do balé facilitava esse trabalho. No entanto, a mente era um turbilhão que ela tentava arduamente observar sem nele interferir. Parecia que a infinidade de pensamentos circulares e os desejos mais exóticos jamais teriam fim. Era assustador perceber quanto eram uma imposição além de seu comando, misturados em imagens pálidas, encobrindo a serenidade. Sem julgar, ela apenas observava o ir e vir de sentimentos recentes e antigos, dores que imaginava superadas. Contrariando suas reações habituais, não havia nada a fazer. Nem por fora nem por dentro.

Era o amanhecer do quinto dia quando repentinamente tudo cessou. Sem aviso, sem qualquer anúncio. Por instantes tudo parou. A sensação que tivera anos atrás, a experiência que buscara incansavelmente, estava ali outra vez. *Deus em todas as coisas!* As cores se sucediam como se dançassem em torno dela, subindo até a união cósmica de todos os seres. A diferença, porém, era sublime. Ela permanecia absolutamente concentrada, sem que nem mesmo o êxtase pudesse interferir acrescentando interpretações. Um núcleo virgem em seu íntimo se abria como uma flor lótus que da lama se isenta. A beleza subia aos céus, e não havia nenhum céu. Mas, assim como veio, se foi. No entanto, não restou nada mais a ser procurado. Ao sair do retiro, Silvia disse: *Quero ser monja!* Disse para fora e para dentro de si mesma.

Não havia mais nenhum novo ciclo. Não havia mais nada. Simplesmente não havia. O que era existia desde sempre, sem começo nem fim. Quando finalmente o dedo supremo apontou para a lua, ela não olhou quem apontava. Serenamente admirou a beleza da lua.

o

A transformação veio como destino irrecusável. Não mais drogas, sexo e rock 'n' roll. Não mais brigas infindáveis, ciúmes, medo de rejeição. Não mais alimentação ruim nem som muito alto para ensurdecer os sentidos. Ela pediu demissão do emprego e, ao despedir-se de Carlos, seu grande amigo, notou os olhos marejados dele. Foram alguns anos em que seu ombro de pai sustentara suas tristezas e decepções, estimulando-a nas conquistas ou vibrando a cada alegria. Sim, ela era grata, mas precisava da libertação. Nada mais poderia alterar sua decisão. Assim que cumpriu os quinze dias exigidos após o pedido de demissão, mudou-se para a comunidade.

Em sua mala havia lindas roupas de trabalho e passeio, roupas e sapatilhas de balé, sapatos de todo tipo. Tudo foi deixado na lojinha do templo. Silvia vendeu o carro e livrou-se dos cartões de crédito sem hesitação. Depois de um treinamento de três meses, foi trabalhar como secretária do templo, recebendo 120 dólares por mês. Todos que trabalhavam ali, inclusive o mestre, recebiam o mesmo. Após o primeiro ano de moradia, ela pediu sua ordenação. A partir daí, começava um processo complexo, mas necessário, uma regra em todos os mosteiros. Para ser aceita, era preciso conseguir a bênção dos pais. Seguia-se uma regra simples: se você não convence seus pais da seriedade de sua opção, é porque ainda não está maduro o suficiente.

Antonio ironizava a opção da filha, afirmando que achava as pessoas religiosas hipócritas e que lastimava por ela seguir aquele caminho. Silvia tentava sem sucesso argumentar, mas um dia ouviu todo o escárnio do pai e ficou calada. Ele também se calou. Depois disso, apenas disse que para ele era indiferente.

Clara, por sua vez, era só consternação. *Por que logo essa religião? Por que não se torna freira?* Era difícil para ela entender e, apesar das argumentações da filha, permanecia inconformada. Certo dia, Silvia contou à mãe que durante uma meditação tivera a visão de Jesus e Buda juntos, sorrindo para ela. Não havia oposição. No dia seguinte, ao telefonar para Clara, não precisou dizer nada. Finalmente obteve a esperada bênção. Compreendeu, então, que seu amadurecimento dependia da mãe. Convencê-la foi seu verdadeiro desafio.

Havia ainda Flavia, que aos 19 anos achava tudo bonito. Na verdade, era a avó que lhe dava educação, que vigiava e punia. Não era propriamente um espanto, nem mesmo uma dor, que sua mãe biológica, de vida exótica e morando quase sempre longe, optasse por tal caminho.

Então estava tudo certo.

Ela recebeu de presente o tecido das roupas monásticas, como pedia a tradição, e começou a confeccioná-las. O dia da ordenação foi marcado.

Cerimônia de ordenação

Amanhecia como sempre, apesar das alegrias e tristezas humanas. Essa constante é toda vez um presente, um milagre inexplicável. A vida se renovando apesar de nós mesmos. Quantas sementes estariam brotando embaixo da terra! E os filhotes das mais diversas espécies animais poderiam estar nascendo. Bebês humanos de todas as raças estariam surgindo dos ventres dilatados, entre sangue, suor, lágrimas ou risos, bem-vindos ou não. Amantes se abraçariam na noite de um hemisfério, enquanto em outro desfrutariam a luz do dia. Muitos chegariam naquele momento às portas da morte, alguns com medo, outros nem tanto, outros inconscientes. Amanhecia como sempre.

Mas ali, naquele amanhecer, tudo parecia simples, apesar da complexidade que envolve qualquer escolha importante em nossa vida. O Zen Center de Los Angeles estava prestes a realizar mais uma cerimônia de ordenação. Alguns pássaros começavam a cantar numa espécie de comentário, um piando aqui e o outro respondendo acolá. Eram cinco horas da manhã e Silvia já estava de pé. Tomou um bom banho de chuveiro. Logo que terminou, vestiu-se e foi para outro local, onde deveria tomar o banho de purificação.

Pela primeira vez ela recebera permissão para entrar no banheiro reservado ao mestre e sua família. Assim que entrou, sua primeira providência foi montar um pequeno altar. Depois de pronto, ela ofereceu um incenso a Buda, fez três prostrações diante do altar e foi para a purificação. Uma banheira já havia sido preparada, com ervas perfumadas dentro de um saquinho de tecido. Era inebriante o ar que entrava pelas narinas, no seu rosto uma expressão serena. Os cabelos negros estavam presos em um coque no alto da cabeça. Ficou alguns minutos na banheira, enquanto seus lábios pronunciavam palavras em forma de oração.

Peço a todos os seres iluminados e benfazejos que me purifiquem por dentro e por fora, e que esse mérito seja estendido a todos os seres.

Após o banho ela acende um incenso e o passa próximo às vestes, que já estavam ali, devidamente dobradas. São brancas. Cuida para passar o incenso sobre cada peça de roupa, atenciosamente. Em seguida veste o corpo com cada uma das peças. Tudo devagar e com precisão de movimentos. Ela não tem pensamentos, concentra seu foco inteiramente no que está fazendo.

Em uma sala próxima, 28 monges e 12 monjas aguardam em meditação. Ela entra. Os monges orientadores começam a cortar seu cabelo, enquanto outros vão entoando as orações. Todo o cabelo é cortado, exceto por um chumaço no alto da cabeça. O tempo é percorrido com exatidão, e perto das seis horas está pronta para adentrar a outra sala. Nela estão os mestres e leigos que assistem à cerimônia. Richard é o único leigo convidado de Silvia.

Ela chega até a segunda sala. Primeiro, faz reverência ao lugar vazio onde estariam seus pais e se despede deles. Logo depois, faz reverência a Buda e pede licença para entrar. Caminha em direção ao mestre representante de Buda, faz três reverências e pede permissão. Ele assente e diz três vezes:

Essa última parte do seu cabelo é chamada shura. Apenas um Buda pode raspá-la. Você me permite fazê-lo?
Sim.
Essa última parte do seu cabelo é chamada shura. Apenas um Buda pode raspá-la. Você me permite fazê-lo?
Sim.
Essa última parte do seu cabelo é chamada shura. Apenas um Buda pode raspá-la. Você me permite fazê-lo?
Sim.

O mestre raspa o shura. Ele continua rezando, enquanto ela vai sendo vestida com a roupa monástica. Agora, Silvia está pronta para fazer o comprometimento monástico.

Eu me comprometo a não fazer o mal.
Eu me comprometo a fazer o bem.
Eu me comprometo a fazer o bem a todos os seres.

Ela também se compromete com os dez Grandes Preceitos:

Não matar, não roubar, não negociar intoxicantes, não abusar da sexualidade, não falar dos erros alheios, não se elevar e rebaixar os outros, não se abaixar e elevar os outros, não ser movida pela ganância, não ser movida pela raiva, não falar mal das Três Joias (Buda, Dharma e Sangha).

Ela recebe aquele que será seu novo nome daí para a frente.
É o dia 14 de janeiro de 1983.
A nova Monja está com 36 anos.

O Zen Center de Los Angeles era um agregado de várias casas, formando um todo que ocupava quase um quarteirão. Monges e monjas circulavam diariamente, meditando, trabalhando, recebendo visitantes e interessados. Ali, começava a nova rotina diária de Silvia, a quem agora chamaremos Monja. Era comum que se comemorasse a ordenação com uma festa, mas como haveria retiro no dia seguinte a Monja celebrou-a simplesmente, com um belo café da manhã na companhia de Richard. Simples era como ela estava se sentindo, e era assim que os dois conversavam animadamente entre um gole e outro de chá. Se houvesse uma foto daquele dia, talvez uma foto em preto e branco, captaria duas faces inundadas de esperança. Na vida, cada um do seu jeito, eles jamais desistiram. Talvez houvesse um comentário sobre a temperatura do chá, ou sobre o gosto do pão recém-saído do forno. Nenhuma importância perdida. Um enquadramento perfeito.

O retiro facilitou os primeiros dias da Monja na comunidade, tempo para se adaptar ao uso das roupas monásticas e aprender a vesti-las com rapidez e habilidade. O retiro era parte rotineira das atividades do Zen Center e, por coincidência, um deles estava marcado logo após sua ordenação. Em seu primeiro dia na vida monástica, ela servia as refeições do mestre, que morava com a família em uma casa em frente à comunidade. O celibato entre os monges e monjas não era uma regra, mas uma opção pessoal. Assim, havia aqueles que eram casados, até mesmo com filhos, como mestre Maezumi Roshi. Já entre as monjas, a maternidade era considerada um obstáculo, uma vez que os cuidados com os filhos não permitiriam a dedicação necessária e exigida. O casamento também não era proibido para elas, porém entre os monges a maioria optava pelo casamento e entre as monjas a maioria optava pelo celibato, provavelmente por conta dessa diferença.

○

Sensei é o termo reservado aos professores e significa "aquele que viveu antes". *Roshi* é o termo reservado aos professores mais experientes, que já formaram discípulos. Significa "o velho mestre".

○

Quando Silvia pediu ao mestre que a ordenasse, ele respondeu: *Só tenho monges aqui*. Ela reagiu: *Então me faça um monge!* Na verdade, havia monjas no Zen Center de Los Angeles, mas aquele era o modo de Maezumi Roshi dizer que não fazia diferença entre monges e monjas, usando para ambos a palavra "monge". Embora ali na comunidade, aparentemente, não existisse discriminação de gênero, essa questão apareceria na trajetória futura da Monja. Caminhos bem percorridos, porém, não servem ao conhecimento se não apresentam dificuldades e obstáculos.

Em seu primeiro ano após a ordenação, a Monja dividia-se entre o trabalho na casa do mestre – limpando e secretariando –, a meditação, os retiros e as leituras. Era comum, após os retiros, saírem para passeios ou reuniões de lazer. Ela, porém, gostava de ficar em casa lendo e estudando textos budistas. Uma jovem universitária foi sua primeira instrutora, mas quem orientou seus passos iniciais no Zen foi Charlotte Joko Beck. Logo que colocou os olhos nela, a Monja sentiu a força emanando de seu corpo, como se soassem acordes de uma sinfonia de Beethoven. A pele clara e os olhos de um azul aquoso traziam, porém, certa suavidade à sua presença. Joko Beck era uma professora, mestra do Dharma. Mulher inteligente e sensível, não por acaso atraiu a admiração da pupila brasileira. Sua intensa dedicação ao Zen Budismo, aliada ao caráter combativo e em nada submisso, servia como alerta ao que apenas florescia na monja recém-ordenada. Desta, uma série de excessos pessoais estava sendo retirada, atitudes e sentimentos que nada mais faziam senão pesar como um inútil saco de pedras. A mestra, porém, já elaborava o que havia de mais essencial em si mesma, e talvez por isso seu andar fosse tão firme.

Nascida em 1917 em New Jersey, ela estudou música, tocou e ensinou piano. Casou-se e teve quatro filhos. Só por volta dos 40 anos conheceu o Zen Budismo e a ele se entregou. Tornou-se monja e recebeu a Transmissão do Dharma de Maezumi Roshi, o fundador do Zen Center de Los Angeles. No final dos anos 1980, Joko Beck deixaria o Zen Center por sentir-se desrespeitada como mestra do Dharma. Ela apontava, por debaixo da pretensa igualdade, uma conduta patriarcal entre os membros da comunidade. Afastou-se das hierarquias monásticas ligadas ao Japão, tornando-se uma referência feminina e uma das maiores mestras zen budistas da atualidade. E abandonou as vestes monásticas dizendo que *"o hábito pode levar ao hábito"*, embora reconhecesse a dignidade por ele conferida. Não gostava, porém, de sentir-se diferente quando andava nas ruas. Deixou também de raspar o cabelo para não se agarrar a isso. Aos 92 anos, vive no Arizona, e o Zen Center de San Diego, fundado por ela ainda na década de 1980, continua em atividade, agora sob a direção de seus sucessores.

Joko Beck foi a primeira mulher e mestra no aprendizado da Monja a questionar o lugar feminino no budismo.

○

Eu e todos os seres da Grande Terra simultaneamente nos tornamos o Caminho.

Essa frase da experiência iluminada de Sidharta Gautama ecoava por todas as fibras da Monja, desde o primeiro momento em que tomou conhecimento dela. A sensação de que encontrara quem falasse uma linguagem familiar havia sido, até então, o grande acontecimento de sua vida. Maior do que qualquer outro, porque era uma descoberta do sentido da própria existência, algo que não imaginava encontrar um dia. Antes da ordenação, mais especificamente quando se preparava para ela, sua mãe angustiada perguntou: *Não estão fazendo lavagem cerebral em você?* Elas duas, é verdade, jamais falaram a mesma língua, mas só agora se davam conta disso. No entanto, enquanto Clara se remoía com tais teorias catastróficas, a filha apenas respondia: *Espero que haja bastante água, sabão e cândida!*

Na realidade, não foram poucos os que, após a experiência com drogas nos anos 1970, aderiram às seitas mais exóticas, aos gurus mais distantes. Muitos acreditavam que poderiam recuperar o sonho perdido, a utopia da paz e do amor para todos. Transformados em discípulos, jovens abandonavam sua vida, seus pais e amigos para viver em torno de um credo. Não era incomum ouvir o termo "lavagem cerebral" aplicado a situações em que havia exploração inescrupulosa dos seguidores. Assim, o argumento de Clara não estava de todo infundado. Apenas o tempo poderia mostrar que não se tratava de mais uma traquinagem de sua caçula. E o longo tempo que a mãe da Monja permaneceu neste planeta permitiu que seus olhos e coração vissem.

Difícil falar sobre a sensação de universalidade que arrebatou corações e mentes da geração a que pertencia a Monja. Talvez seja preciso que o tempo também, senhor de todo bom senso, possa atenuar julgamentos precipitados para o bem e para o mal. Com certeza, não foi a única época em que transformações fundamentais reorientaram os rumos da história humana. Mas foi aquela que explodiu no nascedouro da era da comunicação, e talvez a primeira com a marca da juventude. Passados apenas quarenta anos do Maio de 1968, é como estar diante da morte recente de alguém muito querido e especial. Sua presença fantasmagórica parece nos acompanhar, mas como uma distorção incipiente do que foi um dia. Da mesma forma, não há como transmitir a presença de uma pessoa que se perdeu. Como falar do riso, do tom de voz, do jeito de olhar e andar? Como traduzir a maneira de pensar, de encadear uma lógica peculiar ou de mobilizar as pessoas? Assim tem sido com os remanescentes desse período. Experiência sem tradução.

Existe, portanto, uma dose de complexidade na tentativa de definir o que levou Silvia a se tornar monja. Ou melhor, não há como definir. Pode-se apenas dizer que toda opção religiosa deveria ser única, individual e especialmente íntima. Por outro lado, nenhum caminho religioso está isento do "humano" e de tudo que isso implica. Ainda que a adesão religiosa seja parte dos hábitos de uma cultura, de um clã familiar, os questionamentos pessoais são inevitáveis. No caso da Monja, tanto as questões de sua vida quanto as de sua época, a busca de conhecimento, transformação e liberdade, norteavam profundamente sua escolha. Uma escolha vista com desconfiança pela família e pelos monges e monjas que a recebiam. A todos parecia que ela procurava longe, muito longe de suas tradições. Mas ela simplesmente sentia ter encontrado os cisnes como ela. Não era mais patinho feio, outsider, ovelha negra ou o que seja.

Nos dias que correm, algumas poucas pessoas teimam em olhar os céus, instigadas por velhas histórias. Talvez só restem perguntas.

Ei, para onde foram os cisnes?

○

Em Los Angeles, a Monja deixara de trabalhar na casa do mestre e agora fazia suas tarefas no mosteiro. Mais de um ano se passara após a ordenação, e ela executava a faxina diária com a mesma disposição de sempre. Naquela altura, já estava ciente dos problemas da comunidade, das pequenas rivalidades, das questões em torno do mestre orientador. Nada abalava ou mudava a sensação indelével de quando decidira tornar-se monja. Ao mesmo tempo que estava ali, diariamente lidando com a rotina da convivência em grupo, era como se raízes fincassem seus propósitos nos ensinamentos de muitas gerações de Budas.

○

Uma faixa de luz solar desvendava um bailado de poeira suspensa. O ar seco e quente do verão californiano. A manhã ainda era preguiça nos sonhos das crianças que tentavam levantar para ir à escola, mas no mosteiro a vida encontrava a Monja desperta e ágil. Quando ela limpava o chão do grande salão, já havia se passado pelo menos três horas desde seu despertar. O banho, a meditação, o desjejum. Em seguida, a faxina dos banheiros, dos quartos, e o grande salão.

No altar de laca vermelha e preta, a imagem dourada de Buda. Agora a luz morna e um pouco mais generosa se lançava sobre a cabeça nua da Monja. O chão escuro, o altar vermelho e preto, a luz sobre ela a esfregar o chão. Uma colega entra. Elas se cumprimentam com as reverências de praxe e a Monja sorri. A outra faz uma crítica, dizendo que ela sorria demais.

Às vezes me parece falso o seu sorrir. Uma demonstração de superioridade.

É uma boa observação, mas totalmente equivocada. Talvez seja apenas uma questão de ponto de vista, do lugar em que você observa.

Não entendi.

Talvez você esteja se colocando em posição inferior. E, daí, eu lhe pareço superior. Tudo que eu fizer será, por consequência, um ato de superioridade.

Você está sendo arrogante.

Não, de forma alguma. Estou falando dos fatos. Se meu sorriso a incomoda, creio que é você quem deve pensar a esse respeito.

Não se sabe bem por quê, mas a tristeza foi considerada mais religiosa que o riso. Mesmo na atualidade, a simples alegria de viver não é tão religiosa quanto a histeria e gritaria pela salvação, pelo perdão e pelo céu. A Monja era uma iniciante na ordem monástica, mas uma veterana nos dissabores da vida. A reformulação de sua visão de mundo através do Zen era mais forte do que as possíveis fantasias sobre a perfeição. Se antes do monastério ela não avaliava os riscos que corria, agora entendia que jamais arriscara nada de fato. Como explicar que limpar o chão ou o banheiro era uma atividade totalmente renovadora, uma reversão de seus antigos conceitos? Não era uma questão de mostrar satisfação ao fazer a limpeza, mas de descobrir uma nova visão da vida, que traduzia os anseios de sua alma.

Em contrapartida, isso não implicava mudar suas características pessoais em prol disto ou daquilo, desta ou daquela pessoa. Por isso mesmo, seu lado combativo e inquisidor nunca esteve tão afiado. Mas, agora, eram as cicatrizes internas que faziam de suas atitudes e respostas flechas sem desvio de rumo. Chegar estava sendo mais importante que partir, e apenas um pequeno espaço em seu coração sabia o significado disso. Ela tentava simplificar o que antes parecia complicado.

O aprendizado apenas se iniciava, a mudança era lenta e gradual, de dentro para fora.

Bankei estava pregando tranquilamente a seus discípulos, um dia, quando seu discurso foi interrompido por um padre de outra seita. Essa seita acreditava no poder dos milagres e achava que a salvação vinha da repetição de palavras sagradas.

Bankei parou de falar e perguntou ao padre o que ele queria dizer.

O padre começou a alardear que o fundador de sua religião podia ficar na margem de um rio, com um pincel na mão, e escrever um nome sagrado num pedaço de papel que o assistente segurava na outra margem.

O padre perguntou: Que milagres você pode fazer?

Bankei replicou: Apenas um. Quando estou com fome eu como, e quando estou com sede eu bebo.

O único milagre, o milagre impossível, é ser apenas comum.

A rivalidade era uma constante no ambiente do mosteiro, um lugar permeado de atritos e não de paz artificial. Humanos não deixam de ser humanos, e a negação dessa realidade faz a feiura aparecer sem piedade. Talvez Buda e Jesus jamais tenham sido tão belos como no momento de sua suprema humanidade. Um ao encontrar o verdadeiro sofrimento de Ser Humano, o outro traduzindo em uma única frase e no momento perfeito o terrível abandono que sentimos diante do Grande Silêncio: *Pai, por que me abandonaste?* Talvez por isso eles sobrevivam até hoje ao emaranhado de traduções e explicações sobre os dias que viveram, as palavras que pronunciaram, seus gestos e ações.

Em dado momento a Monja encontrou a rivalidade na figura de uma colega de mosteiro, a aluna mais aplicada de Maezumi Roshi. Médica, culta e dedicada, ela não via com bons olhos as atenções que a novata recebia. Especialmente os elogios constantes do Roshi. A situação ficou mais tensa quando o mestre chamou a Monja para atendê-lo como secretária novamente. Foi um período profícuo, mas difícil. Profícuo porque ela viu de perto muitas falhas no relacionamento das pessoas ali, ela própria incluída. Difícil porque estava apenas aprendendo a lidar com isso de outra forma. Tentava controlar seus impulsos, mesmo sabendo que essa não era a melhor forma. Era, porém, a única que sabia. Raiva, tristeza, sentimento de rejeição rondavam muitas vezes sua mente, e ela não estava livre do apego.

Por outro lado, havia sempre o trabalho na limpeza e o zazen, palavra que significa "meditação sentada". Seu conceito, no entanto, é maior. Zazen não é meditar sobre algo, não existe objeto ou imagem. É o silêncio profundo no qual até o sujeito desaparece. Até mesmo Buda desaparece. Lembra aquela outra fala que diz: *Quando a verdadeira dança acontece, o dançarino desaparece.* São visões que vêm de muito longe. Vale a pena contar o relato que dá origem ao Zen Budismo.

Certa vez, os discípulos de Buda estavam reunidos para ouvir um de seus discursos e receber seus ensinamentos. Quando Buda surgiu, sentou-se em silêncio e permaneceu calado, apenas segurando nas mãos uma flor. Dizem que a flor de lótus.

O tempo passava e Buda continuava calado, um leve sorriso nos lábios enquanto olhava a flor. Impacientes, os discípulos tentavam compreender o que significava aquilo. Apenas um deles, um homem chamado Mahakashyapa, em dado momento, olhou para a flor e sorriu para o mestre.

Buda chamou-o, entregou-lhe a flor e disse: Eu possuo o verdadeiro olho do Dharma, o verdadeiro ensinamento. O portal do Dharma não depende de palavras ou escritos, mas é transmitido fora das escrituras. Eu o transmito a Mahakashyapa.

Assim, Mahakashyapa tornou-se o primeiro patriarca do Zen chinês, o primeiro a compreender mais através da experiência direta do que das palavras e escrituras. Buda demonstrou, naquele dia, que a chave não podia ser passada por meio da palavra, da captação de um raciocínio lógico. Alguns sustentam que existe no Zen uma linhagem direta desde Buda, outros afirmam que não existe comprovação histórica disso. De qualquer maneira, a legitimidade não muda nada. O Zen nasce do silêncio, da comunicação coração a coração, mente a mente, entre mestre e discípulo. Um reino não poluído pelas palavras.

A introdução no universo zen budista foi acontecendo para a Monja à medida que praticava, pois não havia nela nenhum interesse anterior pela cultura japonesa. Antes, ela procurava respostas em livros de filosofia e psicologia. Mais tarde, sentiu que a resposta podia estar no êxtase do LSD. Agora, porém, além da prática, havia descoberto uma fonte rara e inesgotável de ensinamento: Dogen Zenji.

○

Dogen Zenji

Era janeiro de 1200, mais precisamente dia 19, quando Dogen veio ao mundo na cidade de Quioto, capital imperial do Japão. Pertencia a família aristocrática, mas seus pais faleceram cedo. Aos 3 anos perdeu o pai e aos 8, a mãe. Sentiu-se tomado pela tristeza. Dizem que no funeral da mãe foi fortemente mobilizado pelo conceito budista da impermanência ou anicca. *Tudo é passageiro, efêmero, nada é eterno.* Foi morar com os tios e, aos 13 anos, entrou para o Monte Hiei, centro do budismo escolástico no Japão medieval. Ali se ordenou monge pela escola Tendai de budismo mahayana. Seu espírito era uma chama ardendo constantemente, buscando respostas a perguntas que se formulavam em uma inteligência aguda e uma personalidade inquieta.

Foi o monge chinês Jianzhan quem introduziu no Japão o budismo mahayana, que veio a florescer por volta de 794, sob a patronagem da nobreza e da família imperial. Assim, a escola Tendai frequentada por Dogen derivava da escola chinesa Tiantai. Uma das afirmações fundamentais do budismo mahayana é que "todos os seres são dotados da natureza búdica, ou seja, são capazes de se iluminar". A natureza búdica é a própria iluminação. Essa afirmação acarretava uma questão que intrigou o jovem monge Dogen: *Se todos os seres são dotados da natureza búdica, então por que buscar a iluminação, por que a necessidade das práticas espirituais?*

Insatisfeito com as respostas às suas dúvidas, por volta dos 14 anos Dogen foi ao templo Kenninji, em Quioto, estudar com Eisai Zenji, mestre Tendai que havia trazido da China a prática da escola Rinzai de Zen Budismo. Eisai, conhecido por seu rigor e compaixão, ouviu a pergunta que perseguia Dogen e respondeu: *Nenhum Buda está consciente de sua existência ou de sua essência, mas os que estão grosseiramente iludidos têm essa consciência.*

Em outras palavras, ele queria dizer: os Budas são Budas porque já não pensam em ter ou não uma natureza perfeita, não pensam em ser Budas. Ao ouvir essas palavras, Dogen teve seu primeiro satori. Um ano depois de sua chegada a Kenninji, Eisai morre e Dogen passa a receber instruções do sucessor Myosan. Em 1221, Dogen recebe de Myosan a Transmissão do Dharma, o reconhecimento de que havia compreendido os ensinamentos. Como ainda restassem inquietações dentro dele, parte com o mestre a uma aventurosa viagem para a China, onde visita vários mosteiros e conhece muitos mestres, até chegar ao grande mestre Nyojo Zenji, abade do mosteiro em Tiatong-Shan e conhecido por seu rigor. É o ano de 1225 quando Dogen encontra Nyojo.

Permanece com ele praticando e recebendo ensinamentos durante dois anos.

Conta a história que certa manhã, durante a meditação, o discípulo ao lado de Dogen adormeceu. Nyojo, que vigiava, atirou no jovem que dormia suas sandálias e gritou: *Abandona corpo e mente!* Nesse exato momento, Dogen livrou-se das dúvidas que sempre o acompanhavam. No dia seguinte foi até mestre Nyojo, acendeu um incenso e prostrou-se diante dele. O mestre perguntou: *Por que isso?* E Dogen respondeu: *O corpo e a mente foram abandonados.* Ele havia atingido a iluminação.

Voltando ao Japão, foi primeiro para o mosteiro Kenninji e só em 1244 fundou o mosteiro Eiheiji (Templo da Paz Eterna), ainda hoje uma referência da linhagem Soto do Zen Budismo no Japão. Dogen foi filósofo e poeta, deixou escritos memoráveis, livros fundamentais para seus seguidores. Na época de seu retorno ao Japão, ocupou-se em escrever as regras universais para a prática do zazen ou fukanzazengi e, anos depois, completou sua grande obra, o *Shobogenzo Zuimonki* (Tesouro do Olho do Dharma), com 99 fascículos sobre a vida monástica, a filosofia da linguagem do ser, a inseparabilidade entre prática e iluminação.

Em 1253, Dogen adoeceu e morreu em Quioto, onde fora buscar tratamento. Ele é considerado o fundador da linhagem japonesa do Soto Zen.

○

Já se havia passado três anos desde que a Monja começara a praticar no Zen Center e um ano desde sua ordenação. Ela lembrava os primeiros meses, a paixão imediata pelo budismo e a desconfiança de mestre Maezumi Roshi. *Você nasceu de família cristã, não entende nada de budismo, como vai virar budista? Não, não é assim, sem entender não pode...* Ele fora totalmente enfático. *O tempo que o senhor quiser eu fico. Eu que-*

ro aprender... Nesses poucos anos, apenas uma mudança significativa acontecera nela, mas suficiente para que começasse a tomar nas mãos o seu destino. Parecia-lhe agora que vivera como marionete, comandada por outros, quaisquer outros. Ora muito triste ou deprimida, ora muito alegre ou entusiasmada, mas sempre dependendo das circunstâncias externas.

A vida no mosteiro de Los Angeles não se resumia apenas a meditação e tarefas rotineiras, havia também estudo dos textos budistas e da recitação dos sutras, aprendizado de artes, canto, arranjo de flores e cerimônia do chá, entre outros. Para a Monja, o zazen, o mergulho nos textos e o trabalho cotidiano preenchiam tudo de que ela mais precisava para seu autoconhecimento naquele momento. Ela passava ao largo das tensões que começavam a brotar no Zen Center em função de seu fundador, Maezumi Roshi. Falava-se sobre o alcoolismo do mestre.

Hyakujo reuniu todos os seus monges, pois desejava enviar um deles para abrir um novo mosteiro. Colocando um jarro cheio de água no chão, disse: Quem pode dizer o que é isto sem mencionar o nome?

O chefe dos monges, que esperava ser o escolhido, disse: Ninguém pode chamá-lo de sapato de madeira.

Outro monge disse: Não é um lago, pois pode ser carregado.

O monge cozinheiro, que estava por ali, andou até o jarro, chutou-o e foi embora.

Hyakujo sorriu e disse: O monge cozinheiro vai ser o mestre do novo mosteiro.

Ela olhava pela janela numa pausa de suas leituras. Lá fora um monge cuidava do jardim. Fazia pouco tempo que ele e outro monge haviam chegado, trazendo mais harmonia ao ambiente do mosteiro. A Monja não conversara com eles sobre os problemas do mestre, e era como se eles também não estivessem propensos a condená-lo tão prontamente. As mãos dela brincavam com um marcador de livro, enquanto seu pensamento se voltava para a história de Hyakujo e o monge cozinheiro. *Não se apreende a realidade através do pensamento. O pensamento sempre trará a divisão, outra possibilidade. A ação é estar no presente, porque só no presente é que existimos. Logo deixaremos de existir, tudo seguirá como sempre.* Atenta às suas conclusões, deixou-se vagar, distraída em si mesma, lembrando de mestre Maezumi e das dificuldades que atravessava.

A sensação da pequena história zen budista foi se tornando quase uma presença em torno do corpo dela. Os dedos pousados numa folha de papel em branco, o livro aberto em cima da mesa. Ela escreve:

Dentro do lago minha imagem.
Uma pedra cai.
Eu me desfaço em ondas
Até não ser mais.
Dentro do lago minha imagem.

Uma batida na janela faz seu corpo estremecer. O monge oferece um pequeno ramalhete de flores: *Estavam caídas no chão!* O vento do dia anterior derrubara folhas e flores, misturadas no chão em cores e perfumes. Ela recebe e agradece. Ele continua trabalhando, ela continua lendo. Mais tarde as flores enfeitam a cozinha do mosteiro.

A cada dia o zazen parecia novo, como a força da natureza que é sempre renovada e sempre a mesma. Sentada em posição de lótus, de frente para a parede e sobre a almofada cujo nome é "zafu", ela mantinha a coluna reta, observando a mente alternar entre agitação e quietude. Mas, como mestre Dogen ensinava, a meditação deve acontecer em todos os momentos. Estar desperta. Lavar, cozinhar, pintar, trabalhar no jardim, ler, fazer compras, andar nas ruas... Estar desperta. Caminhar como se de fato caminhasse. Os pés no chão. Apesar de atitudes pessoais como a de Joko Beck, o hábito monástico era considerado uma forma de levar Buda à comunidade leiga mais próxima. Um monge caminhando pelas ruas não passa despercebido! A cabeça raspada é uma herança indiana, pois destaca os sacerdotes dos de castas inferiores, mas também é um sinal de desapego da vaidade. A Monja sentia-se à vontade tanto com os hábitos monásticos como com a cabeça raspada. Fora assim desde o início. Para ela, o refúgio em Buda era seu grande encontro, nada mais poderia empalidecer esse fato. Refúgio aqui não é a guarida para desamparados e desiludidos.

Um dos ensinamentos budistas fala sobre o refúgio nas Três Joias ou Três Tesouros: Buda, Dharma e Sangha. *Eu me refugio em Buda. Eu me refugio nos ensinamentos de Buda. Eu me refugio na comunidade.* Anteriormente, a Sangha, ou comunidade, era formada por aqueles que viviam nos mosteiros, mas hoje são também incluídos todos os praticantes do Grande Caminho. A palavra "refugiar" aqui é o reconhecimento da semente da iluminação dentro de cada um, das leis e ensinamentos, para que eles se desdobrem em nós, e da ajuda que devemos oferecer uns aos outros no caminho rumo à libertação. Buda, Dharma e Sangha.

Da mesma maneira que a Monja abraçara inteiramente o budismo, Clara aceitara sem ressalvas a vocação da filha. Com o passar do tempo, ela desenvolvera até mesmo certo orgulho, colocando a filha no mesmo patamar de uma freira. E, dentro de suas convicções católicas, isso era algo de que ela realmente podia se orgulhar. Recebia as fotos da Monja com seus hábitos monásticos pretos, a cabeça raspada, e achava que além de linda sua filha rebelde estava finalmente em paz. Elas trocavam cartas constantemente e, às vezes, se falavam por telefone. A comunicação com Antonio era menor, mais truncada, atravessada sempre pela dificuldade maior dele em aceitar os fatos. Mas ele já respeitava a opção da filha, o que era um avanço. Clarinha não se empolgava nem rejeitava. Como o pai, mantinha um respeito distanciado. E Flavia, na verdade, não dimensionava ainda a extravagância de ter uma monja budista como mãe.

Querida filha,

Ontem comecei a escrever esta carta, que hoje termino ansiosa para enviá-la. Imagino com alegria o quanto você está tranquila, apesar de ter ciência de que nenhum caminho é fácil. O que alivia meu coração é justamente perceber o alívio em seu coração, a minha menina transformada em mulher que sabe aonde vai e o que deseja alcançar. Não que antes não fosse assim. De certa maneira sempre foi. Havia, no entanto, uma espécie de névoa em seus olhos. Quantas vezes eu vi você cair e levantar, quantas vezes seus sonhos se dispersavam sem formas, quase sem sentido.

Hoje vejo seu semblante confiante, os olhos límpidos como aqueles que um dia eu vi nascer, a esperança outra vez na forma de vida. Sinto tanto orgulho de você, de sua trajetória sem descanso e sem medo de arriscar. Muitas foram as noites em que temi não apenas pela sua infelicidade, mas até mesmo pela sua vida. O céu de agora tem estrelas faiscantes e tenho certeza no dia de amanhã. Você me trouxe isto, a possibilidade infinita de fazer de si mesmo um desafio em constante mutação.

Tantas vidas em uma só vida!

Que Deus abençoe seu caminho, minha filha e monja. Meu amor.

Mamãe

○

A Monja conseguia viver cada vez mais tempo cuidando de si mesma, das próprias dores e alegrias. Não precisava desesperadamente que algo ou alguém a confirmasse. Se antes ela fechava o coração para suportar perdas, sonhos desfeitos, e seguir sem saber para onde, agora ela resgatava o calor em seu peito. Se antes ela dançava e sofria quando ninguém a acompanhava, agora seus pés saltavam em pontas e rodavam rodopios delirantes. Puro prazer. Ou um risco esvaziado, porque dispensava também o espectador.

Não se pode dizer que o caminho por ela escolhido fosse responsável pelas suas transformações. Dizer isso seria ir contra o que é o próprio Zen. Cada pequena mudança era por seu esforço, sua descoberta de que não havia nada mais belo do que estar viva, do que entender como ela própria funcionava. Abandonar certezas era experimentar uma liberdade ímpar, uma liberdade, porém, que jamais dispensava a disciplina perene sobre si mesma. Sem esticar ou afrouxar demais a corda do instrumento, assim como Buda ensinou, uma canção de abismos e vales, de cumes e encostas, se abria para ela. Canção única, nascida como a música das águas vermelhas correndo para seu coração aberto e receptivo.

As dificuldades, contudo, estavam sempre presentes. O que mudava era a disposição e a maneira de enfrentá-las. Se a Monja não se afetava com os problemas de Maezumi Roshi, era cada vez mais difícil lidar com a competição de Seishin, a médica. Mas ela tentava encarar isso como um bom desafio, uma vez que a própria impetuosidade e atrevimento continuavam agitando seu íntimo.

Joshu, o mestre Zen, perguntou a um monge novo no mosteiro: Já o vi antes?
O novo monge respondeu: Não, senhor.
Joshu disse: Então tome uma xícara de chá.

Joshu virou-se para outro monge: Já o vi antes?
Sim, senhor. Claro que já.
Então tome uma xícara de chá.

Mais tarde, o monge que dirigia o mosteiro perguntou: Por que o senhor fez a mesma oferta de chá a ambas as respostas?
Então, Joshu gritou: Abade, o senhor está aqui?
Sim, mestre.
Então tome uma xícara de chá.

O mestre só tem consciência para oferecer. O estado desperto. Enquanto não se está desperto, não existe diferença. O noviço, o monge mais antigo, o abade. Diante do mestre, um só. A mesma busca.

No Zen o chá é também meditação. Por isso, é uma forma de arte preparar e tomar chá. Diante da rivalidade, uma xícara de chá.

○

Um dos monges recém-chegados ao Zen Center certo dia mostrou à Monja uma reportagem sobre o Mosteiro Feminino de Nagoya, no Japão. Nagoya é a capital da província de Aichi, que fica entre Tóquio e Quioto. É uma cidade populosa e agitada, um dos centros econômicos do Japão. Ela não conhecia um mosteiro feminino, mas teve uma vontade imediata de ir para lá. O apelo do aprendizado entre mulheres parecia algo a ser conferido, e a Monja não tardou em discutir o assunto com Maezumi Roshi. No entanto, a primeira reação dele foi desencorajá-la.

As mulheres no Japão não têm o mesmo status daqui, ele afirmava enfático. Tais recomendações não surtiram qualquer efeito. A Monja imaginava como seria viver entre mulheres, quem sabe aprender tradições outras, ensinamentos pertencentes a gerações e gerações de monjas japonesas. Aguardava o momento certo para insistir com o Roshi.

○

Naquela tarde ela retornava de tarefas que realizara fora do mosteiro. Passava por um parque e resolveu caminhar. Lembrou de imediato seu encontro com Richard, mal havia se passado três anos. Respirou no ar uma mistura de essências femininas e cheiro de terra. Seu olfato ficara mais aguçado depois que abandonara os perfumes franceses que usava. Olhava para uma criança que pousava nela seu olhar ingênuo e curioso. Os sorrisos se tocaram a meio caminho, leves como roçar de sonhos, rápidos como estrelas cadentes. Logo a menina corria para a mãe. *Ela é careca, mamãe!* Cinco anos de experiência espantada! Num salto de que só a confiança infantil é capaz, a garota acolheu-se na ternura dos braços maternos. A mulher meneava a cabeça para a Monja, rindo da filha.

Como é seu nome?, a Monja interveio.

A menina mantinha dois dedinhos na boca.

Diz seu nome, a mãe afastava da boca cor-de-rosa a mãozinha gorducha.

Scarlett! Um cachinho na testa enfeitava sua expressão envergonhada.

Lindo nome, sabia?

A garota, porém, mantinha o foco: *Por que você é careca?*

A mãe não repreendeu a garota pela pergunta. Tão somente esperou. Sem ansiedade esperou. Decididamente, não era uma mulher óbvia.

Porque assim o sol aparece em minha cabeça!

Dentro da cabeça?

É. Dentro da cabeça.

A Monja se encantava com a criança e com a mãe em silêncio deixando a conversa transcorrer, a filha experimentar o mundo à sua volta. Apenas com um afago aqui e outro ali, a mãe dava segurança para a menina ir em frente.

E não queima?

Às vezes esquenta um pouco, mas não queima.

E quando esquenta a sua mãe assopra?
Não. Eu jogo água.
Há, há, há!
A menina riu um riso aberto, com o corpo todo, jogando de leve a cabeça para trás. Era como se a resposta a tivesse surpreendido. O riso foi tão contagiante que ambas as mulheres riram também. Logo depois se despediram. *Tchau, Scarlett! Eu tenho que ir.* Ela beijou a menina no rosto e fez uma reverência à mulher. Seguiu andando devagar.

Foi pensando em sua filha e sua mãe. Quando chegava às imediações do mosteiro, teve absoluta certeza de que devia ir para Nagoya. Estar entre mulheres, partilhar das heranças do saber feminino, era mesmo algo fundamental para ela.

○

A história de Buda não prescinde das mulheres, mesmo quando elas foram deixadas ou rejeitadas. Resgatar a participação delas é trazer uma força que jamais deixou de existir nem o tempo conseguiu apagar. Apesar dos pesares.

A mãe de Sidharta Gautama, Maya, morreu sete dias após seu nascimento, e ele foi criado por uma tia, Mahaprajapati. Ele nasceu na alta casta, e sua vida se confunde com a mitologia em torno dela. Aos 16 anos casou-se com Yasodhara, da mesma idade e da alta casta como ele. Tiveram um único filho, de nome Rahula, após alguns anos de casamento. A vida privilegiada e protegida de Sidharta mudou totalmente depois de três passeios fora dos limites do palácio. Foi quando deparou com o sofrimento humano na forma da velhice, da doença e da morte. A partir daí, ele começou a questionar o sentido da existência humana. Ao ver um monge em sua quarta saída, resolveu abandonar a família e a vida que levava para buscar respostas. Estava então com 29 anos.

E Yasodhara? Conta o mito que ela dormia quando o marido foi embora, pois ele deixou o palácio na calada da noite, acompanhado apenas por seu vassalo Chandaka. O príncipe trocou suas vestes pelas do vassalo, pedindo que este voltasse e explicasse sua decisão a todos. Avisou, ainda, que só voltaria quando atingisse a iluminação. Yasodhara, portanto, não viu o marido partir. Nem ninguém da família. Quando, anos depois, ela colocou nele os olhos novamente, ele já era Buda, o iluminado. Dizem que caiu a seus pés e lavou-os com lágrimas, tornando-se depois sua discípula. No entanto, pouco se sabe desse encontro.

A imagem é uma cena do filme *Samsara*: o monge olha para a mulher e o filho adormecidos. É noite, e ele resolveu deixá-los para voltar a viver no mosteiro. Ela acorda a tempo de alcançá-lo na estrada, pois as distâncias eram percorridas a pé. Ela chora enquanto fala e em certo momento diz: *E Yasodhara? Quem pensou nela?* Acrescentando: *Só mesmo um homem consegue fugir no meio da noite deixando seu filho adormecido.* Ele nada responde. Em sua aflição, o pensamento gira em torno da pergunta do mestre. *O que é mais difícil: tentar satisfazer todos os desejos ou apenas um?* E continua caminhando em direção ao mosteiro, enquanto a mulher se esvai em miragem. Vira distância.

O caminho do meio, o caminho do equilíbrio que o próprio Buda prega durante anos a fio, passa por essa luta para harmonizar feminino e masculino. Dentro e fora. Buda, como iluminado, é masculino e feminino. E a iluminação é um processo constante, em que não existem chegada nem partida. Tudo sempre se reajusta, sem ideias fixas. Nem mortas. Durante a vida, Buda teve de reajustar seu pensamento sobre as mulheres, ainda que as julgasse perigosas para a concentração do monge. Eis um diálogo entre Ananda e Buda:

Senhor, como devemos nos conduzir em relação às mulheres?
Como se não as víssemos, Ananda.
Mas, se as virmos, o que devemos fazer?

Não falar, Ananda.
Mas, se elas falarem conosco, Senhor, o que devemos fazer?
Mantenha-se bem desperto, Ananda.

A Monja jamais fora adepta de teorias da conspiração ou engajada em movimentos revolucionários. Sua trajetória fora revirar do avesso a própria vida. Agora, no entanto, havia algo além dela mesma. Havia o legado de Buda, de mestre Dogen, os ensinamentos de mestre Maezumi Roshi. Mais do que isso, porém, havia uma porta secreta guardando um lugar onde mulheres formavam uma irmandade quase invisível. Tal como a ilha de Avalon das lendas do Rei Artur, habitada por sacerdotisas e mulheres sábias, visível só para alguns e em raros momentos. Para a Monja, entre o visível e o invisível havia agora Mahaprajapati, Yasodhara e tantas outras dos tempos ancestrais, num vislumbre das névoas do tempo. Começava a perceber as lacunas enormes na história das mulheres no budismo. Seu espírito inquieto se voltava para enxergar entre os espaços, entre as palavras, entre os silêncios. Parecia que ali habitavam as mulheres.

Na primeira oportunidade, falou novamente com Maezumi Roshi, insistindo em ir a Nagoya. Ele concordou, mas sugeriu uma estada de um ano. A superiora do mosteiro, entretanto, negou-se a aceitar por menos de cinco anos uma estrangeira que não falava japonês. O Roshi voltou a argumentar com a discípula, avisando sobre o treinamento duro e difícil, mas diante da insistência dela acabou cedendo. Deixou claro, porém, que ela podia voltar quando quisesse, a qualquer momento.

A Monja partiu para Nagoya, capital da província de Aichi, no Japão. Destino: Mosteiro Feminino de Nagoya, para formação de monjas iniciantes.

○

Era noite. O avião flutuava nos céus do Japão. Não havia lua e a escuridão se espalhava na frente dos faróis potentes da aeronave. A Monja, cansada da longa viagem, sentia o corpo enrijecido e uma sonolência que lhe aderia aos ossos, como se eles não pudessem ser acionados. Algumas luzes piscavam embaixo, as primeiras que ela avistava no país do sol nascente. Inevitável pensar em como chegara até ali e no que aconteceria daquele momento em diante. Antes ela escolhera mudar de caminho, dera uma guinada em sua direção e seus propósitos. Tornara-se monja budista. Agora, uma espécie de refinamento acontecia. Dentro do caminho havia outras escolhas, exigindo dela uma atenção ainda maior, mais meticulosa e certeira.

Ela aprendera que o zazen se estendia para fora dos limites do templo, para além da parede inerte diante da qual sentava em silêncio todos os dias. A secura do Zen era tal como estar só no deserto. Podia ser como o âmago da solitude, o estar consigo sem subterfúgios de nenhuma espécie. Muitas vezes, no Zen Center, ela presenciara praticantes curiosos que pareciam enlouquecer durante um sesshin, o retiro de alguns dias. Estar na presença de si mesmo era por si só perturbador. Às vezes aconteciam desistências objetivas, do tipo *"não aguento mais"*, e outras sedutoras, do tipo *"estou com resfriado, estou com gripe, minha mãe ficou doente, minha avó caiu da escada"*. Os monges e monjas olhavam e, sem nada comentar, apenas concordavam. Deixavam que se fossem. O Zen não apressa o rio nem a precipitação da chuva.

Quando a Monja sentava-se para meditar em seus primeiros dias de praticante, ficava surpresa com a quantidade de pensamentos capazes de brotar em sua cabeça durante vinte minutos de zazen. Ela podia passar da tristeza ao êxtase sem mover um músculo, a parede como única testemunha. Aos poucos percebia que a maior parte de suas emoções eram construções mentais e, na paciência de quem garimpa ouro, encontrava aqui e ali sentimentos verdadeiros. Então a tristeza era de outra qualidade, e a alegria também. Não eram lamentos, mas estavam impregnadas em seu ser feito marcas deixadas pela vida, eram realidades que diziam e apontavam os contornos dela mesma. Urgia atingir o centro criador, a alma da qual todos engravidamos e que, na ignorância, impedimos que venha à luz.

Uma sacudida em seu corpo e o avião aterrissou, arrancando-a de seu estado sonolento. O coração batia mais forte, mas o cansaço vencia todas as outras possibilidades sensoriais. Talvez o cansaço fosse apenas um descanso em si mesmo, uma forma de não se exaltar. Nem êxtase nem receio. Cansaço! Na verdade, ela prestava atenção em seus pés doloridos, inchados por tantas horas de voo. Pegou as malas na esteira e logo viu o monge que viera buscá-la. Ela carregava livros na mão e ele se ofereceu para levá-los. A Monja sentiu vergonha ao dar-lhe seus livros, antevendo uma incorreção no gesto. Achou estranho esse pensamento.

Tóquio estava toda iluminada, mas a monja ocidental cochilou no carro que a levava até o mosteiro. Não viu a maior parte do trajeto. Assim que chegou, foi conduzida a seus aposentos, onde tomou todo o cuidado para não incomodar a outra monja ali adormecida. Sem que tivesse tempo para deixar sair de si a ansiedade, deitou-se segurando os olhos abertos na penumbra, enquanto a respiração buscava calma em inspirações fundas e espaçadas. Por instantes lembrou das dificuldades que enfrentara no colégio de freiras, mas logo as pálpebras pesaram e ela adormeceu. A madrugada já avançava. Poucas horas depois, ela estaria em pé para a viagem a Nagoya.

Cerimônia de entrada no mosteiro

Assim que chegou ao local do mosteiro, a Monja foi até uma casinha próxima ao portão de entrada trocar sua roupa.

Pouco tempo depois, saiu paramentada com as vestes que os monges e monjas antigos usavam para viajar, segundo a antiga tradição.

Usava uma calça levemente curta, perneiras e braçadeiras brancas, sandálias e chapéu de palha. Carregava nos ombros uma alça na qual estavam presas duas caixas pequenas, uma no peito e outra nas costas. Nessa última guardava uma muda de roupa íntima e uma escova de dente. Na da frente, papéis em que constavam os sutras sagrados, a linhagem à qual pertencia – recebida na ordenação – e o dinheiro suficiente para um funeral. Acima dessa caixa estava amarrado o orioki, as tigelas recebidas na ordenação, cada uma de um tamanho e uma dentro da outra. Essas tigelas devem acompanhar o iniciado sempre, sendo usadas em rituais específicos. Pelo correio chegariam seus outros pertences. Livros, o futon em que dormia e outros.

Junto da entrada, ela bate três vezes na porta com um martelo e uma monja abre a porta. Por três vezes é feita uma pergunta:

O que você veio fazer aqui?
Vim praticar.
O que você veio fazer aqui?
Vim praticar.
O que você veio fazer aqui?
Vim praticar.

Ela permanece no umbral do portão e espera. A monja mais antiga do mosteiro vem então recebê-la. Juntas, dirigem-se à sala das relíquias de Buda, em um templo que fica nas proximidades do mosteiro. Lá fazem as preces e voltam. Finalmente ela é acolhida dentro do mosteiro, onde se dirige primeiramente para a sala de Buda e faz três reverências. Aguarda então pela abadessa, que dirá onde deve ficar.

Móveis escuros emprestam certa seriedade ao escritório amplo, mas o verde das árvores invade as janelas abertas, trazendo leveza e harmonia ao ambiente. O outono se anuncia, espiando para além das janelas o movimento da noviça aguando o jardim. O ar está frio, mas os raios de sol teimam em prevalecer, pincelando brilho no ambiente. Os olhos da Monja percorrem as estantes de livros, alguns quadros, os pequenos enfeites sobre a escrivaninha. Antes que um pensamento se erga em sua mente, as portas se abrem e Aoyama Roshi surge feito uma brisa repentina. Elas fazem reverências mútuas e a abadessa aponta a cadeira para que a outra se sente.

Por que você veio para cá?
Porque desejava aprender através das mulheres, com as mulheres.
Nossa rotina é dura e você não fala japonês.
Posso aprender.
Sem dúvida, mas isso vai levar tempo e dedicação. Seu início aqui será um desafio para você.
Eu sei, eu vim preparada para isso.

Aoyama sorri de um jeito enigmático e com o olhar sem farpas. Mas a Monja ainda estava imatura para captar as delicadas filigranas dos movimentos daquela mulher surpreendente. Sua alegria por estar ali tentava compensar a falta de percepção mais apurada. Chegara a um lugar de mulheres sábias, onde todas se preparavam em torno dos mesmos propósitos, os passos no mesmo caminho. Era isso que sentia com toda convicção de que era capaz. Ela ouviu, mas de fato não escutou quando a abadessa disse: *Aqui você não vai conviver com mulheres santas, mas com seres humanos. A prática consiste em estarmos juntas, apesar do atrito nessa convivência.* A Monja interveio: *Sim, eu já vivi essa dificuldade no mosteiro de Los An-*

geles. Aoyama continuou como se ninguém tivesse falado: *A convivência diária é complicada, especialmente entre pessoas de culturas diferentes, línguas diferentes*. A Monja permaneceu em silêncio e a abadessa seguiu falando: *Imagine uma caixinha cheia de pedras com pontas agudas. Quando sacudidas, elas se chocam e vão perdendo as pontas. A que se arredonda não fere nem é ferida*.

A Monja guardou dentro de si a imagem.

○

Shundo Aoyama Roshi, nascida em 1933, era uma menina de 5 anos quando foi entregue ao mosteiro para viver com a tia monja e ali receber educação. Aos 15 anos foi ordenada monja. Graduou-se em Estudos Budistas na universidade de Tóquio e, em 1964, entrou para o mosteiro Nisodo, em Nagoya, para continuar seu treinamento monástico. Foi ali que, em 1976, tornou-se a primeira mulher a atingir o cargo de abadessa. Em 1984 já havia completado seu doutorado em Estudos Budistas e criou um curso especial no mosteiro. Além de treinar monjas iniciantes, o mosteiro passou também a receber monjas aptas ao treinamento para professoras especiais. Isso significava dizer que poderiam comandar um templo quando voltassem à sua comunidade.

Aoyama, mulher de estrutura física pequena e delicada, jamais abandonou a tradição, mas estava plenamente inserida na erudição mais contemporânea. Existia nela uma rara habilidade de combinar o que se teima em separar. Não por acaso, tornou-se a representante de toda uma geração de monjas com alguns direitos iguais aos dos monges: estudo, ensinamentos e autoridade. De alguma maneira, começava a ser preenchida uma lacuna existente desde os tempos de Buda. Sem dúvida houve mulheres que romperam com a estrutura anteriormente, mas agora toda uma época contribuía para que as conquistas não fossem isoladas. A abadessa, que carregava uma capacidade de luta inquebrantável, sabia, porém, que no cotidiano os combates mais estratégicos eram enfrentados nos domínios do próprio ser.

Diante da recepção de Aoyama, a Monja lembrou das palavras de Maezumi Roshi. Ele descrevia a desistência de uma americana depois de um ano no Mosteiro Feminino de Nagoya, afirmando: *Ela não aguentou!* Acreditava em sua firme intenção e que o mesmo não lhe sucederia.

Algumas horas depois, chegava até a sala de refeições para almoçar e encontrava as outras monjas que moravam ali. Eram em torno de vinte, mas apenas duas ocidentais, ela própria e uma americana.

o

Um dia no mosteiro

Havia em torno de cinco mulheres em cada quarto. Às quatro horas da manhã todas acordavam. Em quinze minutos deviam guardar no armário o futon, lavar o rosto, a cabeça, escovar os dentes e trocar de roupa. Às 4h15min todas deviam estar na sala de meditação, onde se sentavam por 45 minutos. Era o zazen. Em seguida, todas iam para a sala de Buda, onde se fazia a liturgia da manhã com leitura de sutras durante uma hora e meia. Era a tchoka. O trabalho comunitário, ou samu, vinha a seguir e compreendia a limpeza geral, as tarefas na cozinha, no jardim etc. A limpeza do chão se fazia varrendo e depois esfregando panos com as mãos – um costume no Japão. Todas as noviças faziam rodízio periódico das funções.

O tempo no mosteiro era marcado por sinos e tambores. Assim, quando soavam novamente as batidas do tambor, as monjas se dirigiam para a refeição da manhã. As tigelas que cada uma carregava eram utilizadas. Isso se chamava comer em orioki, comer nas tigelas recebidas na ordenação. Depois da refeição, as tigelas eram lavadas na própria mesa, outro ritual diário. A Monja não tinha qualquer dificuldade com os rituais. Primeiro porque estava acostumada a muitos deles desde Los Angeles, depois porque havia nela grande facilidade para memória visual. Registrava sem demora o que via em gestos e movimentos.

Após o desjejum havia aulas variadas: arranjo de flores, costura, caligrafia, música, entonação da voz, poesia japonesa, contação de história para crianças, oratória, textos clássicos sagrados. Ao meio-dia, o almoço com arroz branco, verduras cozidas e missoshiro. Eventualmente, ovos e tofu, e uma vez por ano peixe ou frango. Às 16h30min, todas se concentravam para nova leitura de sutras, o banka. O jantar, geralmente um macarrão japonês, era servido às 17h30min. Duas horas depois, o sino tocava para o zazen. Quando o relógio apontava 21h30min, as monjas se recolhiam para dormir.

Todo dia se repetia a mesma rotina. Havia, porém, os dias reservados para takuhatsu, ou esmolar, outra tradição antiga. Não se tomava banho diariamente, só nas datas marcadas, geralmente seis vezes ao mês. Nesses dias elas acordavam pouco mais tarde e iam direto para a tchoka. À noite, entravam nas banheiras de ofurô, quatro em cada banheira. O banho era preparado por uma delas, uma função que, como todas as outras, se alternava sempre. Normalmente, a abadessa recebia ajuda na banheira, quando uma das monjas entrava para esfregar suas costas.

Os verões eram muito quentes e os invernos extremamente frios. Dentro do mosteiro, o aquecimento nos dias mais gelados só era permitido das seis às oito da noite. Nos dias de calor intenso, as cigarras cantavam sem parar. Sem interromper o trabalho, as monjas formiguinhas não desgostavam desse canto. Era o anúncio estridente do sol e das noites enluaradas. As cigarras, livres de desejos e sonhos, cantavam.

o

 Não tardou para que a Monja visse suas ilusões dizimadas diante do que encontrou no mosteiro. Foi ali, sem sombra de dúvida, que enfrentou grandes desafios e que a realidade atingiu certezas antes inabaláveis. Ela esperava encontrar a dureza, a disciplina, a desconfiança de sua origem ocidental, a dúvida quanto aos seus propósitos, a dificuldade de comunicação por não dominar a língua local. Mas, fosse como fosse, estaria entre iguais, entre mulheres que acataram conscientemente um caminho, que buscavam despertar assim como Buda despertou um dia. E não foi bem o que encontrou.

 Vinda do Ocidente, nascida em família abastada, pertencente a uma geração que acreditava antes de tudo nas próprias ideias e visão de mundo, não podia imaginar que o mosteiro feminino não era tão somente um refúgio em Buda. A ideia preconcebida de que ali todas estavam ansiando pelo zazen e pela sabedoria se desmanchou. O mosteiro era, para muitas mulheres japonesas, a fuga de uma vida de privações e nenhuma oportunidade. Mulheres solteiras e sem estudo, sem alternativa de liberdade individual e cuja vida, além de não ter esperança, era feita de submissão para sobreviver. Mulheres casadas e abandonadas pelo marido, mulheres viúvas que não encontravam mais guarida na sociedade em que viviam. Nem sábias nem santas, mas perfeitas na representação da vida comum, sem enfeites.

 A Monja, defensivamente, passou a rejeitar as companheiras, e a única ocidental que vivia no mosteiro estava terminando seu treinamento. Não havia alternativa a não ser encarar as questões diárias que surgiam. Sem parar elas surgiam. Diversas vezes, durante a palestra da abadessa, a Monja observava que muitas delas dormiam, e achava um absurdo. O total comprometimento era sua maneira idealizada de compreender não apenas o Zen Budismo, mas qualquer outra adesão, fosse religiosa, filosófica ou política. Que perda de tempo dormir na palestra! Ela ficava indignada e cedia ao seu temperamento, não conseguia estabelecer vínculos com quem não admirava. Assim, ficava meio de lado e era por elas deixada de lado também.

Durante os dois primeiros anos não frequentou nenhuma aula de japonês, pois a abadessa preferiu que ela aprendesse com a convivência. Convivência? Mas não havia outro jeito. Quando reclamava da má vontade das companheiras, Aoyama replicava: *É você, é você*. A Monja ficava calada e emburrada, mas não desistia. Esmerava-se em prestar atenção nos sons, nos tons de voz, nos gestos. Não sabia, entretanto, que o povo japonês é dissimulado em sua comunicação, muito diferente dos brasileiros em sua maneira de verbalizar. Até que um fato fez com que acordasse para isso.

Numa tarde, a abadessa passava pelos corredores quando viu um balde de limpeza fora de lugar. Imediatamente quis saber quem o deixara ali. Foi então que a Monja, prestando extrema atenção na pronúncia das outras, entendeu quando disseram: *Foi ela, foi ela!* E prontamente respondeu: *Não, não fui eu!* As outras olharam com espanto, não esperavam que ela tivesse entendido. Aoyama compreendeu o que se passava e, dispensando a monja ocidental, permaneceu conversando com as outras. Elas procuravam confundir a novata quando falavam, foi fácil para a abadessa deduzir. Nada mudou. A Monja, porém, abria ainda mais os olhos e os ouvidos.

Tempos depois, um segundo episódio trouxe, finalmente, uma nova definição na atitude da abadessa. Foi no dia em que ela recebeu a visita do abade. Ele vinha periodicamente ao mosteiro, pois era o responsável, acima dela, pelo Mosteiro Feminino de Nagoya. Estavam os dois reunidos no escritório e a Monja fora escalada para servir-lhes o chá. Ela entrou e, discretamente, colocou o bule, as xícaras, as bolachas. Eles permaneciam distraídos enquanto ela os servia e tudo corria à risca, com perfeição. As mãos dela pareciam dançar no ar, riscando em traços invisíveis a beleza dos movimentos. Um fio de fumaça se desprendia do calor perfumado da bebida servida nas xícaras. Quando tudo estava arrumado, de repente, não mais que de repente, ela ordenou em japonês: *BEBAM!!*

Com espanto, viu a abadessa enrubescer. Num átimo que a deixou aparvalhada, sentiu que Aoyama estava morta de vergonha. Com aflição explícita, a abadessa gesticulou para que ela saísse. A Monja deixou o local sem saber o que havia feito de errado. Mais tarde soube que tivera um comportamento absurdamente atípico, e isso se devia ao modo como as outras falavam com ela. Repetia do jeito que ouvia e, normalmente, as outras davam ênfase nas palavras de maneira indevida ou tentavam ser mais diretas para que ela entendesse. Por isso, assimilou o tom imperativo como forma de ser clara e verossímil. Entendia-o como algo normal na comunicação japonesa. O vexame sofrido pela abadessa fez com que esta pensasse melhor sobre o assunto.

Alguns dias depois, a Monja foi chamada para ver Aoyama em seu escritório.

O que você mais gosta de fazer aqui?
Zazen.
Então, na hora do zazen você vai aprender japonês.

A estratégia era tirar algo de que se gostava muito para a dedicação ser maior no outro aprendizado. Quanto mais rápido ela progredisse nas aulas, mais rápido voltaria a praticar o zazen. E assim foi feito. A Monja frequentou um curso de japonês, fora do mosteiro, durante seis meses.

o

O inverno era intenso. As árvores no entorno do mosteiro estavam nuas e belas, seus braços apontando distâncias inalcançáveis céu afora. Talvez mais se assemelhassem aos braços sinuosos de uma bailarina, ou aos de uma pedinte com os dedos em garra. No mosteiro, os sinos que anunciavam o zazen eram o único som audível, apesar de tantos pés em movimento apressado. Uma sensação de conforto aquecia o peito da Monja, seus olhos semiabertos, o corpo sentado em posição de lótus, as mãos pousadas no colo – a esquerda sobre a direita – e os polegares unidos em leve toque, fechando-se em círculo. A respiração seguia seu curso, o ar frio entrando no calor do corpo aquecido em prazer. Estavam todas na grande sala de meditação, voltadas para a parede, testemunhas delas mesmas. Era o primeiro zazen da Monja após os seis meses de curso. Ela estava apaziguada. Durante a noite que se seguiu, entretanto, teve o sono agitado por um sonho. Estava relacionado a um fato acontecido durante seu primeiro ano no mosteiro de Nagoya, e assim que acordou ela deixou as lembranças fluírem, escoarem...

o

A Grande Cerimônia dos Preceitos Budistas durava alguns dias e estava ocorrendo no templo da cidade vizinha. Mais de cem monges e apenas cinco monjas participavam do evento. Quase duzentos leigos preparavam-se para tornar-se budistas. A Monja achava tudo belo e emocionante, sentindo-se honrada em participar de uma verdadeira tradição viva. Nem bem terminara seu primeiro ano no mosteiro e surgia uma oportunidade dessas! O entusiasmo era uma saudade ansiada.

Durante as liturgias, ela e um monge, cada um deles representando as mulheres e os homens, realizavam os gestos rituais. Os movimentos eram executados face a face e ao mesmo tempo. No último dia, a cerimônia final era questionar o abade superior sobre assuntos do Dharma, quando os dois deveriam fazer perguntas previamente escolhidas. Cada um deles abria seu pano de reverência diante do abade, numa demonstração de respeito, e iniciava suas questões.

Nos ensaios da cerimônia, a Monja soube que apenas o monge abriria seu pano. Ela teria de manter o seu dobrado.

Por quê?, ela perguntou atônita. *Porque assim está escrito na liturgia*, foi a resposta. Nada mais. Não havia previsão na liturgia para a participação de mulheres. Na surpresa, as emoções afloraram e ela chorou, retirando-se em seguida. Não conseguiu estancar a decepção nem se explicar em japonês. Sua atitude, no entanto, gerou controvérsias entre os homens da Sangha. Muitos entendiam que ela e o monge deveriam realizar as mesmas ações na cerimônia, mas outros tantos defendiam a manutenção da liturgia.

Sentindo que não queria fazer nada contrário aos valores tradicionais, ela manteve seu pano fechado. Hoje, no entanto, a liturgia foi alterada e as monjas podem abrir seu pano totalmente, assim como os monges. De alguma maneira, questionar a tradição é algo tão cabível para as mulheres quanto o direito de criarem religiões só para elas. A indiferença, por outro lado, impede transformações necessárias e pertinentes aos novos tempos.

o

Naquele sonho, ela estava novamente no dia da Grande Cerimônia. Angustiada, não sabia como se comportar diante do abade superior. Parecia pequena, talvez fosse criança. Num relance o cenário muda, e ela tenta abrir uma grande porta fechada e não consegue. É uma porta de madeira entalhada, muito antiga. De repente, ela presta atenção no trinco que segura. É incrustado de pedras preciosas e ela admira seu brilho. Uma ansiedade imensa faz disparar seu coração.

Acordou. Em poucos minutos saltou da cama, o zazen a esperava.

A Monja não poderia passar incólume no mosteiro, não apenas por ser ocidental mas porque lia muito, teimava sempre, era orgulhosa, amava o zazen e pouco conseguia mudar do que pensava ser o certo e o errado. Atrevida e mimada, ela se debatia constantemente para superar a si mesma, nem sempre sendo bem-sucedida. No entanto, trazia um frescor, uma sinceridade que se desprendia dessas lutas solitárias consigo mesma. Foi assim quando, tempos depois, em outra cerimônia com toda a Sangha reunida, a abadessa teve de entrar no grande salão depois do último monge, um noviço que mal sabia os procedimentos da liturgia. As monjas vinham depois dos monges em qualquer circunstância. Era a regra. O olhar agudo da Monja encontrou o da mestra e não disfarçou uma ponta de consternação. Aoyama jamais comentou, mas devolveu um olhar cúmplice.

Foi o próprio Buda quem ditou a Ananda as Oito Regras para Superar Obstáculos às quais as monjas deveriam se submeter. Essa foi a condição para Mahaprajapati ser aceita, e ela concordou dizendo ser como *"usar um colar de flores"*. Entre essas regras está o respeito que toda monja deve ao monge, não importando se ela tiver 100 anos e ele for um noviço. As outras regras seguem essa mesma linha, cuidando para que as monjas fiquem sob a tutela dos monges. Por que um colar de flores? Talvez por ser mais do que Mahaprajapati podia esperar e mais do que Buda estava disposto a ceder.

Embora a Monja estivesse disposta de corpo e alma a compreender os ensinamentos e a respeitar a tradição, não podia abandonar seu olhar crítico. Nem jamais foi sua intenção ser cega aos fatos do cotidiano, onde realmente a vida acontece. Nos primeiros anos, ela acompanhou o alcoolismo de Maezumi Roshi sem se alterar, mas ao receber em Nagoya a visita de uma colega de Los Angeles soube que o antigo mestre havia sido denunciado e acabara por fazer uma retratação pública. Ele submeteu-se ao tratamento com os Alcoólicos Anônimos, cujas palestras no Zen Center eram compartilhadas por toda a comunidade monástica. A colega que trazia a notícia deixara de ser monja devido ao escândalo envolvendo o mestre.

Você não se incomoda com isso? Ele é um falso mestre!
Não, não me incomodo. Para mim ele é um ser humano como qualquer outro. O que aprendi com ele continua válido. O restante é a vida dele! É com ele. Não tem nada a ver comigo, com minhas decisões, com o budismo que abracei.

Em sua vida monástica, o problema de seus mestres não a afetava. No entanto, a questão das mulheres no budismo foi capaz de suscitar perguntas e dirimir ilusões que alimentava até então. Para ela, Maezumi Roshi, visto como um homem se debatendo contra o próprio alcoolismo, podia ser aceitável. Mas, como monge, o simples fato de ser homem dava a ele prerrogativas sobre todas as monjas, e isso era algo a ser questionado. Uma espécie de desamparo surgia muitas vezes, já que no mosteiro de Nagoya ninguém compartilhava com ela essas inquietações. E essa era outra situação peculiar observada pela Monja. Por que a maioria das mulheres se submetia às regras injustas? Por que apenas eventualmente surgiam vozes de monjas que se erguiam contra a discriminação feminina no budismo?

○

Aoyama Roshi estava constantemente observando suas discípulas e não cedia aos condicionamentos mentais que elas traziam. Seu trabalho era revolver o que estava assentado. Tal atitude causava desconforto, mas poderia ser uma chance de novas descobertas dentro de cada uma. Quando a Monja terminou o curso de japonês, foi designada para o cargo de shuso, líder das noviças no mosteiro. Nem todos que estão em treinamento nos mosteiros são chamados para se tornar shusos, e isso tem um significado específico diretamente ligado à dedicação demonstrada.

O cargo tem a duração de três meses; findo esse prazo, o shuso passa pela cerimônia do Combate do Dharma, um evento característico do Soto Zen e muito esperado. É uma cerimônia pública que assinala o fim da fase de noviciado, significando que o aluno aprendeu os conhecimentos básicos, tanto os cerimoniais como os procedimentos da tradição. Pode-se dizer que é uma espécie de formatura, em que os professores dão seu aval e reconhecem que o postulante alcançou certo nível de compreensão do Dharma através de uma série de perguntas previamente estipuladas. O shuso, como os outros alunos, é questionado por monges diante do mestre. É uma cerimônia intensa e enérgica, até mesmo com pinceladas dramáticas, seguindo as pegadas dos grandes mestres do Zen e sua visão de mundo para além da lógica mental. Ao tornar-se shuso, a Monja recebia, portanto, o reconhecimento de que já estava apta a passar pelo Combate do Dharma.

Por outro lado, havia as implicações inerentes ao próprio cargo. Ela teria de exercitar a liderança, gerenciando as noviças durante aquele período. Além disso, tornava-se a auxiliar direta da abadessa, sentando-se ao seu lado direito nas cerimônias e averiguando se todos os detalhes estavam em ordem. O shuso deveria também limpar os banheiros e ficar em clausura durante os três meses. Não podia sair do mosteiro para ir à cidade de Nagoya. Era uma forma de não engrandecer o ego, praticando harmonia com a importância da função exercida. Nos mosteiros masculinos, esse cargo era uma praxe, mas em Nagoya não. A Monja foi a primeira shuso, pois embora existisse há oitenta anos o local era considerado menos um mosteiro do que uma escola. As monjas ali já vinham de cabeça raspada, formadas em outro lugar, e o Combate do Dharma não recebia o mesmo tratamento ritualístico dos mosteiros masculinos. Quando foi escolhida líder das noviças, a Monja pediu que tudo se realizasse como nos livros, segundo a tradição. E assim foi feito. Depois dela, o caminho se abriu para tantas outras.

Naqueles três meses, a liderança foi sua grande dificuldade, pois não dominava a língua japonesa o suficiente. Quando dava uma ordem, as outras não reagiam, não confiavam nela. Normalmente buscavam confirmação com alguém hierarquicamente inferior a ela. Ao perceber que isso ocorria, a Monja foi ficando magoada e queixava-se à abadessa. Esta, porém, continuava dizendo: *É você, é você*. Centrada em si mesma, não via a dificuldade das outras, tendendo a interpretar que sempre estavam contra ela. Também não gostava de receber a mesma resposta de Aoyama qualquer que fosse sua reclamação: *Não fique tão fechada em você*. Muitas vezes deixava esses encontros frustrada e irritada, sem alívio algum. Esperava sempre o máximo da abadessa, no mínimo a perfeição. De certa forma, isso só fazia com que se decepcionasse.

o

Às vezes, tudo parecia desolação. Dias difíceis. Nem mesmo a existência trágica do verde em seus vários tons, criando uma aura protetora em volta da grande construção do mosteiro, servia de inspiração ao sonho. Tudo era seco e árido, como não devia ser o nascimento da esperança, porque esta só podia ser úmida e molhada em sangue viscoso de cheiro agridoce. Os corredores mudos acolhiam sombras femininas. Talvez tudo ali não passasse de sombra. A luz, uma ilusão. Crença fugaz, criação suprema do engano mental, mas na qual os mantos insuspeitos acreditavam como o último grito de quem sucumbe. Mantos dos que se dedicam à vida monástica. Hábito que cria o hábito?

Ela caminhava com os olhos cegos embora enxergassem, com o corpo ardendo de tanto pensar e a mente cansada de tanto andar. Queria as palavras acumuladas dentro de sua boca, língua impossível travando toda pronúncia. De que valia o silêncio imposto? Entre os muros do mosteiro, os longos espaços se alongavam no interlúdio final do dia. O céu não era azul e as mulheres eram contidas, deixando escapar castanhas críticas de seus olhares oblíquos. Tudo girava em um redemoinho de solidão, onde nem o vazio era pleno. O vazio era um tormento, uma dor sem nome.

Sentar em zazen duas vezes ao dia. Esse o deleite supremo, mesmo que a tempestade estivesse jorrando dentro de sua cabeça. O zazen permeando todas as coisas, as tigelas de sopa na cozinha, as xícaras de chá, as roupas estendidas no varal, as esponjas estufadas de sabão, as vassouras e os panos de limpeza. Não existe separação entre meditação e não meditação. A consciência de cada instante, dentro ou fora do mosteiro. Deitada, sentada, caminhando, rindo ou chorando. Suas células pegavam fogo e a memória tentava um suborno qualquer. De repente o rosto de Flavia, o jeito da mãe de pentear o cabelo, a voz afinada de Clarinha, os pés largos do pai. Um vaivém infinito.

Mestre Dogen e mestre Keizan, os patriarcas fundadores, suas imagens ladeando a imagem de Buda no altar principal. As regras, os escritos, os poemas que Dogen deixou atravessando as paredes antigas, girando em círculos nas fibras agitadas do coração da Monja. Respirar e soltar, respirar e soltar. Bem no fundo da alma, nenhuma dúvida permanecia. Ela estava onde queria estar. Mas essa é a atitude mais complexa. Estar onde se deve estar, onde se quer estar. Quando onde se quer estar é onde se deve estar. Como suportar o que daí advém?

Sim, às vezes tudo parecia desolação. Talvez estivesse apenas começando a se dar conta do grande isolamento que sempre fora sua vida. Seria isso? Ela não sabia. Feito uma sonata para um único violino, a solidão começou a falar com ela.

o

Assim que os três meses terminaram, ficou evidente que haveria um problema para a Monja enfrentar no Combate do Dharma. Ela teria de ser arguida na presença da abadessa e, sem sombra de dúvida, não possuía o domínio da língua japonesa para tanto. A solução encontrada foi decorar as respostas. A abadessa ajudou-a a escolher cinco histórias budistas para estudar. Aoyama explicou o significado de cada uma, e seria em torno delas que as perguntas seriam feitas. Uma tradutora foi solicitada para ajudar no processo. Na verdade, a Monja decorou todo o diálogo, perguntas e respostas. Quando finalmente chegou o grande dia, tudo saiu a contento.

O lugar estava lotado e a solenidade correu sem tropeços. A persistente monja ocidental foi aprovada e recebeu suas novas roupas de seda. Daquele dia em diante, poderia orientar novatas, mas a dificuldade com a língua continuava sendo seu maior empecilho. Na falta de comunicação adequada, ela dedicava mais tempo aos estudos, passando horas na biblioteca. A abadessa procurava dar-lhe algum estímulo sem tirar dela, porém, nada que precisasse ser enfrentado. Não obstante, mesmo o mais difícil dos dias não continha o desespero e a incerteza de antes, muito menos o peso da sobrevivência psíquica. A dor, quando sobrevinha, trazia mensagens renovadas ao espírito. Aos poucos ela se fortalecia.

A Monja já estava no estágio de poder fazer preces na casa das famílias que as solicitavam. Esse era um antigo hábito budista, e havia quase cem famílias nas proximidades que recorriam às preces das monjas para harmonizar a casa. Elas eram recebidas com todas as honrarias e, por sua vez, gostavam de poder estabelecer esse contato entre o mosteiro e os moradores da região. No entanto, nenhuma delas concordava que a Monja fizesse parte dessa atividade. Argumentavam que seria rejeitada por ser ocidental e, ainda pior, por não ter o domínio da língua japonesa. Acabrunhada, ela dizia que o próprio Buda não era japonês, mas sim indiano. Não adiantava.

Certo dia, uma delas ficou doente e a Monja foi substituí-la com o aval da abadessa. Tudo que era temido simplesmente não aconteceu. A casa onde devia fazer as preces era de um milionário. Enquanto andava por ela, podia ver as obras de arte e a decoração de extremo bom gosto. O homem que ali morava – um senhor amável no alto de seus 90 anos – era uma das grandes fortunas do Japão, além de amante das artes e excelente conversador. O chá, tradicionalmente oferecido depois da prece, foi tomado enquanto falavam sobre assuntos diversos, especialmente arte. A Monja voltou lá muitas vezes e, na hora do chá, sempre entabulavam diálogo, pequenas divagações.

Essa porta abriu outra e outra, e sua presença não se verificava estranha. As famílias recebiam-na muito bem, e tais visitas tornaram-se momentos agradáveis em seu cotidiano. Além do carinho e da atenção que recebia, passou a conhecer mais de perto os costumes da cultura japonesa. Sentia-se cada vez melhor e reconhecia o quanto devia a Aoyama, que confiara nela, enfrentando quem não acreditava em sua adaptação à vida monástica japonesa.

A Monja começou a viver o que tanto desejava. Estar mais próxima dos lares japoneses facilitou muito sua adaptação. O que antes era angustiante – o contato com uma língua tão diferente – surgia agora suavemente, com maior alegria e satisfação. Ela gostava de ouvir e as pessoas gostavam de contar. Muitas vezes sentava-se, na hora do chá, enquanto alguém lhe contava alguma história interessante. Havia não apenas o aprendizado da língua e da cultura japonesas, mas o encontro profícuo com indivíduos – homens e mulheres – que eram lições por si sós. Assim, o tempo passou sem sobressaltos.

Ela entrava em seu quinto ano no mosteiro quando se tornou aluna do mestre superior geral do Japão. A cada ano sua observação se tornava mais aguçada, suas dificuldades se dissipavam mais. Sentia-se realmente pertencer. Não pertencer ao mosteiro ou a qualquer lugar, mas a toda uma linhagem budista. Ao receber seu nome, o monge ou monja está inserido nessa linhagem que remonta ao próprio Buda. No entanto, apenas a experiência diária mostra o que isso significa, e era o que ela verificava.

Somente algumas monjas permaneciam mais de cinco anos no mosteiro. Ela ficou ao todo oito anos. Foram cinco de reclusão e três de internato, esses últimos com permissão para sair, até mesmo viajar para outros templos. No período de reclusão, foi como estar imersa em um lugar e um tempo aquém de sua época, em que o esforço pessoal não era em função de sucesso ou fracasso, mas da busca pela verdade e pela transcendência. Surgiu, em seu íntimo, uma observação mais dissociada do próprio centro, de si mesma como referência. Notava, por exemplo, a transformação repentina que a maioria das monjas sofria assim que estava para deixar o mosteiro após o treinamento básico. Quinze ou vinte dias antes, demonstravam amabilidade, gentileza e muito mais tolerância. Aoyama costumava dizer a esse respeito:

A prática é como a névoa. Quando estamos nela não podemos vê-la, mas ao sair sentimos a roupa molhada.
A prática é como o cheiro do incenso. Quando estamos muito perto não o sentimos mais, mas quando saímos e encontramos alguém em seguida talvez possamos ouvir: Que perfume é esse em você?

Esse era todo o encantamento que a Monja encontrava no Zen. A prática. O zazen e a meditação através de qualquer atividade. Manter-se desperta. Depois de resistir aos primeiros anos de estranhamento cultural e de angústias pessoais, seguia com firmeza o que a vida apresentava.

○

Mestre Dogen escreveu:

Tudo indica que a educação baseada apenas no conhecimento intelectual, nas religiões e nas morais tradicionais já não é capaz de fornecer soluções. Angustiados, desorientados, de-

sequilibrados, os seres humanos fogem, buscando os prazeres momentâneos e a facilidade, apartando-se da essência espiritual e do verdadeiro sentido da humanidade. As contradições e insatisfações são numerosas, rompeu-se o equilíbrio natural dos humanos porque eles já não sabem viver na condição normal do corpo e do espírito. Estudar o Zen é estudar a si mesmo. Estudar a si mesmo é esquecer de si mesmo. Esquecer de si mesmo é estar uno com todas as coisas. Estar identificado com tudo que existe é despojar-se do corpo e da mente, é despojar-se do seu ego.
Qual a essência de todas as religiões e de toda a filosofia? É compreender a si mesmo. Não uma compreensão através da imaginação, do intelecto, mas do corpo. Vivemos graças à energia do cosmos. Durante o zazen nossa energia se harmoniza com o sistema cósmico, graças à respiração, aos cinco sentidos e à consciência. Quando estes se acalmam, perdemos a ansiedade, os temores naturais, o automatismo inconsciente. Isso é a verdadeira religião.

O cheiro do papel estava entranhado no ambiente da biblioteca. Talvez só ela o percebesse, entre o perfume dos incensos ou das ervas do chá que se espalhavam pelo mosteiro. Debruçada sobre os livros, ela aspirava deles o aroma e se inspirava no conteúdo das palavras. Os ensinamentos de mestre Dogen eram tão atuais! O olhar distraído vagueava pelas paredes repletas de estantes, enquanto reflexões surgiam sem esforço. A atualidade de mestre Dogen era fantástica, ela deduzia. Mas o que seria viver na condição normal do corpo e do espírito? Tudo em si mesma sempre lhe parecera nada normal. Ou essa também seria uma visão distorcida? Pensar em si mesma como diferente, como fora dos padrões ditos normais, seria essa outra armadilha? E o que era estar harmonizada com a energia cósmica? Estava longe o êxtase momentâneo que as drogas lhe propiciaram um dia.

Ela voltava às palavras de mestre Dogen: *Compreender a si mesmo. Esquecer de si mesmo.* Viver além do automatismo inconsciente. A prática diária é tudo que se tem. Nada mais é nosso. Nenhuma glória ou sucesso, apenas a sucessão pequena e persistente de ações, decisões e escolhas.

O toque do sino avisava que era hora do zazen.

○

Tóquio tornara-se para ela uma cidade atraente, um porto aonde chegar e colocar os pés em terra firme. A Monja sentia satisfação nas batidas de seu coração toda vez que ia para o templo em Tóquio. Agora, ela era parte integrante da cultura japonesa e, como monja budista, realizava ritos funerários, memoriais e preces para casais. Nessa viagem para Tóquio, ela realizaria um rito funerário, pois é uma tradição japonesa o cuidado com os mortos. Existe, de fato, uma verdadeira indústria funerária no Japão por conta desse hábito. Mas, para ela, o que chamava atenção era a diferença entre Ocidente e Oriente na relação com a morte.

Durante o rito funerário japonês, o caixão é colocado num tablado, pois a intenção é que as pessoas não olhem o morto. No entanto, uma foto dele é posicionada ao lado do caixão, de modo a ser vista por todos. O caixão deve permanecer no centro do palco, enquanto adornos diversos como flores, moinhos de água, frutas e alimentos são dispostos na volta. Quando o funeral é feito em casa, monta-se um palco improvisado de modo a manter essa mesma estrutura.

O saquê da tristeza é sempre bebido, e os mais ricos contratam bufês para servir os familiares e convidados. Um amigo do morto, talvez um colega de trabalho, não alguém entre os mais próximos e abalados pela perda, faz um discurso ressaltando pequenas histórias vividas com a pessoa, particularidades do cotidiano, fatos que talvez os familiares nem conheçam. Esse discurso é dirigido diretamente ao morto, como se fosse para ele. É sempre muito confortante e emotivo, mas sem perder a leveza.

Quanto ao monge ou monja que estiver conduzindo os ritos, deve se reportar ao morto como Buda. Todo morto ao abandonar o corpo inicia um processo de desapego até sua transformação em Buda. Vem daí a existência do memorial, ou seja, vários ritos feitos após o funeral, a partir do sétimo dia e a cada sete, até completar 49 dias. Esse é o período de transição para que o processo do desapego se consolide e haja a passagem do mundo material para o mundo etéreo. A transformação se realiza.

A Monja sentia um respeito imenso pelos costumes das famílias japonesas, especialmente pelos ritos da morte no budismo. Certa vez, ainda em Los Angeles, ela teve um sonho em que se via colocando o rakusu – manto que se coloca em leigos e monges e simboliza o manto de Buda – num morto. Só mais tarde foi entender que esse sonho anunciava sua ligação com os ritos funerários que dirigiria posteriormente. A morte é, sem dúvida, o maior aprendizado no caminho de qualquer pessoa. Os vários ciclos de morte e renascimento em nossa existência, e a morte como destino final. Alguns correm para ela, outros pensam que a adiam, outros ainda tentam enxergar a estrada que leva até ela. Nenhuma opção é fácil, mas ritualizar a morte foi uma das primeiras manifestações que, na antiguidade, destacaram os seres humanos de outras espécies.

A Monja não se deixava estar alheia ao que acontecia em torno dos ritos da morte. Sem dúvida, uma posição difícil de manter, nem destacada totalmente nem mergulhada na emoção dos que viviam a perda. Era sempre um mistério ali representado. Para ela, havia uma oportunidade renovada de intimidade com inquietações profundas, o pensar sobre a própria existência. Nem cogitava colocar naqueles ritos palavras sem sentimento, mecanicamente repetidas. Muitas vezes, porém, uma pergunta interna se esgueirava em sua mente. E a solidão de todos ali? E o temor que é enfrentar tanta fragilidade diante do que somos?

A cada ano, desde a ordenação, seu castelo mental fora sendo desconstruído e, no lugar dele, existia agora uma choupana sem muito reforço, uma casa que o vento podia facilmente levar. Sua mente não era mais a casa, assim como o mar não é a onda que se levanta. O simples fato de não lutar por um novo castelo trazia não apenas alívio, mas uma espécie de força e liberdade. No catolicismo em que fora criada, Deus era o consolo dos aflitos, mas no budismo não havia a crença num Deus. Até mesmo Buda não era único. Segundo um ditado budista, havia tantos Budas quanto os grãos de areia do rio Ganges.

Na morte, a Monja podia estar diante da impermanência que Buda ensinava. *Tudo na vida é impermanente, tudo que começa termina*, dizia Shakyamuni. Da mesma forma, tudo passa. O que é bom, o que é ruim, o prazer e a dor, o sofrimento e o êxtase. Tudo passa. Seja qual for o apego que se tenha, será irreal, acarretará insatisfação com a vida. E ela gostava de dizer para si mesma: *Tudo que termina também começa*. Outro ciclo, outra fonte jorrando nela, outros mistérios sendo desvendados, e a vida inteira por viver!

A dor em sua vida não fora superficial, passageira ou inventada. E não bastava "sentar zen" e querer "ficar zen" de repente, essas distorções do pensamento ocidental. Seus desafios continuavam num crescendo, em espirais que a faziam passar pelo mesmo ponto, embora mais alto, de outra perspectiva. Ela lembrava da história em que Buda fizera uma analogia entre o ser humano e o cavalo. *Há quatro tipos de seres humanos*, ele dizia. Existem aqueles que ao verem a sombra do chicote já saem galopando. Existem aqueles que ao sentirem na pele o chicote saem galopando. Outros, porém, precisam que o chicote lhes corte a pele para sair galopando. Finalmente, os últimos precisam que o chicote lhes rompa a carne e atinja os ossos. Aí eles saem galopando.

Talvez por isso a mistura da morte e da vida em seu sonho com o rakusu. Quanto mais encarava os ritos de morte, quanto mais compreendia as dores dos vivos, mais deixava as correntezas despertarem seu íntimo. Espaços reservados brilhavam agora, ela podia entrar e limpar. Deixar ir. O último cavalo só aprende no fim da vida. Ela queria mais, muito mais dessa sua passagem por aqui.

o

Com seu tempo dividido agora entre Tóquio e Nagoya, a Monja ganhava uma vida mais ágil, sentia mais destreza em seus passos, mais inteireza e pertencimento. O monge Gensho, responsável pelo templo de Tóquio, era irmão de Maezumi Roshi, seu mestre em Los Angeles, o que lhe facilitou o contato. Certo dia ele a chamou para lhe fazer uma proposta. Queria saber se ela gostaria de viver em um sítio próximo ao Monte Fuji, para acompanhar a obra de um templo que seria construído ali. No local havia uma casa pequena e bonita, com duas salas, um quarto e banheiro. Além de uma bela vista para o Fuji. Não houve motivos para rejeitar tal convite, e ela se mudou para lá após o consentimento de Aoyama. Começava assim um dos períodos mais simbólicos de sua vida.

O lugar era um vilarejo, e os vizinhos mais próximos viviam a certa distância do sítio. A senhora que morava mais perto servia de contato com Nagoya e, de maneira geral, a Monja vivia a maior parte do tempo sozinha. Foi uma época em que a paz nascia e dormia junto dela. Nada lhe faltava e ela não sentia falta de nada. O ritmo de seu corpo estava pulsando com os ritmos da natureza, entre o nascer e o pôr do sol, acompanhando o percurso da lua no céu. Parecia que ela passara a existir a partir daquele momento, sem passado nem futuro, o agora em seu sangue, pulsando como tudo à sua volta.

Durante essa estada aos pés do Monte Fuji, a montanha sagrada para os japoneses, chegou a ficar dez dias sem ver nem falar com ninguém. Apenas o som da própria voz quando dizia as preces. Apenas o nascer e o morrer de seus pensamentos sem qualquer interferência. Estar em sua própria companhia era tudo que restava. E foi se transformando no melhor que até então tivera.

Shikantaza!, dizia mestre Dogen. Apenas sentar-se! E ela sentava em zazen, sua quietude estendida generosa a tudo que fazia. Tudo era mesmo meditação. E ela já não pensava na meditação. A rotina entrava feito aroma invadindo tudo, despertando nela uma sensação visceral. Nunca estivera tão viva! De seus dedos escapava calor e força enquanto remexia a terra, os olhos fixos nos vários tons de marrom. Antes, o mato carpido que agora se juntava ao lado, cheirando verde e teimosia. O mato sempre volta, como sempre voltam as ervas daninhas, como sempre é preciso atenção para arrancá-las.

O banho tomado, as unhas lavadas, o preparo do alimento na cozinha. Cozinhar era uma dádiva que ela jamais sonhara trazer em si mesma. Antes cumpria esse dever porque estava atenta a tudo que fazia. Mas aqui não. Ao lado da montanha, que é feminina, ela agia sem esforço, sem barganha alguma com qualquer ganho pessoal, engrandecimento do ego. Os cheiros da comida entonteciam as formigas, que nada podem cheirar, mas adivinham. E as corujas ao longe, os pássaros nas manhãs azuis, o fogo sagrado gritavam louvores abençoados.

Às vezes era chamada a Tóquio, mas ansiava pela volta. Um mau humor sobrevinha quando deixava o sítio. Aquele era um lugar de poder, um lugar onde penetrou no lago escuro dos próprios olhos e abriu a porta que antes vira em sonho. A montanha era um seio aberto para seus filhos ávidos, um seio que jorrava ousadia nas bocas sedentas e cobria de alerta as mentes adormecidas. A Monja pensava na lava descendo e cobrindo tudo, toda a pequenez humana. Calada, a montanha olhava para ela todos os dias. Imperdoável beleza para a arrogância humana. E ela reverenciava a montanha.

Os vizinhos, ainda que estivessem distantes do sítio, já sabiam de sua presença e vinham procurá-la para preces. Ela gostava disso e tinha prazer em fazê-las. Quando alguém morria nas redondezas, as cerimônias fúnebres eram realizadas na pequena casa e o almoço para os familiares também. Os operários já começavam as bases da construção, e a Monja fazia para eles a comida e o chá. Eventualmente apareciam grupos de americanos para praticar o zazen. Era esta a ideia, um templo aos pés do Fuji para meditar, fazer o zazen.

Um casal de idosos, que morava nas proximidades, começou a manifestar incômodo com a ideia de um templo no local e passou a boicotar a Monja. Kenshin e Miyuki Saito resistiam às tentativas de contato. Ela buscava conversar, conhecê-los melhor, mas especialmente Kenshin, o marido, era bastante arredio. Para tentar demovê-la de qualquer intenção de permanecer ali, ele cortava o fornecimento de água. Para ela, foi um desafio compreender os motivos dele, e nas várias conversas que tiveram surgiram fatos interessantes.

Kenshin havia sido lenhador e ainda jovem se tornara monge. Seu professor era um homem que fazia distinção entre ricos e pobres, valorizando sobremaneira o dinheiro que recebia dos ricos. Decepcionado, o rapaz deixara a vida monástica e conhecera sua mulher, uma lenhadora como ele. Havia muitos anos viviam ali, aos pés do Fuji, e a simples ideia de um templo na região era uma ameaça, um retorno de tudo aquilo que ele abandonara e renegava veementemente. A Monja contava sobre suas decepções, sobre quantas vezes teve de se reerguer ao longo da vida. Eram diálogos sinceros, e aos poucos se tornaram amigos.

Embora bastante adoentado, o velho lenhador vinha até a casa dela e juntos entoavam hinos. Nessa proximidade maior, a neta dele veio aprender inglês com ela. Quando o monge Gensho vinha de Tóquio para ver como andava a construção, Kenshin se ausentava, não gostava dele. Dizia que era rico porque vinha de carro. A Monja achava graça, mas respeitava seus sentimentos.

No dia em que Kenshin morreu, seu sobrinho pediu que ela fizesse as preces e os funerais, mas Gensho não concordou, tomando para si essa tarefa. A Monja sentiu-se atingida duplamente. Por Gensho não confiar nela para a realização da cerimônia e por ser ela a amiga que Kenshin gostaria de ter como celebrante em seu último adeus. Parecia que até o derradeiro instante, enquanto seu corpo estava sendo velado, o velho homem conseguia refletir com ela, instigando novas perspectivas, libertando-a ainda mais dos pensamentos sólidos.

o

As narinas dilatadas sentiam que a noite penetrava nas virtudes e nas fraquezas nascidas com ela. Não havia bom ou ruim, tudo era dela. Tudo era matéria para transformação. Ao longe, o cume da montanha se ocultava aqui e ali, tremulando aos movimentos rápidos e sincopados de seus pés. A terra era dura, uma base de certeza entre as incertezas dela. Quanto mais se aproximava, mais sentia a montanha mulher e fêmea. Quem sabe numa gruta qualquer do corpo dessa grande mãe uma sacerdotisa medieval esperasse. Um oráculo esquecido no tempo.

A lua pintava cenas em sua cabeça nua, enquanto ela alcançava os pés daquela que podia ser fogo e gelo. A grande mãe montanha, Fuji, a anciã com cabelos de neve, longos e brancos, sem orgulho. Uma existência tão somente. A Monja era a montanha incipiente, seios túrgidos do alimento que produziu um dia. Comunhão e solidão dentro de suas vestes, costuradas em meditação. Sabia aonde queria ir naquele momento, mas não muito mais. Os olhos bebiam escuridão pelas pupilas dilatadas. A consciência se alterava e não havia separação entre ela e seu corpo, entre seu corpo e a natureza que, em volta dela, avançava madrugada adentro.

O sol não se anunciava quando a Monja chegou aos pés da montanha. Na base enorme, carros esperavam para levar pessoas até a plataforma principal. A montanha possuía muitas trilhas e possibilidades de subida, mas aquele lado da base era o menos turístico. Sentada em um dos carros, ela deixava o silêncio ser a vitalidade em suas veias, enamorada que estava da montanha. Não havia vozes nem presenças capazes de arrancá-la dessa intimidade consigo mesma.

O tempo seguia na grande roda, um tempo relativo, ilusório e transformado pela mente. A Monja não tinha pressa nem se deixava estar na letargia. O tempo se fazia sem sua interferência, ela apenas observava. O carro lotado, escolhida uma trilha, subiu até o ponto-limite onde todos desceram. Na madrugada do verão oriental, em poucas horas a luz se faria novamente. Mais um dia, outra vez. O grupo seguia a pé, mochilas nas costas, uma grande fila em direção ao alto e ao amanhecer.

Vozes? Havia vozes. Risos? Havia risos. Ela, porém, era seu próprio templo, como jamais fora antes. Não era mais preciso estar entre quatro paredes para estar em um templo. E isso não foi um pensamento. Ela não pensava. O coração batia em todo o corpo, mas as pernas apesar de exaustas seguiam em ritmo constante. O ar ficava rarefeito e ela ficava rarefeita, a silhueta tênue dançando para além da íngreme encosta. Tudo se libertava dentro dela, como se na sacola que carregava estivessem pedaços de sua vida lançados ao chão. Leveza.

Quase chegavam ao ponto principal, e o céu no horizonte já ficava levemente claro, aqui e ali. Diante dessa visão, uma pequena agitação na fila que subia. Quantas associações ela podia fazer entre a vida e a subida da montanha! Mas não havia nada em sua mente, iluminada por inteiro pela vida. Nada de associações. Quantas vezes esse silêncio novamente? Ela não sabia. Mas subia e subia, como se fosse notas de uma escala musical, uma sinfonia perfeita a se fazer no final. O coração agora batia na boca e na ponta dos dedos, enquanto ela parava de quando em quando para descansar.

O que dizer da imensidão à sua frente? O céu agora era azul-anil e violeta, mas ela não discernia se a respiração estreitava por cansaço ou admiração. Viver valeu a pena por tudo que realizara até então, mas especialmente por esse momento único, destinado à eternidade. Indiferente, a luz começava a se espalhar em círculos maiores, deitando sua generosidade entre humanos extasiados por fé ou descrença. Quando alcançaram o ponto exato da plataforma, havia já decorrido quatro ou cinco horas de caminhada. Ao mesmo tempo que a beleza aumentava, o ruído das vozes caía no chão, na pele marrom da terra. As pessoas do grupo, libertas por instantes do embrutecimento diário, dispensavam a obviedade verbal.

O sol agora nascia, e uma faixa dourada e curva deixava uma cor púrpura no horizonte. Minutos depois, longos riscos alaranjados avançavam sobre o fundo azul. A Monja e a luz eram uma só realidade. Nem pecado nem salvação. Ela não estava separada do todo, nem existia o todo. Apenas podia sentir a sutileza da felicidade, que de tão intensa era quase uma dor. E, na impermanência, também passou.

○

A Monja desceu a montanha por outra trilha, o lado mais turístico e movimentado. Estava tão cansada que telefonou do centro de ajuda ao turista, e vieram do templo para buscá-la de carro. No dia seguinte, soube que, da plataforma onde parara, ainda havia mais uma caminhada até a cratera, o topo. Dias depois, integrou-se a um grupo determinado a subir até o final. Apenas ela e outra moça conseguiram o intento, os demais ficaram na última plataforma. A Monja podia dizer que conquistara a montanha! Ou fora por ela conquistada?

Durante todo o período que morou aos pés da grande anciã, cumprimentava-a todos os dias. Respeito e cumplicidade fizeram lugar dentro dela depois da experiência de subir seus 3.776 metros acima do nível do mar. De alguma maneira, foi como se todos os fatos de sua vida culminassem naquela primeira subida repentina. O impulso irrefreável fazendo pulsar corpo e alma, a sensação de seguir, ver e conhecer, o cansaço, as paradas nas plataformas, o receio de não conseguir, o encontro de noite e dia, lua e sol, aprimorando seu senso de que a beleza é um ciclo de eterno retorno. Na segunda subida, estava claro que ela não gostava de coisas inacabadas, iria até o final. Isso lhe conferia uma teimosia muitas vezes favorável e combativa, outras vezes a repetição da dor. Fosse como fosse, a montanha deixaria nela uma marca indelével, quase mágica.

o

Em Nagoya, foram cinco anos ininterruptos de internamento no mosteiro feminino. Depois, três anos de semi-internamento, quando se dividiu entre Tóquio e Nagoya. Em seu sexto ano, primeiro do semi-internato, a Monja teve aulas com o mestre superior do Japão, Yogo Roshi, de quem recebeu a Transmissão do Dharma, o que lhe dava a chancela para ensinar. Em seguida, veio o convite para morar no sítio na região do Monte Fuji, que captou seu coração e agitou seu espírito. Sua formação, entretanto, ainda teria outros desafios.

Diante de seu evidente mau humor quando era eventualmente chamada a Tóquio, mestre Gensho mostrava pulso forte. *Você não se preparou tanto para virar eremita, mas para compartilhar com outros!* Com certo esforço, numa de suas saídas para Tóquio, ela acolheu o incentivo de uma monja americana para que ingressasse no mestrado de Estudos Budistas. Assim que teve o aval da abadessa, deu início a essa nova etapa em sua preparação.

O templo aos pés do Monte Fuji foi inaugurado com a presença de Zenguetsu Suigan, ou Yogo Roshi, seu mestre de transmissão, com todos os ritos necessários para tal evento.

A alegria da Monja irradiava para além dela mesma, convicta de quanto aquele lugar expandia sua alma. De fato, era o que sentia sempre que retornava de suas aulas, como se tudo ficasse imantado de contentamento. Ali ela estudava e preparava os deveres para o mestrado, ali ela levantava com o dia e dormia com a noite. O ritmo dentro e fora estava ajustado naturalmente. Quantas vezes, debruçada sobre um livro, era só erguer os olhos e a montanha era dela. A montanha era ela.

O mestrado era feito em encontros trimestrais, a cada ano, quando monges e monjas se reuniam em regime fechado. Um verdadeiro mergulho no qual o relacionamento entre uns e outros ganhava mais possibilidade de interferência. Nesses períodos de breve reclusão, ela via mais de perto o tratamento diferente dedicado aos homens e às mulheres. Eram barreiras que as monjas, em menor número, tentavam ir rompendo. Elas queriam ter as mesmas aulas, participar de todas as discussões e fazer parte dos momentos de descontração. Lutavam pela equidade com os monges nos aspectos que envolviam o desenvolvimento em um conhecimento específico. A Monja participava disso ativamente, mas por outro lado seus contatos pessoais continuavam carecendo de melhor entrosamento.

Embora agora tivesse mais traquejo com a língua japonesa, quase não recebia atenção dos colegas de curso, nem mesmo das monjas. Além disso, todos ali tinham familiares no Japão com quem mantinham contato, o que incitava seu desejo pelo Brasil e por sua gente calorosa. Com uma ponta de saudade lembrava da família. Media a distância que passara a reinar enquanto seus passos seguiam outro destino. Cartas, telefonemas, fotos pareciam não suprir, nesse momento difícil, a necessidade da presença física e do carinho espontâneo de seus entes queridos. A irritação voltava e a teimosia rondava seu raciocínio novamente. Com isso, observava que a transformação interior não era apenas esforço e progressão constantes. Seguir em frente dependia também de enfrentar paradas e retrocessos não calculados, resistir às mesmas perturbações tentando grudar-se no pensamento. A imaginação que fazemos do que somos é como um vício. Basta abrir uma pequena porta e entra um exército completo. Transformar-se é, talvez, a única eternidade.

Apesar da saudade de suas raízes, admirava de maneira que nunca imaginara as nuances delicadas da cultura japonesa. Já estava inserida no jeito não direto de demonstrar emoções, na objetividade para resolver problemas e no respeito às tradições. A rispidez andava de mãos dadas com a delicadeza, e ela gostava disso. Deixava em segundo plano a tendência ocidental de oscilar entre extremos excludentes, entre a visão da vida como trágica ou milagrosa. Por outro lado, seu problema maior não era exclusivamente de ordem sentimental, saudade ou carência. A questão profunda era ser mulher. Ser mulher, por si só, significava ter um problema a mais a ser encarado, tanto na família como na sociedade. Algo que voltava ou nunca se retirara de verdade.

Lembrou-se de um fato passado. Em seu segundo ano no mosteiro de Nagoya, a Monja trabalhava na cozinha com a única colega que falava inglês. Certo dia, essa colega, excitadíssima, disse: *Monja Kojima Sensei está aqui!* Como a brasileira não soubesse de quem se tratava, a outra foi contando.

Kojima Sensei é a monja que trouxe muitos benefícios a todas nós. Ela devia ser uma Roshi, mas não se importa com o título.

É mesmo? Como assim?

Ela trouxe libertação para as monjas. Graças a ela, podemos usar também mantos de cores em vez de apenas pretos. Podemos ordenar discípulos, oficializar enterros e casamentos e estudar. Ela é muito importante para as monjas do Japão.

Como ela fez tudo isso?

Após a Segunda Guerra Mundial, ela abandonou o cargo de abadessa e viajou por todo o Japão falando com os líderes da tradição. Conseguiu mudar muita coisa.

Que incrível!

Mas muitas monjas não lhe prestam reconhecimento. Seu envolvimento político não foi considerado uma atitude aprovada.
Naquela noite, a Monja entrou na sala de refeições em suas simples vestes de cozinha. Kojima estava sentada à cabeceira da mesa, um corpo diminuto e quase frágil. A Monja ficou profundamente emocionada em sua presença e não parava de fazer reverências. Kojima, tranquila, sorriu dizendo: *Isso não é necessário. Somos todas iguais.* Talvez tenham sido as palavras mais fortes que já ouviu. Palavras que em si eram nada perto da presença inesgotável daquela mulher. Kojima era quem fazia das palavras algo mais, emprestava a elas significado, dignidade e sentido.

Anos depois, em uma cerimônia, elas se reencontrarão na sala de Buda. Kojima estenderá sua mão e tocará a Monja, fato incomum entre os que abraçam a vida monástica. Será uma deferência atenciosa, um reconhecimento de algo não verbalizado em nenhum instante, mas plenamente compreendido. A velha monja deixará sua impressão na memória da pele da monja ocidental que, por sua vez, sonhava em prestar homenagem a essa mulher com a sinceridade de seus propósitos.

Mestre Keizan

Na história dos fundadores da linhagem Soto Zen, os dois mestres reverenciados ao lado de Buda são mestre Dogen e mestre Keizan. Enquanto Dogen percorreu o caminho de dentro, escrevendo detalhadamente sobre a vida monástica e a prática do zazen, Keizan trilhou um caminho, por assim dizer, mais de fora. Foi ele quem espalhou o Soto Zen em vários níveis da sociedade japonesa, tornando-o mais conhecido e praticado para além dos mosteiros.

Keizan nasceu em 1264 e morreu em 1325. Aos 8 anos entrou para o mosteiro, e aos 13 foi ordenado. Recebeu a Transmissão do Dharma aos 32 anos, de Tettsu Gikai, e é autor de um livro chamado *A transmissão da luz*, uma série de sermões detalhando a linhagem Soto Zen desde o Buda Shakyamuni. É o quarto sucessor de Dogen e fundador do templo Sonjiji, em Yokohama, que se tornou referência do Soto Zen no Japão, ao lado do Eiheiji.

Com seu olhar mais expansivo, Keizan destacou-se também por enfatizar a igualdade entre homens e mulheres, encorajando suas discípulas a seguirem a vida monástica. Foi uma atitude corajosa numa época em que as mulheres eram marginalizadas, tendo talvez vindo daí o incentivo que resultou na organização das monjas da escola Soto Zen. Por outro lado, traduziu-se num chamado para que mais mulheres pudessem se refugiar em Buda, no Dharma e na Sangha.

O que faltava, no entender da Monja, era mais reconhecimento das próprias mulheres. Exercer a luta consciente não só pela visibilidade de suas ancestrais, mas pelo que ainda lhes competia na questão entre o budismo e as mulheres. Em muitas outras tradições religiosas existe semelhante hierarquia de gênero, um reflexo social que permeia a vida espiritual até os dias de hoje, apesar das mudanças em curso. E, da mesma maneira, as mulheres que buscam melhores condições na vida religiosa nem sempre encontram reforço em suas irmãs de fé.

○

No templo aos pés do Fuji, a Monja sonha.

Era uma casa com varanda ampla. Ela estava sentada numa cadeira de balanço com a filha bebê nos braços. Um abajur de cúpula amarelada trazia tons de nostalgia à cena, mas o sentimento maior era de união. De repente, ela e o bebê vão se tornando uma só pessoa, e a mulher na cadeira de balanço agora é sua mãe. Os cabelos de Clara estão mais longos do que usava e ela tem nos braços uma menina, um bebê que não é mais Flavia.

Interessada, a Monja agora olha a cena e vê com espanto que o bebê é ela. Existe uma ternura indescritível em olhar a si mesma dormindo no colo da mãe. Ela repara no leite ainda escorrendo do canto da boquinha infantil, mas o olhar de Clara está perdido ao longe. A Monja, olhando, indaga-se: *O que será que ela está pensando?*

E o sonho acaba.

Enquanto o mestrado findava sem problemas maiores, ela fizera amizade com um novo monge. Ele iniciava quando ela já estava no terceiro ano, faltando apenas um para terminar. Nada mudara nesse tempo todo, mas Shenzo, era esse seu nome, trouxe um alento inusitado. Amável e interessado, gostava de estudar com ela. Foi aos poucos se revelando um bom conversador. Demonstrava interesse em conhecê-la melhor, em descobrir sobre seu país e seus sonhos futuros. Ela o via como um bom amigo, e isso facilitava a permanência de um humor mais leve. Era bom ir para o curso e poder conversar com alguém que lhe dava real atenção. Aos 46 anos de idade, e diante dos 28 dele, ela não podia suspeitar da paixão entrando sorrateira no coração do monge. A Monja simplesmente não processava os fatos, embora eles estivessem bem na sua frente.

Shenzo, com seu jeito brincalhão e comunicativo, se contrapunha a todos os outros naquele curso. Era um bálsamo que ela nem ousava questionar, aumentando assim a ligação entre eles. Já circulavam comentários sobre os dois, mas não lhes chegavam aos ouvidos, dissolvendo-se antes na dissimulação imediata dos faladores. A Monja, desde o início da vida monástica, gostava de repetir que mestre Dogen era seu namorado, talvez uma atitude compartilhada por muitas mulheres religiosas com relação a seus mestres elevados. Engrossando a decisão mais comum entre as monjas budistas, o casamento não estava em seus planos. No entanto, Shenzo nem de longe flertava com o celibato.

A Monja terminava a terceira etapa do curso quando Shenzo manifestou vontade de ir vê-la no templo do sítio. Ela foi contra, mas com surpresa viu os mestres do curso incentivarem o rapaz a procurá-la. Acabou cedendo, embora desde o princípio a situação tivesse de ser encoberta. Ele vinha vê-la às escondidas, pois era neto de um monge importante e muito rígido, que certamente seria contrário a essa aproximação. Por outro lado, a vida pregava peças na Monja, trazendo outra vez à cena a visita camuflada de um rapaz apaixonado por ela.

Os anos haviam deixado marcas em seu corpo e cicatrizes em sua alma. A pele rosada e branca de seu rosto evidenciava algumas rugas, antes guardadas feito sementes. Como ela própria fora semente um dia, mulher em seu casulo criador de asas que ainda aprendia a usar. A vaidade não preenchia seu pensamento, tampouco ela se tornara desleixada. Nada mais preciso que beleza certa, não artificialmente construída mas descoberta como tesouro. A harmonia entre dentro e fora. *Ele não vai se interessar de fato quando perceber que sou mulher madura, músculos mais flácidos e observação mais aguçada.* A Monja permitia aos pensamentos esparsos um giro pelo quarto. Depois acendia um incenso, fazia suas preces e dormia.

Ao olhar para ele, não sabia dizer o que sentia além de carinho, ternura e o aconchego da presença atenciosa. Será que não sabia mais desejar? Será que soube um dia? Ela se distendia em dúvidas mais que as cordas de um instrumento quase a arrebentar. Novamente Shakyamuni avisava que cordas frouxas ou excessivamente tensas não emitem som, não fazem música. Nem afrouxar nem arrebentar. Ela podia escolher por si mesma? Havia adquirido o direito de escolha? Não sabia. Tentava entender seu desejo, apesar das investidas de Shenzo em suas visitas cada vez mais frequentes e demoradas.

○

A Monja estava plantando no terreno em torno do templo quando o telefone tocou. Ela agora dispunha ali dessa melhoria na comunicação. Largou as luvas e correu para atender. Para além do tratamento reverencial, a conversa foi bem tensa.

Você está tentando atrair o meu neto?

Quem, eu? Por que o senhor diz isso? Por que me acusa sem saber?

Eu sei muito bem. Todos viram, todos sabem.

Viram o quê? Sabem o quê? Não aconteceu nada!

Shenzo está enfeitiçado. Você está atrapalhando a vida dele.

A Monja não resiste a uma fúria interna e sente o fogo da montanha aquecendo lavas dentro dela. Esquece completamente a hierarquia e discute de igual para igual.

O que o senhor quer dizer, que sou bruxa, feiticeira? Que tenho culpa pelo que Shenzo faz da vida dele? Sua lógica está parada no tempo! Ele é ele, e eu sou eu. Não tenho nada a ver com o que ele sente ou faz. Ele é livre, e eu sou livre também. Não preciso atrair ninguém de maneira dissimulada. O senhor não me conhece para me acusar dessa forma!

Você está sendo insolente!

Perdão se o ofendo, não é minha intenção, mas não posso aceitar também sua ofensa. Creio que nenhum de nós deveria estar tendo esta conversa. É só questão de olhar melhor a situação.

Que situação? Vejo o que vejo! Vejo Shenzo caindo em sua rede, em seus artifícios, abandonando os estudos, com o pensamento perturbado. Você é quem deveria tê-lo expulsado de sua presença. Deveria ter o bom senso de arrancar dele o vício, abrir-lhe os olhos. Mas você o agita, permite que continue se perdendo...

De maneira alguma! O que o senhor pensa de seu neto, afinal? Que homem o senhor julga que ele é? Pelo jeito um fraco,

um incapaz, alguém que deve obedecer ao avô ou às artimanhas de uma mulher. Se nada aconteceu entre nós ainda, foi porque eu não quis. E não quis por não saber se é o que desejo para mim. Nada além disso!
Melhor parar com esta conversa! Você está sendo muito petulante e não vou continuar escutando.
Ele desligou antes que ela pudesse acrescentar: *Melhor mesmo*.
Sem tempo para uma reflexão mais consistente, os fatos entre a Monja e Shenzo se precipitaram.

o

Gentil, ele abriu a porta do quarto. Uma lufada de ansiedade passou junto dele, sem que ela percebesse. Nela, a sensação de estranheza fazia as pálpebras baterem aflitas e rápidas. Sentada na beira da cama, tentando descalçar a vergonha junto com os chinelos, a Monja titubeava. O medo batia em seu coração. Incomodava a preocupação com a flacidez de seus músculos ou a falta de jeito ante o inusitado. O que ele pensaria?
Sem entender muito bem o que houve, caiu na cama forçada por um tranco, a mão forte e espalmada agarrando-a pela cintura. *Calma*, ela disse. Mas apenas uma respiração ofegante se fez ouvir. Shenzo foi arrancando dela as vestes, entre afoito e angustiado, sem parar muito para carícias ou beijos. Ela tentou acalmá-lo com agrados, os dedos deslizando suaves pelo rosto e cabelo dele, contornando os lábios benfeitos. *O que está acontecendo?*, ela pensava.
Não houve como raciocinar nada depois. Ele livrou-a das roupas sem nem mesmo olhar-lhe o corpo, tamanha a pressa em penetrá-la. Com força descomunal, que ela nem supunha existir nos braços dele, Shenzo puxava-a para debaixo de si afobado, forçando-a sob seu tórax liso e úmido. Em segundos ele imobilizou-a pelos braços, enquanto seu peso abafava nela

gestos ou gemidos. Penetrou-a com fúria inconsciente e represada. Tudo nela doía e causava espanto, total espanto.

Em pouco tempo, o jovem caía exausto ao lado dela na cama. A Monja, vazia de si mesma, não queria pensar, muito menos fazer escândalo. No silêncio, ele recuperou um mínimo de lucidez, agradou-a com ternura, disse que a amava muito, agora ainda mais. Ela não sabia o que fazer ou dizer. Imaginava anteriormente que ele não a desejava por ser mais velha. Não foi isso que aconteceu. Por outro lado, não conseguia discernir que atitude fora aquela, faria parte da cultura masculina japonesa? Ou era ele quem estava em desarmonia? E, afinal, por que o sexo entre eles acontecera? Porque os mestres incentivaram? Porque o avô de Shenzo a destratara e ela queria mostrar algo a ele?

Nem houve como chegar a qualquer conclusão. Enishi, o avô de Shenzo, espalhou entre todos os mestres a briga entre ele e a Monja. E ele era forte. Ela passou a ser vista como culpada, numa mudança repentina de valores, e os mestres pediram que ela se afastasse de Shenzo. *Você pode se comprometer em se afastar?* Sentindo-se totalmente injustiçada, a Monja rebateu as críticas no auge da indignação. Diante de mestres muito mais velhos que ela, argumentou duramente: *E quem são vocês para me pedir isso? Justamente vocês, que têm suas amantes, vêm me pressionar? Sou eu a única responsável?*

A situação só piorou, mas nada era capaz de conter a influência devastadora de mestre Enishi, e eles resolveram se separar. Sim, porque apesar daquele primeiro encontro traumático a Monja e Shenzo mantinham a vontade de permanecer juntos, ainda que por motivações opostas. Ele a queria sem nem mesmo sabê-la, ela reagia às perseguições que vinha recebendo e resistia em abaixar a cabeça. Essa espécie de aliança entre eles foi, porém, devidamente quebrada em nome da sobrevivência e do bom senso. O mestre de Shenzo obrigou-o até mesmo a assinar um documento comprometendo-se a não mais procurá-la.

Pouco tempo depois, no entanto, a Monja soube por intermédio de um colega que Shenzo estava em um templo próximo ao dela. Como as decisões foram tomadas à revelia deles, embora com a anuência de ambos, ela ligou para ele. *Já que você está aqui perto, vamos nos encontrar para uma despedida? Nós merecemos!* Ele concordou de imediato, e ela foi buscá-lo de carro. Achava absurdo serem tratados como bonecos sem vontade própria, tal qual crianças sem juízo. Dois adultos deveriam, no mínimo, poder se despedir pessoalmente e conversar o que fosse necessário, o que lhes aquecesse o coração ou libertasse a alma. Era o que sentia quando deu a ele o telefonema, e ficou feliz por ele vir tão prontamente.

A conversa foi rápida e tranquila, mesmo porque a Monja não guardava mágoa daquele único encontro desastroso e acabara por concluir que nenhum deles estava preparado para o sexo. Se ele havia sido violento, por característica ou repressão, ela ficara paralisada, e essa reação tinha a ver com outras questões. Não propriamente com ele. Tanto o impulso de aceitá-lo quanto o medo de ser rejeitada na cama eram atitudes não ligadas a ele de fato. Por isso mesmo, seria bom se despedirem com uma sensação de harmonia e bem-estar. E foi dessa maneira que transcorreu o diálogo, com palavras amenas e sem nenhuma acusação mútua.

Mais tarde ela o deixou na porta do templo e saiu com seu carro.

o

Nem havia nuvens no céu e uma tempestade se precipitou.

Quando Shenzo retornou ao templo, seu mestre veio imediatamente falar com ele. Estava sério, levou-o a uma sala reservada e foi logo dizendo:

Você não tem palavra nenhuma! Nem mesmo assinando no papel consegue cumprir o que diz! Sei que acabou de chegar de carro com a pessoa de quem deveria estar distante, de quem nunca mais deveria se aproximar!

Foi apenas uma despedida, mestre! Só uma conversa rápida.

Melhor ficar calado. Não existe defesa para você. Nenhuma!

Shenzo abaixou a cabeça.

Eu confiei e você me traiu! Você não conseguiu deter as armadilhas da mente. Não o quero mais aqui!

O que está dizendo, mestre?

Isso mesmo que ouviu! Você está expulso do templo!! Você não tem palavra, não tem palavra!!!

Completamente atordoado, Shenzo arrumou a mala e saiu, sem saber o que fazer ou para onde ir. Com os pensamentos desconexos, foi até o templo da Monja, mas o mestre dela não permitiu sua entrada. Penalizada, ela viu o rapaz partir com rumo incerto. No dia seguinte, soube que ele fora para um cortiço japonês. Ela sentiu-se responsável por tudo que estava acontecendo com Shenzo e disse ao seu mestre: *Se ele não pode ficar aqui, eu também não fico!*

Foi assim que, faltando apenas três meses para completar o curso, a Monja deixou o templo e foi morar com Shenzo no cortiço.

○

Um dos retiros do treinamento em Nagoya fora conduzido por Yogo Roshi, mestre de transmissão da Monja. Em determinado momento, ela perguntou a ele: *O que é o Caminho de Buda?* Ao que ele respondeu: *Assim como é. As coisas são como são.* Respeitosamente ela agradeceu a resposta.

Não se pode dizer que pensava nisso enquanto se dirigia ao local em que Shenzo estava vivendo. De alguma maneira, porém, parecia-lhe que as águas corriam para contornar pedras, o rio tranquilo era agora corredeira agitada. Como as coisas mudaram tão de repente? O caminho é como é. As coisas são como são. Mas é difícil ver enquanto tudo acontece.

Mestre Dogen disse em um poema:

O brilhozinho suave de um vaga-lume
No alto da montanha
Aparece levemente debaixo
Do brilho mortiço da lua.

E quem é esse que pode perceber o pequeno vaga-lume diante da majestade da lua? O mesmo homem que disse também:

Há muito tempo vivo neste mundo humano livre do apego,
tendo já largado o pincel e a tinta.
Agora fico olhando as flores e ouvindo passarinhos cantando com menos elegância.
Palavras desdenhosas tais como "você não tem um estilo refinado" nada significam para mim.

O desapego não poderia ser uma ideia a ser perseguida, mas seria um despregar-se da própria farsa, ao longo de toda a vida. Depois de largar pincel e tinta, depois de nada mais para pintar, nenhuma imagem, ficar é simplesmente estar onde o pássaro canta e as flores brotam. Nenhum estilo será mais necessário.

o

Ficar quieta ao lado da montanha era tudo de que precisava. A Monja estava certa disso. Mas era apenas uma imagem. As coisas, que são como são, aconteceram, e ela viu-se obrigada ao movimento. Porque o caminho é como é, utópico ou não. A maior parte do tempo, porém, o trajeto deve ser reinventado. Agora, ela lutava para sentir a realidade sob seus pés, mantendo, contudo, os olhos na estrada. Entre idas e vindas nos atalhos mais imprecisos, um novo deslocamento se apresentava. Ela não se furtaria ao desafio, mas tentava absorver paciência e não desperdiçar energia.

Ao ir morar com Shenzo, a Monja sabia estar dando uma guinada inesperada em seus planos e, muito provavelmente, em seus projetos futuros. Aoyama não aprovou essa união, mas não havia nada que pudesse ser feito. A cerimônia de casamento foi realizada por um dos mestres e na presença de poucos amigos. Para ela, nada lembrava suas relações anteriores, mas havia um pequeno fio que ainda permanecia. Um fio que percorrera todas as relações sem se romper. Não se podia dizer o que seria. Não ainda.

A relação do casal foi se harmonizando, mas eles não conseguiram aprovação para continuar o curso. O diretor-geral da escola não quis aceitá-los exatamente porque eram casados, e decidiu mandá-los para o Brasil. Para ela, faltando apenas o último trimestre, seria abandonar na reta final algo a que se dedicara e em que investira. Quando foram se inteirar dos papéis que viabilizariam a mudança para o Brasil, descobriram que isso demoraria três ou quatro meses. Em vista da demora, ela insistiu com o diretor para que pudessem continuar, e este acabou concordando por falta de opção. Em contrapartida, tratou de construir outro tipo de obstáculo. Aos poucos, foi incutindo o ciúme em Shenzo, fazendo às vezes de um Iago oriental.

Se ela foi capaz de atrair você tão fortemente, por que não atrairia outro? A meu ver, o risco de perdê-la é muito grande. Tal qual Otelo, o mouro criado por Shakespeare, Shenzo foi ficando envenenado pelo ciúme, insuflado aqui e ali por gotas certeiras. Mal conseguia estudar, ficava vigiando a Monja, não queria deixá-la sozinha. Era como se uma alucinação o tomasse por inteiro, e nada do que ela fizesse ou dissesse poderia aplacar a insegurança quase física que tomava seus músculos e vísceras. Os pensamentos bicavam-lhe a mente como corvos

esfaimados, afastando dele a paz, deixando-o à deriva, à mercê de suas sombras.
Shenzo! O que você está fazendo?
Nada de mais! Eu quero você, quero a minha mulher!
Mas isto é perder o juízo, me solta! Me solta!
Shenzo tentava agarrá-la nos corredores da escola, numa perda considerável de limite e controle. Os conselhos de amigos não surtiam efeito, ele simplesmente foi se tornando a cada dia mais instável e nervoso. A Monja tentava apaziguá-lo como podia, porém sem sucesso. Ela não sabia o que era ciúme já fazia tempo, mas podia ser solidária de alguma forma. Ele era homem, era de outra cultura, possuía outros signos e símbolos, outra formação, mas no fundo era tudo a mesma coisa. Ela lembrava o tempo em que essa sensação corroía seu cérebro e apertava seu coração até quase parar. Como esquecer seus impulsos desmedidos? Seu próprio sentimento de rejeição?
O Zen estava no cume das montanhas, mas também nos vales.

o

Era madrugada e ela o olhava dormir. O luar entrava meio de lado, clareando parte do rosto dele. Imóvel, a coluna reta, sentada na cama, ela mal respirava. Imaginava como seria ele menino, a expressão atenta e sem marcas, o espírito brincalhão que levaria vida afora. Ela o olhava dormir. Pensava que homens são como meninos, mas meninas desde cedo brincam de ser como mulheres. Quem sabe por isso os homens que arrancam de dentro de suas amadas o riso espontâneo da menina sejam tão desejados.
Um gato miava ao longe, ritualizando e expulsando desejos para os confins da escuridão. Vítima de algum sonho, o corpo dele estremecia perdido entre fantasmas e espíritos desconhecidos, talvez fugindo do outro nele mesmo. Num pedaço da

pele dele o foco encontrado. Pelos finos se eriçando na suspeita de um anseio, sob o torpor do sono. Ali, naquele trecho de pele branca como a lua, todos os mapas possíveis, rotas de encontro e de perdição. Outra e outra vez, ela não sabia.

O aposento pobre ficava ainda mais simples durante a noite, apenas Buda brilhando no pequeno altar, olhando tudo como se fosse ele próprio a noite, a lua e o céu estrelado. No canto uma mesinha de estudo, em frente um armário acanhado, na cadeira as roupas dobradas e os chinelos descansando no chão. Devagar o luar mudava de rumo, escorregando na pele dele sem destino e tempo. Ele não se mexia mais, prostrado de exaustão e fragilidade.

Ela era o que foi e era o que acontecia no momento. Naquele instante, não havia divisão, ela era uma só. O dia começava a amanhecer. A Monja amava o dia e o homem ao seu lado.

o

Shenzo, cada vez mais aflito e descontrolado, começou a apresentar sintomas físicos, um mal-estar difuso sem explicação. Consultado um médico, foi diagnosticada disritmia, um problema grave no coração. Foi necessária uma internação hospitalar para colocar um marca-passo, e daí para a frente Shenzo teria sempre de fazer uso de remédios para o coração. Em sua história pregressa de saúde havia um episódio de pneumonia mal curada na infância e outro recente, já no mosteiro, mas antes de conhecer a Monja. Ao ter alta, ele precisaria de cuidados constantes, e a família o abandonara após tudo que sucedera.

Faltando apenas um mês para terminar o curso, a Monja se afastou para ficar ao lado de Shenzo. Um amigo lhes arrumou um trabalho modesto, o que os deixou agradecidos, embora a dificuldade financeira fosse grande. Logo depois, o mesmo amigo soube de um monge em Hokkaido que poderia lhes arrumar trabalho. Eles aceitaram e, finalmente, a vida começou a mudar para melhor. O monge não tinha nenhuma oposição ao relacionamento deles, trazendo uma leveza que lhes fazia falta. Desde o casamento, a relação entre a Monja e Aoyama ficara abalada, e ela se ressentia desse distanciamento. Sentia falta do apoio, da troca, dos ensinamentos de sua mestra. Mas não havia outro jeito.

Em Hokkaido, o casal começou a ganhar dinheiro realizando cerimônias e rituais que estavam capacitados a fazer. Puderam comprar um pequeno apartamento. Começaram a juntar dinheiro para vir ao Brasil e também a comprar livros e apetrechos necessários à sua autonomia como monges. No princípio, em Hokkaido, faziam tudo juntos, não se desgrudavam, numa compensação inconsciente pelo que enfrentaram sozinhos. Depois, a relação foi ficando mais equilibrada e esse apoio excessivo já não era útil nem desejável.

A Monja e Shenzo viveram dias tranquilos, dias de águas correndo em riacho, de pedras redondas e belas, sem pontas. Por duas vezes visitaram o Brasil. Uma pela ocasião do casamento de Flavia, outra pelo nascimento da neta da Monja. Continuavam os preparativos para voltar definitivamente e, depois de quase dois anos de trabalho intenso em Hokkaido, conseguiram seu intento. Era o ano de 1995 quando se mudaram para as terras brasileiras.

Aos 48 anos e seis meses, com a cabeça raspada e as vestes de monja, ela retornava ao Brasil para fincar seus propósitos e mobilizar seu destino.

o

O ano de 1995 marcou também a morte de Maezumi Roshi e do mestre que realizara o casamento da Monja e de Shenzo. Ela sentiu-se meio órfã, sem ter com quem se orientar ou consultar diante de algum problema, pois eram eles seus interlocutores mais frequentes depois de perder o apoio da abadessa. Talvez por isso tenha sido precipitada em aceitar o convite para assumir a direção de um templo em São Paulo, cidade onde nascera e queria morar novamente. Após seis anos, mesmo com o crescimento do templo, disputas internas fizeram com que ela deixasse o lugar.

Nesse período todo Shenzo esteve sempre ao lado dela, trabalhando na prática e ela nos ensinamentos. Mais do que isso, a presença dele era fundamental, pois além de traduzir textos foi quem "apresentou" a Monja à comunidade japonesa de São Paulo. Era ele o mediador nessa relação. Moravam em um apartamento alugado próximo ao templo e viveram a princípio uma época livre e profícua. Em apenas um ano, ela ocupava o cargo de presidente e ele de diretor-administrativo.

Os problemas, no entanto, começaram tanto aqui como no Japão. Quando Shenzo viajava ao seu país, era tomado por uma torrente de opiniões, tanto da família como de amigos. Diziam que ele vivia à sombra dela, que não ia crescer nunca. Ele voltava sempre taciturno e inseguro, enquanto ela estava às voltas com problemas maiores ligados à administração do templo. Apesar disso, procurava animá-lo, fazer com que enxergasse o próprio valor. Além dos problemas políticos que a Monja enfrentava, os monges de São Paulo foram isolando o rapaz. Sem respaldo conhecido além dela, ele ficava deprimido e a relação deles iniciava uma fase de esgotamento.

Depois de quatro anos juntos nessa difícil tarefa de coordenar o trabalho no templo e a relação conjugal, eles se separaram. A Monja, que havia entrado na menopausa, percebeu o incipiente desejo de Shenzo por mulheres brasileiras e achou melhor pedir o divórcio. Mesmo separados, dividiram o apartamento por quase um ano, dormindo em quartos diferentes. Quando ela se demitiu do templo, sob uma pressão insustentável, foi morar algum tempo na casa da mãe, a pedido do pai. Clara, agora uma senhora idosa, precisava dos cuidados da filha.

Shenzo mudou-se para outra casa, mas acabou por voltar ao Japão, onde se casou novamente e se tornou pai. Jamais deixou a amizade pela Monja e se falaram sempre, até a morte repentina dele alguns anos depois. Um dia, enquanto relaxava numa banheira de ofurô, seu coração parou definitivamente de bater.

o

Alunos e discípulos da Monja resolveram se reunir no apartamento de um deles para dar continuidade às palestras e meditações. Lentamente se formava um grupo interessado em torno dela e, com o tempo, o lugar foi ficando pequeno para o crescente número de pessoas. De seu lado, ela sabia cada vez mais que voltara para exercitar o desapego ao peso de sua história e encontrar seu lugar no país em que nascera. A partir daí, queria ver florescer um trabalho direcionado para sua comunidade. No calmo passo e na precisa decisão, buscava uma casa para alugar. Ali pretendia começar o seu templo, onde talvez fosse escrita uma nova história.

EPÍLOGO

Será que sempre existe um fio a conduzir a vida? Inúmeras vezes temos a sensação de que saímos do caminho, do trilho. Que caminho é esse? É imaginado? Talvez por isso os poetas não consigam se ater exclusivamente a uma única direção. Mesmo quando se esforçam. Os poetas são andarilhos de muitas trilhas, todas fundamentais em sua vida. Não é pura poesia o discurso em que Buda não fala, apenas segura uma flor? Ele mudou de rumo diante de todos, e quem possuía imaginação livre soube. Mahakashyapa compreendeu sem compreender. Sim, porque, embora no momento não usasse a lógica, espontaneamente reagiu. O que fazer diante de uma flor? Pensar?

Quando tudo está exatamente explicado, estamos mortos. Mortos em vida, mortos como personagens interessantes, transformados em cenário de nosso próprio teatro, objetos de decoração.

Mestre Dogen disse:

A mente Bodhi, ou a mente iluminada, não surge espontaneamente, nem a produzimos através da habilidade. Ela surge quando existem empatia e comunhão espiritual com Buda.

Buda alcançou o inexplicável, o ponto maior que a poesia. Mas só a poesia pode traduzi-lo. A poesia sem palavras. Muito além da própria imaginação. Shakyamuni, o iluminado, abandonou tudo que imaginara um dia, fosse sobre si mesmo, fosse sobre o caminho a seguir. Cada instante de sua vida vivida cabia em seus gestos ou na ausência deles. E nada estava terminado. Porque a iluminação não é um fato consumado, mas é vida pulsando em todas as direções, é jogar-se no fogo todos os dias. Manter-se iluminado é tarefa maior, é o grande heroísmo a ser praticado. Iluminar-se é queimar eternamente.

Mestre Dogen também disse:

Realizar a mente Bodhi significa fazer o voto e o esforço de ajudar todos os seres a cruzar para a outra margem antes que nós o façamos.

Isso significa dizer que todo aquele em qualquer esforço de conscientização tem, por dever máximo, ajudar de alguma maneira o todo. Deve existir empatia com o sofrimento alheio, deve-se sentir junto. Esse sentimento de chegar até o outro movia a Monja mais intensamente. Ela fazia da cidade seu templo, promovendo meditações nos parques públicos, deixando menos intrigante, aos que com ela cruzavam, sua figura de mulher careca e vestimenta estranha. O cargo que ocupara nos seis anos em que estivera no templo anterior deu-lhe visibilidade entre a comunidade religiosa diversificada de São Paulo. Além disso, agora ela podia agir com mais liberdade, ainda que sempre estivesse respondendo aos mestres do Japão e à tradição do Soto Zen. Sabia, por outro lado, que poderia atrair outras pessoas além da colônia japonesa da cidade. E gostava dessa hipótese. Era só questão de encontrar a casa onde começaria seu templo.

E o fio condutor? O fio condutor na vida da Monja parecia estar relacionado à solidão. Depois da separação de Shenzo, ela estava certa de que não haveria outro marido em sua vida. Dentre todas as suas relações, a que teve com ele talvez tenha sido a que lhe proporcionou maior aprendizado. Não por ele ser monge, mas por carregar uma mistura de fragilidade e força não precisamente elaboradas. As duas coisas se misturavam sem cooperação, deixando-o vulnerável. Muitas vezes, ao longo da vida, ela sentiu-se da mesma maneira. Vê-lo debater-se entre a própria vontade e a vontade das pessoas influentes à sua volta chegava quase a doer nela mesma.

Shenzo foi, sem dúvida, um companheiro importante para ela. A princípio, defendeu-a das investidas de outros monges, uma vez que problemas com a sexualidade eram desafios da vida monástica. O assédio sexual sofrido pelas monjas não era incomum, especialmente em situações em que havia reclusão mista, como as do curso de mestrado. Mais tarde, juntos, enfrentaram uma situação de quase desamparo, pois ao contrariar seus superiores com o casamento foram deixados por conta própria. Esse foi o momento crucial, a virada definitiva entre tantas reviravoltas na vida dela. O que começara com sentimento de culpa de sua parte, pelo que Shenzo foi obrigado a confrontar, acabou por tornar-se companheirismo entre homem e mulher.

Quando tudo conspirou para que o casal voltasse ao Brasil, havia esperança de outras resoluções para ela. Seria a oportunidade de preencher muitas lacunas, a complementação de diversos significados. Sem dúvida, ela seguia com as próprias pernas, mas talvez ele seguisse com as pernas dela. No Japão, a família e os amigos dele não estavam exatamente errados. Enganavam-se, porém, quanto à realidade dos fatos. Não havia domínio dela sobre ele, mas sim uma ausência de discernimento dele, um impedimento de aprofundar-se em si mesmo, de saber para que lado devia virar o corpo e receber o calor do sol.

O fio condutor, antes de se romper, levou-a diante de sua família. Sua mãe, alquebrada pelos anos e sempre agarrando a vida. Seu pai e sua irmã, mas muito particularmente sua filha. Havia estranhamento por parte deles em relação a suas atitudes, e uma cegueira involuntária para perceber que não existia semelhança entre aquela que partira um dia e a que ali estava. Agora, ela podia se orientar melhor pelo que sua consciência aconselhava e a maturidade trazia como resposta. A Monja esperava, centrada em cada ato, sem titubear. Voltar ao Brasil e criar aqui seu lugar de poder foi renascer novamente, revisitando cada imagem esquecida.

De alguma maneira, vivemos nos despedindo de quem somos, porque mudamos com as etapas vividas. A falha maior é teimar em represar o rio, ignorar que acalentamos sempre a dor de não ser, tentar impedir o fluxo incessante para o nada ou a dissolução no todo. Não somos coerentes em nossa bela e trágica individualidade, essa maravilha que é ser único no mundo. Ninguém jamais será idêntico ao outro, é verdade. Mas, também, jamais seremos os mesmos a cada dia que passa. Como conviver com isso? Criar personalidade? Adquirir conhecimento? Formar uma bagagem, enfim, que diga "este é você" ou "esta é você", e passar o tempo arrastando-a como identidade? Ou, na sabedoria, ir e voltar como mandalas de areia? O vento leva uma e reconstruímos outra, novas cores e motivos em torno do mesmo centro.

A Monja encontrou sua força na empatia com Buda, no comprometimento absoluto com o Zen. Mestres e mestras, encarnados e desencarnados, foram seus guias entre sombras e brumas. Admirava por demais as mulheres que encontrou em seu caminho, mesmo as que não conseguiu admirar. Porque o tempo trazia a cura e não restava qualquer mágoa. O círculo se fechava ao retornar, deixando uma passagem no centro dele. Entrar nessa passagem implicava passar por um corredor no qual podia ver sua história escrita nas paredes, em poucas letras e muitas imagens. Ao sair do outro lado, uma inteireza se fazia. O passado iluminado seria sempre um guia em seu destino. Afinal, quando fosse chegada a hora de deixar tudo, tinha de ter tudo.

Atrás de cada rosto se esconde uma história. Mesmo hoje, quando pessoas gostam de expor qualquer mínimo pensamento ou opinião como se fosse importante, quando dividem com o mundo intimidades antes reservadas aos entes mais próximos e queridos, o que se esconde por trás de um rosto é puro mistério. Morrer ou viver diante das câmeras, lentamente, não torna ninguém transparente. Pelo contrário, a mania de exposição pública nos leva a esconder em camadas mais profundas o que somos. Até esquecer onde escondemos. Sempre o inescrutável existirá em torno das expressões de um rosto.

o

Na vida da Monja, o Japão foi o divisor de águas. O que começava com imagens preconcebidas do que seria a busca espiritual se revelava, dia após dia, em dificuldades de todo tipo. Ilusões foram demolidas, e essa não foi uma questão exclusivamente sua, mas de tantos quantos se embrenharam verdadeiramente naquilo que acreditavam. Seja o que for. Os jogos de poder estão onde está o ser humano, uma premissa nem sempre lembrada.

A Monja atravessou os corredores dos mosteiros com a noite corroendo seus ossos, mas depois o sol nascia em seu peito com mais força. O sentido foi se fazendo aos poucos, e quando o sentido se faz a vida inteira é acolhida sem deixar restos. Nenhuma partícula fica de fora, porque nenhuma é mais identificada em sua pequenez. Cada partícula compõe o todo, o ser no todo, o sentido do ser. Não havia algo sensacional, e jamais haveria. Nunca chegaria a felicidade idealizada, mas sim a conquista de cada dia com paz no coração. Essa qualidade do comum e do sutil despertara nela novos passos de dança. Outra bailarina. Talvez a pergunta que esta existência suscite seja: *E você, já subiu o Monte Fuji de sua vida?*

Agora, nenhuma imagem do caminho, nenhum fio condutor. Do alto da montanha o salto irreversível, o céu sem limite, a certeza das asas.

o

Sala São Paulo, fevereiro de 2001

A cidade de São Paulo comemorava os oitenta anos de um de seus maiores jornais. Entre vários eventos, um deles marcava a comemoração oficial, para a qual foram convidados os mais ilustres representantes da política, da cultura e das religiões. Em nome do Zen Budismo estava a Monja, que falou ao público após o discurso do bispo católico. Não se sabe se por sua figura feminina, por seu jeito suave ou mesmo pelo sorriso franco, ela foi apresentada como "a monjinha". Mexida em seu íntimo pelo diminutivo sem sentido, pela sensação de que só teria a dizer palavras "calmantes", pílulas para adormecer, ela levantou-se, agradeceu com um aceno os aplausos, encarou a plateia silenciosa por ínfimos segundos e falou.

Esta é a cidade na qual nasci e me criei. Uma cidade que aprendi a amar e que, em suas ruas, praças, escolas, cinemas e teatros, guarda parte de minha infância, adolescência e juventude. Forte e poderosa, a cidade de São Paulo tem sido um polo importante da cultura e educação em nosso país. Por isso, é uma honra participar deste evento, os oitenta anos de um jornal inscrito entre os melhores da mídia impressa no Brasil.

Na minha juventude fui jornalista, e sei da importância que um veículo desse porte tem não só na vida da população, mas também na de quem é parte de sua construção diária. Sim, porque minha breve incursão na carreira permitiu um contato com realidades diver-

sas, amadurecendo em mim o desejo de ganhar o mundo. Passei muitos anos morando fora e, nesse período, retornei algumas vezes em visitas breves e pontuais à minha família. Nesses momentos, eu via pouco do que acontecia por aqui.

Há seis anos, porém, voltei para ficar, e tenho observado muitas coisas. O que tenho visto me remete à história de Buda, que começou seu despertar a partir do momento em que deixou seu palácio e encontrou a realidade daqueles que viviam fora, do povo, por assim dizer. Shakyamuni era um príncipe, nascido em casta superior e criado como tal. No entanto, ao tomar contato com a dor e o sofrimento que viu na doença, na morte e na velhice, resolveu abandonar não apenas uma vida confortável, mas todo um reino. Que sentido havia na vida? Por que o sofrimento humano? Assim, ele partiu buscando respostas e, no dia em que atingiu a iluminação, disse: "Eu e todos os seres da Grande Terra simultaneamente nos tornamos o Caminho".

O que Buda estava dizendo? Ele afirmava que todo ser traz Buda dentro de si, e despertar para esse estado de consciência iluminada é ajudar outros a fazerem a mesma travessia. O Caminho é a reunião de todos os Budas. No entanto, cada vez mais nos separamos dessa essência íntegra em cada um de nós. Pensamos que podemos viver em bolhas idealizadas, fugindo do que é feio, velho, doente e morto.

Desde que voltei eu vi muitas melhoras, mas também muita piora. Hoje existe uma barreira maior separando ricos e pobres, e nosso país tem uma das piores distribuições de renda do mundo. Não foi sem surpresa que vi pessoas fecharem os vidros do carro ao avistarem pedintes nas esquinas e faróis. Por que cada vez mais esse abismo aumenta e ficamos com medo uns dos outros? Por que pensamos em proteger nossos filhos criando situações irreais para que as experimentem como verdade única?

Para mim, são vocês aqui presentes, na figura de políticos e jornalistas, os representantes do povo e os responsáveis por essa situação. Portanto, é de vocês a tarefa de lutar por políticas públicas mais eficientes e por ações sociais que nos tirem desse isolamento. Um isolamento que faz do homem no banco da praça, ou da criança cheirando cola na Praça da Sé, ao mesmo tempo ameaça e incômodo.

Entendo também que cada um de nós deve fazer sua parte. Tire o medo de você! Viva como se tudo estivesse interligado, como se o mundo fosse sua própria casa, um lugar a ser cuidado, e as pessoas que nele convivem, amadas. Não é ingenuidade minha dizer isso, porque não estou falando de fazer o bem, mas de ser o bem, começar de dentro, olhar o que de melhor cada um tem. Desenvolver e compartilhar. O que você é se não distribui seus talentos? Um acumulador de sucesso e prestígio, de fortuna e bens materiais? E o que levará disso tudo?

O que estou dizendo não se refere a fazer favores, mas ao que é de direito. Direito a educação, moradia, saúde, comida. É um apelo aos que podem interferir nessa questão. Que o façam! Mas também os convido, a todos indiscriminadamente, a olhar mais para fora, apesar do medo. É ilusão pensar que existe a tal bolha na qual somos protegidos do resto que nos cerca, da violência, da miséria, da ignorância. Mais de cinco mil anos atrás, Buda teve esta certeza ao atingir a iluminação: não podemos nos libertar sozinhos. Precisamos uns dos outros.

No Japão, na tradição monástica, os monges e monjas vão para as ruas praticar a mendicância. Pede-se a ricos e pobres sem distinção, porque o ponto está na ação, seja pedir ou dar. Da mesma forma, não existe diferença entre quem pede e quem dá. Buda, quando saía para mendigar na cidade, com seu manto e tigela, estava ensinando que somos todos iguais, nossa essência é única. Também estava mostrando que a ação é mais importante que a teoria.

Por isso, é hora de movimento e ação. Não me sinto aqui impelida a consolar ou falar da transcendência, mas a colocar o dedo na ferida, alertar: é preciso curar! Começando por abrir as janelas dos olhos e da alma! Muitas vezes, precisamos mexer em outras peças para atingir o que é necessário. Por que perder energia com movimentos inúteis, meras construções do ego e da figura social que pretendemos representar? No budismo, aprendemos a ter paciência para a ação de fato necessária e a esperar dentro da inação quando o momento não é propício, preparando o lance seguinte. Disciplina e decisão é que constroem a força que move montanhas, sem jamais perder o coração.

Finalizando, meus votos são de que este jornal siga sua carreira comunicando e, principalmente, representando a população perante nossos governantes, da melhor maneira possível. Espero que o respeito à dignidade humana seja preservado em suas páginas e que seus colaboradores estejam imbuídos do papel que lhes cabe nesta comunidade.

Gassho.

O público presente aplaudiu-a de pé por longos minutos. Muitos vieram falar com ela logo após o evento. O sucesso de sua presença foi inquestionável. Logo veio o convite para escrever uma coluna semanal num dos jornais do grupo. Ela via a redenção de tudo que deixara inacabado, como se ao partir de um local antigo no qual vivera muito tempo tivesse de separar o que devia levar consigo do que era preciso doar ou atirar fora.

Antes mesmo de encontrar a nova casa que procurava, ela resolveu fazer da cidade seu templo.

○

Na avenida os carros passavam velozes, carregando em seu ventre a fragilidade da vida humana. Tão rápidos pareciam os carros, máquinas de metal brilhante, uma sensação de vertigem ou cegueira. No ronco dos motores desfilavam a tristeza, a ansiedade, a alegria ou a raiva de seus ocupantes. Talvez apatia ou iluminação. Os carros velozes passavam. Aves rasteiras de bicos fechados e zangados, sem comunicação. Uma névoa graciosa se levantava naquele início de manhã, mas quase ninguém via.

São Paulo, cidade séria e cinza, mas também iniciática e desafiadora. Avenida Indianópolis, duas pistas de vaivém frenético, de árvores frondosas e perfeitas em sua presença enraizada. A terra, embaixo, onde as raízes crescem silenciosamente em busca de seiva e, acima, suporte para folhas murmurando canções inaudíveis ao sol. No mais, tudo se limpa na presença das árvores. O ar, a feiura das faces contritas e dos olhos cobertos por sete véus enganadores. Dentro dos carros, alguém olha para a frente, alguém ouve música, alguém pensa na briga que teve à noite com a mulher na cama, e outro na doença do filho pequeno. Poucos estão juntos, muitos sozinhos, ninguém se beija. Crianças, no banco de trás, tentam espantar o sono.

Pela calçada, os vendedores de água de coco e bebidas energéticas já estão trabalhando enfileirados, e os que vendem sorvete estão por chegar. Muitas são as entradas do parque, um dos maiores da cidade. Todas elas cercadas por ruas movimentadas. Nada mais próprio dessa cidade tão cheia de contrastes, o verde em meio à fumaça. Talvez por isso mesmo ali a natureza pareça mais bela. Entre os tantos que entram no Parque do Ibirapuera, assim tão cedo, a maioria é de quem vai ao trabalho logo depois. Mulheres de corpo magro ou nem tanto, homens decididos em sua corrida ou alongamento, um grupo fazendo ioga acolá.

Ah! Poder olhar o parque de manhã, respirar entre as árvores, fingir ser essa a única realidade. Mas são duas realidades se interpenetrando sensualmente, as ruas da cidade e o parque. Acima, o céu azul da primavera olha nostálgico o ventre da terra. Tudo se esvanece em mito e sonho, em memória e imaginação. Num banco um homem faz anotações e, próximo dele, outro lê o jornal. A vida passa em segundos lentos, às vezes sendo levada no vácuo da bicicleta veloz das crianças.

Um alarido de vozes infantis pode ser ouvido mais ao longe, os balanços subindo e descendo, as gangorras e os escorregadores. Crianças gostam de subir e descer, correr e parar, pega-pega, esconde-esconde, o corpo rolando na grama, a alma ligada e solta, dentro e fora. Nada mais semelhante que o bando de pássaros em círculos repetidos, ou os patinhos mergulhando a cabeça nas águas do lago. Parques e praças são atraentes porque estão abertos a qualquer um, rico ou pobre, sábio ou ignorante, bem ou mal-intencionado. O mesmo se pode dizer do céu.

De repente, os olhares mais curiosos se voltam para a fila indiana silenciosa e extremamente lenta, passo a passo medindo o contorno maior do parque. À frente, a Monja em suas vestes escuras, a cabeça nua e convexa querendo encaixar na abóbada celeste. Perfeito equilíbrio. O grupo havia saído de um local próprio, um salão dentro do parque, e andava lento e atento, pés pisando nuvens. Homens e mulheres praticando meditação. Os que estavam dentro do parque foram os primeiros a ver, mas logo os ambulantes na calçada esticavam o pescoço e, nos carros, quem conseguiu sair da mesmice pôde observar, não sem surpresa.

Uma vez por semana, na mesma hora, a Monja convidava quem quisesse participar. A cidade a recebia e ela queria, mais do que nunca, estar inteiramente inserida na cidade. Muitos já sabiam que aquela mulher careca não era uma pessoa gravemente enferma que perdera os cabelos devido a uma doença misteriosa. Era a Monja em seus hábitos monásticos, imantando a presença de Buda em todo canto. Buda como aquele que existe em cada um.

○

Na pequena casa no bairro de Pinheiros, em São Paulo, finalmente ela começou seu templo, um lugar para quem quisesse praticar o Zen Budismo. Seus compromissos agora eram muitos. Viagens pelo Brasil e exterior, eventos e reuniões de cunho religioso ou voltados para questões sociais, especialmente a cultura de valores que promovessem a paz. A Monja alcançara seu Monte Fuji interno e subia feliz para ver a aurora.

○

Era uma tarde branca quando sua mãe faleceu, com mais de 90 anos de idade, abençoada pela filha que amou e por quem foi amada. Agora, a Monja sentia suas fibras reunidas em prece eterna. Uniu em torno de si a consideração e o respeito de toda sua família. Bela em sua maturidade, instigante em sua vida incomum, ela alcançara o ponto em que todo esforço era necessário, mas nenhum era mais exigido. Enquanto o coração batesse em seu peito, haveria disciplina e atenção para não esmorecer, mas também uma taça brilhando com luzes vazias e perfeitas. Mente e corpo em comunhão.

Na estrada sem fim, nem esquerda nem direita. O caminho do meio rumo ao infinito, uma vida que valesse ser vivida. Nele a Monja buscava uma árvore única, sem olhar para trás ou desejar o momento seguinte. A mulher nos jardins de Buda.

IMPRESSO NA
sumago gráfica editorial ltda
rua itauna, 789 vila maria
02111-031 são paulo sp
telefax 11 **2955 5636**
sumago@terra.com.br